张正勤律师谈建筑房地产法律事务 1

张正勤 著

中国建筑工业出版社

图书在版编目（CIP）数据

张正勤律师谈建筑房地产法律事务 1/张正勤著. —北京：中国建筑工业出版社，2018.1
ISBN 978-7-112-21764-9

Ⅰ.①张… Ⅱ.①张… Ⅲ.①建筑法-中国-文集②房地产法-中国-文集 Ⅳ.①D922.297.4-53②D922.384-53

中国版本图书馆 CIP 数据核字（2018）第 004696 号

作为一名长期致力于建设工程领域法律服务的专业律师，本书作者自执业以来，承接了大量建筑行业相关的诉讼及非诉业务，深刻感受到了建筑业相关从业人员对于建筑业法律法规的重视和实践中遇到的困扰及误解。

本书由 41 篇论文组成，文章均是作者在其承接业务、现场授课过程中对建筑业时下行业热点和新法新规的所思所想，并以"专业问题法律化、法律问题专业化"的思维方式进行了汇总，希望能对建筑业及法律界各同仁起到些帮助。

本书适用于从事建筑业、房地产业的管理人员、工程人员及律师，以及相关专业的高校师生。

责任编辑：赵晓菲　朱晓瑜
责任校对：王　瑞

张正勤律师谈建筑房地产法律事务 1

张正勤　著

*

中国建筑工业出版社出版、发行（北京海淀三里河路 9 号）
各地新华书店、建筑书店经销
北京科地亚盟排版公司制版
北京鹏润伟业印刷有限公司印刷

*

开本：787×1092 毫米　1/16　印张：19　字数：468 千字
2018 年 1 月第一版　2018 年 1 月第一次印刷
定价：**60.00** 元
ISBN 978-7-112-21764-9
（31605）

版权所有　翻印必究
如有印装质量问题，可寄本社退换
（邮政编码 100037）

前　　言

在一个开着鲜花的河边小屋里，

想着美，

梦着歌……

披落日和秋风，

写着诗；

画着画……

迎朝阳听鸟语，

偶尔小酌，也会小聚……

我就想这样生活着！

这是笔者前两天写的一首"儿歌"，描述的是笔者现在的生活和工作状况，写写论文，讲讲课，办办案子……

近几年本人在办案的同时，出版了八本近600万字的法律著作，在全国各自进行讲课和演讲几百场，这一切均是建立在办案的实践经验的基础上。从中，笔者得到如下体会：律师必须亲力亲为地办理案件，从接案到法庭辩论，从诉状到代理词。案子宁可少做，绝不可"转包"，至少"主体工程"必须自己完成。这样才有利于贴近实践，才有利于做到"上下、左右、前后"三维的整体思考。而只有这种三维立体思考后得出的理论才会紧扣实务，从而结合深入浅出的说理，从最直观的角度给出实操层面上的建议，才能"生动活泼、实实在在、富有逻辑"。

通过讲课、论文、书稿向大家分享自己的所思所感，再经由大家的反馈修正自己的思维方式和最终结论，最终体现在办案能力和谈判技巧上，这大概是笔者的职业生态循环吧。这一循环不仅有利于自身办案能力的提高，也有利于委托人的利益最大化。同时，也对社会法治意识和社会公正起到一定作用。因此，笔者对自己的讲座努力追求"四不讲"，即学员们知道的不讲；书本上有的不讲；自身没有感受的不讲；讲不清的不讲。

经历多年的工程法律实践，笔者认为建筑行业常见的风险与纠纷，往往归因于市场主体关于"法律"适用与认识的欠缺，包括：

（1）关注的偏差化——"重实体、轻程序"或"重特别法、轻普通法"，即侧重实体法而轻视程序法，或偏重建筑法律体系而疏忽一般民事规范；

（2）应用的片面化——"重上位法、轻下位法"或"重立法、轻司法"，即倚重高层级法律法规但忽视低位阶规章文件，或看重立法行政机关的依据但忽略法院系统的司法解释与指导意见；

（3）理解的单一化——"重规定、轻规则"，即着重单独条文的内容知晓，怠于组合法条的规则掌握；

（4）阶段的局限化——"重争议解决、轻风险防范"，即注重事后纠纷解决而非事前风险防控的法律运用。

鉴于上述问题在工程领域的普遍存在，以防止或减少法律风险与合同纠纷的发生，本书将笔者近几年写的论文精选了41篇进行整理汇编。希望借本书关于法条"全面化"、"层次感"、"逻辑性"与"穿插度"的归纳及解读，引导建筑活动中行为依据的准确适用与正确理解。

受限于时间仓促与学识浅薄，本书难免存疏漏乃至谬误之处，敬请广大读者及业界同仁不吝赐教、批评指正。本书的出版得到了李可雪女士、张姝律师的大力支持，在此一并表示感谢！

Preface

In a river-side cottage surrounded with blossoming flowers,
Thinking of beauty,
Dreaming of melodies……
Cloaking the sunset and feeling the autumn wind,
Writing poems;
Drawing paintings……
Embracing the morning sun and hearing birds chirping,
Grabbing a drink, and occasionally have gatherings……
C'est La Vie!

These are the lyrics the author wrote the other day, describing the author's current life status and work conditions, which is to write essays, deliver lectures, and handle legal cases, to name just a few……

While handling legal cases in recent years, I've published eight books totaling nearly 6 million Chinese characters and delivered hundreds of lectures and speeches across the country. All these are based on the practical experience of handling legal cases. I have the feeling that lawyers must personally handle cases, from taking brief to court debate, from drafting plaintiff to writing legal statements. Lawyers should not "subcontract" their work to other party; at least, the "main project" must be done on their own. This is helpful to get close to practice, and conducive to achieving a holistic and three-dimensional way of thinking. However, only the theory derived from the three-dimensional way of thinking can be closely linked with practice, so as to combine with profound theories in simple terms and give suggestions on practical aspects from the most intuitive point of view. In that way, the legal advice can be "lively, tangible and full of logic".

Lectures, essays, and manuscripts to share my thoughts and feelings, then, absorbing everyone's feedback to amend my own way of thinking and draw the final conclusion, and ultimately getting reflected in the case handling skills and negotiation skills has composited my career cycle. This cycle is not only valuable to improve our ability to handle cases, but also to maximize the interests of our clients. At the same time, it plays a certain role in social rule of law and social justice. Therefore, the author always avoid the four topics in my lectures, which are, those students already known; those written in the book; those we don't have feelings; and those we can't explicitly express.

After many years of construction and engineering legal practice, the author believes that the common risks and disputes in the construction industry are often attributed to the lack of application and understanding of "law" by market players, including:

(1) Deviation of concern- "Emphasize substance, but devalue procedure" or "Emphasize special act, but devalue ordinary law", which focuses on the substantive law but neglects the procedural law or on the construction of the legal system but neglects the general civil code;

(2) The one-sidedness of application-"Emphasize upper-level legislation, but devalue lower-level legislation"or "Emphasize legislation, but devalue justice", which is to rely on high-level laws and codes but neglect the lower-level rules and regulations, or to value the basis of the legislature, but ignore the judicial interpretation and guidance of the Court system;

(3) The simplification of understanding-"Emphasize regulations, but devalue rules", which is to focus on individual article contents understanding, but laggard in mastering the rules of the combined terms;

(4) The limitation of the stages-"Emphasize controversial solution, but devalue risk prevention", which is to pay attention to the resolution of disputes afterwards, rather than the legal application of risk prevention and control in advance.

In view of the above problems in the construction and engineering fields, and in order to prevent or reduce legal risks and contract disputes, the author selected 42 papers written in recent years in the book. I hope that this book can guide the accurate application and correct understanding of the behavior basis in construction activities through the induction and interpretation of the "comprehensiveness", "hierarchy", "logic" and "penetration" of legal articles.

Due to time constraint and my shallow knowledge, there might be some omissionsand even fallacious points in this book; I greatly appreciate your comments, criticism and correction. Meanwhile I'd like to express my gratitude to Mrs. Li Kexue, lawyer Zhang Shu for their strong support in the publication process.

目　录

以建设工程专业律师视角谈建筑业深化改革
　　——解读《国务院办公厅关于促进建筑业持续健康发展的意见》 ………… 1
施工承包合同纠纷中应明确的十个主要法律问题
　　——《最高人民法院关于审理建设工程施工合同纠纷案件适用法律问题的解释》
　　实施六年后的再思考 ………………………………………………………… 9
"假章"变真，到底为什么呢？
　　——评析（2016）最高法民申××号民事裁定书 ………………………… 20
公章真实≠协议真实，到底为什么呢？
　　——评析（2014）最高人民法院民提字第××号民事判决书 …………… 26
不付价款≠违约行为，到底为什么呢？
　　——从一起"欠款"被诉后"逆袭"成功的案件谈"抗辩权" …………… 31
三方确认≠免除责任，到底为什么呢？
　　——从一起"三方确认"后要求退还"工程价款"案件谈"免责事由" … 38
2017版施工承包合同十五个要点解读及建议（上篇）
　　——解读《建设工程施工合同（示范文本）》（GF—2017—0201） …… 44
2017版施工承包合同十五个要点解读及建议（中篇）
　　——解读《建设工程施工合同（示范文本）》（GF—2017—0201） …… 55
2017版施工承包合同十五个要点解读及建议（下篇）
　　——解读《建设工程施工合同（示范文本）》（GF—2017—0201） …… 67
逃避招标合意行为探研及规制策略
　　——兼论如何正确理解"阴阳合同" ………………………………………… 78
刍议施工承包合同中的工程造价属性 …………………………………………… 85
从造价属性来理解"营改增"对承包人的影响 ………………………………… 90
公式剖析承包人利润最大化秘诀
　　——兼议施工承包企业管理重点的分析 …………………………………… 97
正确理解"固定价不予鉴定"的法律规定
　　——浅议《最高人民法院关于审理建设工程施工合同纠纷案件适用法律问题

《的解释》第二十二条的规定 ·· 103

浅议建设工期与工程造价的关系 ·· 108

不同主体签署的工程签证的法律效力及应对策略 ························ 114

关于"没有完成结算，不予产权登记"规定的评析

——解读《国务院办公厅关于促进建筑业持续健康发展的意见》 ········ 119

"将审计结论作为竣工结算依据"值得商榷

——浅评《上海市审计条例（草案）》第十二条第三款 ··············· 124

若表决，会通过；若通过，难撤销

——再评《上海市审计条例（草案）》第十二条第三款 ··············· 129

造价鉴定干涉诉讼权利的情形分析

——工程造价司法鉴定问题论文系列之一 ······························ 133

应当鉴定"发包人应付"的"合同造价"，而非鉴定"承包人已完"的"成本造价"

——工程造价司法鉴定问题论文系列之二 ······························ 140

论造价司法鉴定非诉法律服务的必要性

——工程造价司法鉴定问题论文系列之三 ······························ 147

浅析当代中国建筑法体系中的几个问题 ···································· 152

2013版《建设工程施工合同（示范文本）》八项新制度初探 ········· 158

理解"顶层设计"，适应"深化改革" ···································· 166

浅析"缩小必须招标的范围"的客观必要性

——兼论正确理解"阴阳"合同及减少"逃标"合意的几个建议 ········ 176

按最低价格评标的动因及评标方式的选择分析 ··························· 183

聚焦建设工程纠纷主要问题（一） ·· 188

聚焦建设工程纠纷主要问题（二） ·· 200

施工合同无效处理不应违背基本法理 ······································ 210

关于工程质量的主要法律条款的诠释 ······································ 215

刍议EPC项目的风险及应对

——以××××轻轨项目为向度 ·· 230

加快推行工程总承包，到底为什么呢

——兼论工程总承包与施工总承包在法律责任上的区别 ··············· 237

障碍先扫，方可力推

——关于力推建设工程总承包存在的六大障碍及解决方案的浅析 …… 244
上海市商品房预售的几个法律（实务）问题 …… 250
房东"跳价"行为的应对策略分析 …… 255
对工程造价咨询行业发展的八个建议 …… 260
全过程全方位工程项目咨询服务简介 …… 269
五张图介绍《民法总则》 …… 275
基于《民法总则》视角谈工程索赔法律本质 …… 282
律师通过谈判解决纠纷大有可为 …… 287

以建设工程专业律师视角谈建筑业深化改革

——解读《国务院办公厅关于促进建筑业持续健康发展的意见》

【摘　要】 本文主要在学习了《国务院办公厅关于促进建筑业持续健康发展的意见》（国办发〔2017〕19号，以下简称《建筑业发展意见》）后，对优化资质管理、完善招标投标制度、加快推行工程总承包模式、培育全过程工程咨询和建立统一开放市场等五个方面，从一个建筑业专业律师的角度提出了自己的观点。

笔者首先分别归纳了这五个方面在《建筑业发展意见》中的要点和亮点，并对这五个方面的现状进行了简要概述，然后，解读了《建筑业发展意见》中的相关观点，最后，对这五个方面的改革提出了自己的专业建议。

【关键词】 建筑业；深化改革；法律责任

The Deepened Reform in Architecture and Construction Industry, from the Prospective of an Architecture and Construction Industry Lawyer

——An Interpretation of *Opinions of the General Office of the State Council on Promoting the Sustained and Sound Development of Construction Industry*

【Abstract】 After learning the *Advice on the construction industry to promote sustained and healthy development* (hereinafter referred to as *Construction Industry Development Views*) issued by the General Administration of the State Council, this article mainly proposes views on optimizing qualification management, improving the tender and bidding system, speeding up the implementation of the project general contracting model, cultivating engineering consulting in the overall process and setting up a unified open market, from the prospective of a professional lawyer specialized in construction field.
The author firstly summarizes the key points and highlights in the *Construction Industry Development Views* from the above mentioned five aspects, briefly summarizes the current status of the five aspects, and then reads the related views on *The Construction Industry Development Views*. Finally, the author puts forward the professional advice on the reform accordingly.

【Keywords】 Architecture Industry; Deepened Reform; Legal Responsibility

【前言】

　　市场决定资源配置是市场经济的一般规律，健全社会主义市场经济体制必须遵循这条规律，当前应当着力解决市场体系不完善、政府干预过多和监管不到位问题。因此，2013年11月12日，十八届三中全会作出的《全面深化改革若干重大问题的决定》中认为：经济体制改革是全面深化改革的重点，核心问题是处理好政府和市场的关系，因此，确立市场在资源配置中起决定性作用，从广度和深度上推进市场化改革的同时，明确政府在保持宏观经济稳定方面的主要职责和作用，加强和优化公共服务，保障公平竞争，加强市场监管，维护市场秩序，从而大幅度减少政府对资源的直接配置。

　　正确处理改革发展稳定关系，应当加强"顶层设计"和"摸着石头过河"相结合，"坚持依法治国、依法执政、依法行政共同推进，坚持法治国家、法治政府、法治社会一体建设"。为此，中央决定在2014年10月召开十八届四中全会，研究"全面推进依法治国重大问题"，从而到2020年，在重要领域和关键环节改革上取得决定性成果，完成十八届三中全会提出的改革任务，形成系统完备、科学规范、运行有效的制度体系，使各方面制度更加成熟、更加定型。

　　为了深入贯彻落实十八届三中全会精神，推进建筑业发展和改革，针对当前建筑市场和工程建设管理中存在的突出问题，2017年2月8日，在李克强主持召开的国务院常务会议上部署如何"深化建筑业'放管服'改革，推动产业升级发展"的工作，为此，国务院办公厅2017年2月21日出台了《建筑业发展意见》。该《建筑业发展意见》主要涉及7个方面的改革，包含20个具体问题，这些问题涉及建筑业的全方位全过程。因此，《建筑业发展意见》具有"顶层设计"的性质，是今后建筑业改革的纲领性文件。

　　笔者学习《建筑业发展意见》后，结合实务，就以下几点特别重要的亮点，从一个建筑业律师的角度提出如下观点，供大家参考，以期达到抛砖引玉的作用。

一、优化资质资格管理

（一）要点亮点

（1）<u>简化资质，在一定条件下，在其资质类别内可放宽承揽业务范围限制</u>；
（2）<u>强调资格，有序发展个人执业事务所</u>。

（二）现状概述

　　过分强调企业资质，对资质类别的设置过于细化。同时，专注强调资质标准而不注重过程监督。注重企业资质管理而忽视个人资格，且对执业责任追究力度不足。以上均使得市场优胜劣汰的竞争机制未能得以充分发挥。

（三）简要解读

　　首先，过于强调企业资质而淡化个人资格容易造成不注重工作质量而只关心企业业绩的不良现象。尤其是设计、造价等专业企业,其提供的是个人的专业成果,则更应注重人身性的个人资格问题。

其次,过于强调企业资质而淡化个人资格会使专业人员游离于整个企业,且出现所得收益与付出不相匹配的情况。这并不利于工作成果质量的保证和提高,同时,让对工作成果具有直接影响的个人承担由此带来的责任,可能比由承担有限责任的企业来承担更为可靠。

再次,在建立"淡化资质强化资格"的理念下,有必要对原资质设置的必要性和资质范围的合理性进行考量。此时,合并业务范围相近的企业资质类别,甚至取消部分类别的设置,是淡化企业资质的必然举措。

最后,应淡化准入机制、强化过程监管、加大事后处罚。同时,对于一部分信用良好、具有相关专业技术能力、能够提供足额担保的企业,可以在其资质类别内放宽承揽业务范围限制。这也符合市场规律。

(四)律师提醒

(1) 中国《建筑法》设立"建筑许可"制度[①],即:建筑企业要有"资质",专业人员要有"资格"[②],否则法律将不予正面肯定。**必须明确:优化资质不等于否定资质。**

(2) 法律虽对超越资质给予"补正"的机会,但在相应法律未修改或调整的前提下,**"在一定条件下,在其资质类别内可以放宽承揽业务范围限制"还需要在立法上予以支撑。**

(3) 笔者曾在八年前就提出过工程咨询业应适时推行合伙制事务所。这种从有限责任到无限连带责任的改变,从人合兼资合到完全人合的改变,将有利于提高工作成果的质量[③]。故,笔者大胆揣测:**不久将来,由执业资格为主的合伙制工程咨询事务所将是行业内的一大亮点。**

二、完善招标投标制度

(一)要点亮点

(1) 修订《工程建设项目招标范围和规模标准规定》(以下简称《招标规模标准》),缩小必须招标的范围;

(2) 尽快实现招标投标交易全过程电子化,推行网上异地评标,简化招标投标程序。

(二)现状概述

现阶段法律规定的必须招标发包的范围过于宽泛,这使得双方的合意受到严重限制。故,实践中,招投标参与者在招投标各阶段常常通过不同形式达成直接合意从而逃避行政

---

① 《中华人民共和国建筑法》第十三条规定:
"从事建筑活动的建筑**施工企业、勘察单位、设计单位和工程监理单位**,按照其拥有的注册资本、专业技术人员、技术装备和已完成的建筑工程业绩等资质条件,划分为不同的资质等级,经资质审查合格,取得相应等级的资质证书后,方可在其资质等级许可的范围内从事建筑活动。"

② 《中华人民共和国建筑法》第十四条规定:
"从事建筑活动的**专业技术人员,应当依法取得相应的执业资格证书**,并在执业**资格证书许可的范围内从事建筑活动。**"

③ 张正勤著. 建设工程造价相关法律条款解读. 北京:中国建筑工业出版社,2009年9月版,第269页.

监督和刑事处罚①。

(三) 简要解读

首先，工程发包的本质是双方的合意过程，本应明确体现意思自治原则，但《招标法》第三条规定的三类必须招标发包的工程项目和《招标规模标准》对这三类工程项目的宽泛定义，这一系列规定甚至将必须发包的范围扩大到分包，几乎囊括了建设工程的所有项目。这显然是意思自治原则的反向体现，也可能正因如此，才导致现今串标行为泛滥。

其次，《招投标法》作为一个更偏向程序的法律，有关实体的条款好像偏多，而实体条款越多，则与其他法律的衔接越容易存在问题。同时，招投标法颁布施行已有15年，虽在此过程中制定了招投标法实施细则等一系列行政法规和规章，但其本身存在的问题尚未解决，现今，随着中国经济的迅速发展，其中的规定更会显得僵硬迟滞，加上执法不足的缺陷，势必在实践中造成大量问题。

最后，招标制度设置的合理性及招标手段的单一性而使招标活动的公开性等方面仍需提高，故更需要加快推进电子招标投标，健全中标候选人公示制度，促进招标投标活动公开透明，加大社会监督力度。同时，应总结招投标经验，探索开展标后评估，完善招标制度。

(四) 律师提醒

（1）《招标规模标准》是国家发展改革委出台的部门规章，故就法律阶位而言不及法律和行政法规，且修改程序相对简单。但是，<u>缩小招标发包的根本应在于修改《招投标法》第三条之规定</u>，而修改作为狭义法的《招投标法》则需要一定时间。

（2）根据《建筑法》的宗旨和《招标法》的规定，<u>必须招标发包应当仅限于第一手发包，即建设单位的发包</u>，而不应当包括第二手发包，即取得承包权的总承包人的分包。

（3）规定必须招标发包的工程项目是应该的，也是必须的，因此，<u>缩小必须招标项目的范围不等于对必须招标的项目存在的否定</u>。同时，在相应法律法规尚未修改或制定之前，现行规定仍是有效的。不仅如此，还应注意：法律原则上无溯及既往的效力。

三、加快推行工程总承包模式

(一) 要点亮点

（1）<u>加快完善工程总承包模式相关的制度规定</u>；
（2）<u>除以暂估价形式且属必须招标范围的项目外，工程总承包单位可直接发包其他专业工程</u>。

---

① 《中华人民共和国招标投标法》第五十九条规定：
"招标人与中标人**不按照招标文件和中标人的投标文件订立合同的**，或者招标人、中标人订立背离合同实质性内容的协议的，**责令改正**；可以处中标项目金额**千分之五以上千分之十以下的罚款**。"

(二) 现状概述

虽然当代中国《建筑法》倡导工程总承包模式，但其主要还是根据发包人分别将勘察、设计、施工发包给各自承包人的模式为基础而制定的。这使得下位法、相应的行政管理也主要是以这一模式制定和设置的。故就现今国内而言，无论是勘察设计的承包人还是施工的承包人，无论从理念上还是从人员配置上，其均主要以这种模式为基础。而由于按工程总承包模式进行发包在国外建筑业比较普遍，故若国内承包人多有机会承接国外工程，则接触工程总承包模式的机会相对较多。

(三) 简要诠释

首先，工程总承包模式是工程发包的主要发包模式，有利于避免将勘察设计、施工设备采购分别发包而导致的沟通问题、效率问题及技术风险和责任承担等问题。因此，其被中国法律所肯定和提倡，也被政府所鼓励。同时，其还以国标形式确立明确的法律地位。

其次，勘察、设计、施工之间存在的内部联系，工程总承包模式能够将之集成化从而统揽全局，即在勘察、设计时就能考虑施工工艺的合理性、工期的有效性和价款的最低化；在施工过程中就能考虑设备和建材的采购；甚至可以在勘察设计阶段考虑上述问题。同时，工程总承包模式还有利于统一管理。其具有统一的管理目标、统一的组织体系、统一的管理思想、统一的管理语言、统一的管理规则、统一的信息化处理，从而提高管理效率和效益。特别是对承包人而言，工程总承包模式将实施阶段的三个主要工作"集成化、统一化"，降低了工作成本，提高了工作效率，保证了工作质量，能够真正地做到"多快好省"，即：多方得利、性能最好、工期最少、造价最少。

再次，从社会角度而言，工程总承包模式更能保证公共安全，降低社会公共资源的浪费，有利于整个社会财富最大化。工程总承包的发包模式更符合建筑业固有的客观规律，故当代建筑法也明确倡导这一发包模式。

由于我国现今《建筑法》的主要规定均以施工总承包模式为主，且其为国内主流发包方式。故，无论在理念上，还是法律规定，抑或是行政管理配套上，推广工程总承包模式还"道阻且长"，但其应当是大势所趋。

(四) 律师提醒

(1)《建筑法》主要以施工总承包模式为前提设立，其对工程总承包仅提出了"倡导"这一理念。因此，**尽快建立并完善与工程总承包模式相适应的法律法规和行政管理体系，同时尽快设立相对应的工程总承包资质规定是当务之急**。

(2) **承包人应改变以工程施工总承包理念理解工程总承包模式的习惯思维**。切实理解工程总承包模式的风险分配，尤其对"业主的要求"、"业主审批"免责的前提条件要有充分的认识。同时，还应对工程总承包模式的技术风险有理性且正确的认识。

(3) **在培养一批懂技术、通法律的复合型人才的前提下，还应建立科学理性的评价体系和独立于决策层的评估队伍**。真正把握工程总承包模式的本质，在于既重视对其商业风险的评估，也重视对其技术风险的评估。

四、培育全过程工程咨询

（一）要点亮点

（1）<u>鼓励联合经营、政府投资工程应带头推行全过程工程咨询</u>；

（2）<u>在民用建筑项目中，推行建筑师为主导作用的全过程工程咨询服务</u>。

（二）现状概述

工程建设咨询主要包括：工程招标代理、工程建设监理和工程造价咨询。其中，工程招标代理，在服务内容上，通常存在专业与法律的双重脱节；在服务时间上，通常不参与履约阶段和结算阶段。工程建设监理，在服务内容上，通常与法律联系不强，从专业层面而言，往往无法提供涉及工程造价的专业服务；在服务时间上，通常很少提供涉及发包阶段和结算阶段的专业服务。而工程造价咨询，在服务内容上，同样存在专业与法律脱节的问题；在服务时间上，若是仅提供竣工结算服务，则不涉及发包阶段和履约阶段，若是提供全过程造价咨询服务，亦与发包阶段相脱节。

（三）简要解读

首先，现有的工程咨询业常常存在以下几个问题：（1）不具备贯穿整个施工过程各阶段的全过程服务（例如：工程招标代理仅停留在发包阶段；工程造价咨询通常不参与发包；工程建设监理通常不参与工程造价结算等），即便贯穿也彼此平行独立（例如：专项法律服务与工程项目管理）；（2）不具备提供集金融、管理和法律于一体的全方位咨询意见；（3）迫于上述情形，发包人往往不得不委托多家工程咨询单位，而导致各单位出现权责交叉等管理监督问题；（4）强化对发包人行为的监管，导致将发包人只承担商业风险的情况转变为其可能承担技术风险。综上，全方位工程咨询服务的设立是有其必要性的[①]。

其次，由于工程咨询在服务的各单位各自为政，各行其是，往往会出现不一致的内容，对发包人而言，则需要与各工程咨询单位签订合同，往往有些工作是重叠的，而有些工程会出现真空，而将投资咨询、勘察、设计、监理、招标代理、造价等企业采取联合经营则应当完全避免这种情况的出现，因此，通过兼并或重组等方式发展全过程工程咨询，培育一批具有国际水平的全过程工程咨询企业是非常有必要的。

再次，建筑业深化改革"顶层设计"意义的《建筑业发展意见》为全方位工程咨询服务的设立提供了可行性：（1）政府将简政放权，切实转变政府职能，从而充分发挥市场在

---

① 《建设工程监理范围和规模标准规定》第二条规定：

"下列建设工程<u>必须实行监理</u>：

（一）国家<u>重点建设工程</u>；

（二）<u>大中型公用事业工程</u>；

（三）<u>成片开发</u>建设的<u>住宅小区工程</u>；

（四）<u>利用外国政府或者国际组织贷款、援助资金的工程</u>；

（五）国家规定必须实行监理的<u>其他工程</u>。"

资源配置中的决定性作用,从而使行政限制减少;(2)淡化单位资质而强调个人资格,合并或取消部分资质、简化或下放审批权制,从而使资质的限制减少;(3)缩小强制招标范围,使发包人选择工程咨询单位的自由度变大,且必须按政府指导价支付监理费的负担不存在了;(4)明确工程造价属于市场价,发包人能根据供求关系确定价格,且双方对工程造价的合意得到尊重,少受行政干涉。综上,全方位工程咨询服务的设立有其可行性。

(四)律师提醒

(1)尽快制定全过程工程咨询服务技术标准和合同范本,使之与全方位工程咨询服务的工作内容与法律责任相匹配。

(2)改革可能会影响到建筑业企业的管理模式以及人员流动,故应当在深刻领会《建筑业发展意见》的基础上,对人员培训、内部结构、经营战略等各方面作出积极改革的准备,适应"深化改革"。

(3)应当尽快出台相应的管理制度和收费参考标准以及相应的资质,并培育一批具有国际水平的全过程工程咨询企业。在采取联合经营、并购重组等方式发展全过程工程咨询过程中,应当注意专业的互补和责任分配的问题。

五、建立统一开放市场

(一)要点亮点

(1)**打破区域市场准入壁垒,实现全国信用信息共享平台和国家企业信用信息公示系统的数据共享交换**;

(2)**完善全国建筑市场监管公共服务平台,建立建筑市场主体黑名单制度,公开企业和个人信用记录,接受社会监督**。

(二)现状概述

部分省市就其他省市企业进入本省市的建筑业市场设置了不合理的准入条件,例如:规定其他省市企业进入本省市的建筑业市场必须在当地设立子公司;对异地业务管理办法不公开或不完全公开等。其主要目的在于帮助当地企业在市场竞争中处于有利地位。除此之外,异地违规的处罚中往往存在违规行为地与资质、资格注册地未能形成联动的情形,这使违规处罚不能达到其真正目的。不仅如此,现今对建筑市场与工程监管基本是静态且分离的,对其监管后的信息公开力度也存在问题,尚未形成真正有效的社会监督机制。可以说,现今对建筑市场和质量安全行为的评价办法还需完善,社会信用评价体系还未完全建立,建筑市场信用环境还未完全树立。

(三)简要解读

首先,不合理的准入条件不利于整个全国建筑市场的统一开放,不利于市场经济的充分发挥。要求一个合法有效存在的中国法人在进入中国境内其他省市建筑市场开展业务时需设立子公司的做法欠缺法律依据。住房和城乡建设部颁发的资质和资格原则上应在全国有效,无需在另一省市重新注册。而子公司的法人资格的获得必须以工商登记为前提,这就存在成本无谓增加的问题,因此,要求其他省市企业进入本地市场需要设立子公司,不仅存在法律依据欠缺的问题,而且还存在必要性、合理性及可行性不妥的问题。

其次,通过排斥外地企业从而保护本地企业的做法是短视的,从长远而言,对本地企业并非必然能够起到其预想的保护作用。不同地区有不同的特点,原则上应当允许其结合自身情况设置准入条件,但前提是该准入条件须为合理,而判断准入条件是否"合理"的标准即看其是否旨在排斥外省市建筑企业进入本地建筑市场,是否具有地方保护的作用。

再次,通过全国统一信息平台发布建筑市场和质量安全监管信息,及时向社会公布行政审批、工程建设过程监管、执法处罚等信息才能更有效地对建筑市场和工程监管动态联动的监督,因此,建立动态联动的监管一体化工作平台显得很有必要;及时将监管中发现的各种不良行为及时公开曝光,有利于形成有效的社会监督机制。

最后,在建立对工程建设企业和从业人员的建筑市场和质量安全行为评价办法的基础上,逐步建立"守信激励、失信惩戒"的建筑市场信用环境是很有必要的;再次,通过开展社会信用评价,可以将信用评价结果公平化,从而使市场各方主体自觉提高守法诚信的理念。

(四) 律师提醒

(1) 妥善处理好"改革试点和法律完善"的关系,对重大事项,可以先进行试点,后总结经验,再完善制度,最后全面改革。有一定实力的企业要调整战略方向,从人员、组织结构等方面做好"跳出"相对饱和的市场,"挺进"竞争相对不太激烈的地区。

(2) 若只涉及管理规定,则各地行政单位应当根据《建筑业发展意见》废除不利于全国建筑市场统一开放、妨碍企业公平竞争的各种规定和做法。重新制定有利于建立统一开放的建筑市场体系规定和程序。

(3) 原存在妨碍企业公平竞争所在地的建筑业企业,应当充分认识到建立全国建筑业统一市场是时间问题,应当及时练好内功,做足准备,扬长避短,建成特色。

施工承包合同纠纷中应明确的十个主要法律问题

——《最高人民法院关于审理建设工程施工合同纠纷案件适用法律问题的解释》实施六年后的再思考

【摘　要】《最高人民法院关于审理建设工程施工合同纠纷案件适用法律问题的解释》（以下简称《司法解释》）实施六年以来，笔者一直以具体案例为基础，从建筑法律体系的脉络出发，对其进行逻辑性思考。本文主要观点如下：

（1）对施工分包合同的无效认定可分为两个层面。

（2）在合同无效但工程合格的情况下，支持"承包人请求参照合同约定计价"的规定值得商榷。

（3）对"工程合格是计价前提"这一原则的理解应有层次感。

（4）对"工程质量"由承发包双方共同承担责任的具体情形必须结合《建筑法》的其他相关规定予以正确理解。

（5）将工程造价分为契约性和成本性两种类型有助理解"逾期不结算视为认为""固定价不予认可""按招标合意计价"等规定。

（6）"按招标合意计价"比"按中标备案合同计价"的表述更能反映处理"阴阳合同"立法本意。

（7）《司法解释》以罗列的形式肯定了发包人的解除权，其本质是其具有任意单方解除权的否定。

（8）从施工承包合同的特点来区分合法"中止（或终止）"和"违约停工"，无论在理论上，还是实务上均很有必要。

【关键词】司法解释；施工承包合同

Ten Major Legal Issues Which Needs Clarifications in Construction Subcontracting Contracts Disputes

——Reconsiderations after six Years since the Implementation of the *Interpretation of the legal issues by the Supreme People's Court on Undertaking Legal Issues Concerning Construction and Engineering Projects*

【Abstract】During Six years after the *Interpretation of the Supreme People's Court on Issues Concerning the Applicable Law in the Trial of Disputes for Construction Pro-*

jects (hereinafter referred to as the *Judicial Interpretation*) has been enforced, the author, based on specific cases, has always been considering about it logically from the sequence of the construction laws system. The main points of this article are listed as follows:

(1) The affirmation of the invalidity of the sub-contracts on undertaking construction projects can be divided into two levels.

(2) Where a contract on undertaking a construction project is invalid, but the construction project is qualified, the law which sustains that "the contractor's request for payment of the construction cost by considering the contractual stipulations for reference" deserves to be discussed.

(3) The principle that "the precondition for pricing a construction project is that the same should be qualified" should be understood at different levels.

(4) The specific situations concerning the joint liabilities of the employer and contractor on the "quality of construction project" shall be understood correctly by a combination of other relevant regulations in the Construction Law.

(5) To divide the types of construction cost into a contractual nature and a cost-based nature is helpful for the understanding of the regulations that "deemed to have rectified if failing to settle within the stipulated period", "no authentication for fixed-priced construction project" and "pricing a construction project according to the agreement upon tendering".

(6) Compared with the description that "pricing a construction project according to the archived bid-winning contract", the description that "pricing a construction project according to the agreement upon tendering" can better reflect the purpose of legislation on handling the "Black and White Contract".

(7) The *Judicial Interpretation* confirms the employer's right to terminate construction contract in the form of listing, which in nature negates the discretional right of unilateral termination.

(8) It is quite necessary to distinguish the legal "suspension (or termination)" from "cease working without the conformity to the contract" both theoretically and practically based on the characteristics of construction contract.

【Keywords】 Judicial Interpretation; Construction Contract

【前言】

2005年1月1日起实施的《司法解释》对建设工程施工承包合同（以下简称"施工承包合同"）特点的明确以及施工承包合同纠纷审判思路的统一起到了良好的积极作用。

但是，《司法解释》也存在一些不足。首先，《司法解释》受其目的限制不能就施工承包合同的特点进行全面的归纳总结；其次，《司法解释》受其形式的限制也不能对施工承包合同纠纷中的问题进行详细的解释；同时，《司法解释》受其制定时间的限制也无法对所有施工承包合同纠纷进行全方位的涵盖。因此，笔者认为，在《司法解释》实施六年之际，有必要进一步对施工承包合同纠纷处理中的几个主要法律问题进行探讨。

一、施工分包合同无效应当从两个不同层面予以认识——对《司法解释》第一条、第四条的再思考

《司法解释》第一条主要规定了施工总承包合同违背《建筑法》和《招标投标法》相关效力性强制性规定而无效的情形①。该条第（三）项则规定，"中标无效"所签订的施工承包合同无效。而在《招标投标法》规定的七种中标无效情形中，"实质内容谈判②"、"自定中标人③"、"招标泄露标底④"三种情形只适用于强制招标的建设工程项目中，而"代理泄露信息"⑤、"串通影响中标"⑥、"串通行贿投标"⑦、"弄虚作假中标"⑧ 四种情形则可适用于所有经过招标发包的建设工程项目。

施工分包合同无效应当从两个不同层面予以认识，由于施工分包合同其本质也属于施工承包合同，无非其发包人是取得承包权的总承包人而已。因此，认定其有效与否的第一层面是按《司法解释》第一条规定进行。但是，由于施工分包同样可以招标发包，并且法律也没有规定强制招标的工程项目其分包必须强制招标。因此，《司法解释》第一条第（三）项中规定的"建设

---

① 《最高人民法院关于审理建设工程施工合同纠纷案件适用法律问题的解释》第一条规定：

"建设**工程施工合同**具有下列情形之一的，应当根据合同法第五十二条第（五）项的规定，**认定无效**：

（一）承包人**未取得建筑施工企业资质**或者超越资质等级的；

（二）没有资质的实际施工人**借用有资质**的建筑施工企业名义的；

（三）建设工程**必须进行招标而未招标**或者**中标无效的**。"

② 《中华人民共和国招标投标法》第五十五条规定：

"**依法必须进行招标的项目**，招标人违反本法规定，与投标人就投标价格、投标方案等实质性**内容进行谈判的**，给予警告，对单位直接负责的主管人员和其他直接责任人员依法给予处分。

前款所列行为影响中标结果的，**中标无效。**"

③ 《中华人民共和国招标投标法》第五十七条规定：

"招标人在评标委员会依法推荐的中标候选人以外确定中标人的，**依法必须进行招标的项目在所有投标被评标委员会否决后自行确定中标人的，中标无效**。责令改正，可以处中标项目金额千分之五以上千分之十以下的罚款；对单位直接负责。"

④ 《中华人民共和国招标投标法》第五十二条规定：

"**依法必须进行招标的项目**的招标人向他人**透露**已获取招标文件的潜在投标人的名称、数量或者可能影响公平竞争的有关招标投标的其他情况的，或者泄露**标底的**，给予警告，可以并处一万元以上十万元以下的罚款；对单位直接负责的主管人员和其他直接责任人员依法给予处分；构成犯罪的，依法追究刑事责任。前款所列行为影响中标结果的，**中标无效。**"

⑤ 《中华人民共和国招标投标法》第五十条规定：

"招标代理机构违反本法规定，**泄露应当保密的与招标投标活动有关的情况和资料的**，或者与招标人、投标人串通损害国家利益、社会公共利益或者他人合法权益的……

前款所列行为影响中标结果的，中标无效。"

⑥ 《中华人民共和国招标投标法》第五十二条规定：

"**依法必须进行招标的项目**的招标人向他人透露已获取招标文件的潜在投标人的名称、数量或者可能影响公平竞争的有关招标投标的其他情况的，或者泄露标底的，给予警告……

前款所列行为影响中标结果的，中标无效。"

⑦ 《中华人民共和国招标投标法》第五十三条规定：

"**投标人相互串通投标或者与招标人串通投标的，投标人以向招标人或者评标委员会成员行贿的手段谋取中标的，中标无效**……"

⑧ 《中华人民共和国招标投标法》第五十四条规定：

"**投标人以他人名义投标或者以其他方式弄虚作假，骗取中标的，中标无效**，给招标人造成损失的，依法承担赔偿责任；构成犯罪的，依法追究刑事责任。"

工程必须进行招标而未招标"的情形不涉及对施工分包合同的效力判断，同时，只针对强制招标的建设工程项目的三种"中标无效"情形也不适用于认定施工分包合同的无效。由于《司法解释》的第四条主要规定了违背《建筑法》中"合法分包"的条件而分包无效的情形①，因此，认定施工分包合同是否有效的第二个层面才是按《司法解释》第四条的规定进行。

二、合意的工程价款是市场价而且并不适用工程变更——对《司法解释》第十六条的再思考

由于施工承包合同中通过双方合意最终达成工程价款，既不属于政府定价或政府指导价的范畴，也未被列入国家和地方的定价目录②，故属于市场价。而《司法解释》第十六条第一款是在《建筑法》相应法条③的基础上将"双方合意的工程价款属于市场价"这一立法意图予以进一步的明确④。

施工承包合同中关于工程价款的计价方式的约定原则上仅适用于承包范围内的工程，因为承发包双方达成的合意是就承包范围内的工程中的工程价款、工程质量和工程期限等内容的权利和义务达成的平衡。因此，《司法解释》第十九规定了：若没有特别约定，工程变更的计价以签证为准⑤。如果承发包双方对工程价款（包括工程追加款）未达成合意，应当根据《司法解释》第十六条第二款的规定"参照签订建设工程施工合同时当地建设行政主管部门发布的计价方法或者计价标准结算工程价款"⑥。

由于施工承包合同中的工程价款属于市场价，因此，"当地建设行政主管部门发布的计价方法或者计价标"不可能是政府指导价。而属于市场价性质的价款未约定应按"按照订立合同时履行地的市场价格履行"⑦，因此，在《司法解释》第十六条第二款所表达的"当地建设行政主管部门发布的计价方法或者计价标准"应当是政府相关部门所出具的当地当时的市场价。

---

① 《最高人民法院关于审理建设工程施工合同纠纷案件适用法律问题的解释》第四条规定：
"承包人**非法转包**、**违法分包**建设工程或者没有资质的实际施工人**借用有资质**的建筑施工企业名义与他人签订建设工程施工**合同的行为无效**。人民法院可以根据民法通则第一百三十四条规定，收缴当事人已经取得的非法所得。"
② 《中华人民共和国价格法》第十九条第一款规定：
"**政府指导价、政府定价的定价权限和具体适用范围，以中央的和地方的定价目录为依据。**"
③ 《中华人民共和国建筑法》第十八条第一款规定：
"建筑工程造价应当按照国家有关规定，**由发包单位与承包单位在合同中约定**。公开招标发包的，其造价的约定，须遵守招标投标法律规定。"
④ 《最高人民法院关于审理建设工程施工合同纠纷案件适用法律问题的解释》第十六条第一款规定：
"**当事人对建设工程的计价标准或者计价方法有约定的，按照约定结算工程价款。**"
⑤ 《最高人民法院关于审理建设工程施工合同纠纷案件适用法律问题的解释》第十九条规定：
"当事人对工程量有争议的，**按照施工过程中形成的签证等书面文件确认**。承包人能够证明发包人同意其施工，但未能提供签证文件证明工程量发生的，可以按照当事人提供的其他证据确认实际发生的工程量。"
⑥ 《最高人民法院关于审理建设工程施工合同纠纷案件适用法律问题的解释》第十六条第二款规定：
"因设计变更导致建设工程的工程量或者质量标准发生变化，**当事人对该部分工程价款不能协商一致的，可以参照签订建设工程施工合同时当地建设行政主管部门发布的计价方法或者计价标准结算工程价款**。"
⑦ 《中华人民共和国合同法》第六十二条第（二）项规定：
"当事人就有关合同内容约定不明确，依照本法第六十一条的规定仍不能确定的，适用下列规定：
（二）**价款或者报酬不明确的，按照订立合同时履行地的市场价格履行**；依法应当执行政府定价或者政府指导价的，按照规定履行。"

三、建立成本性造价的理念是理解"固定价不予鉴定"的关键——对《司法解释》第二十二条的再思考

《司法解释》第二十二条明确表示"固定价不予鉴定"[①]是基于"契约性造价"与"成本性造价"不可比这一前提,对"契约性造价"所作出的肯定,是对双方合意的尊重,也是诚信原则的具体体现。由于承发包达成的工程价款属于市场价,因此,该价款具有明显的"契约性"特征。而承包人为取得该价款所作的物化劳动而产生的费用则具有"成本性"特征。"契约性造价"的确定主要与供求状态、博弈技巧有关,而"成本性造价"的多少则取决于承包人的管理水平和技术水准。当"契约性造价"＞"成本性造价"时,承包人就赢利,反之,则亏本。如果在当初施工承包合同订立时,采用固定价作为合同价款确定形式的条件不充分或者在施工期间,出现建材价格变化较大等情形的,承包人往往会要求通过鉴定来证明其亏本这一"显然公平"的事实,从而达到增加工程款的目的。

对超出"承包范围"的工作内容,该部分的价款是可以通过鉴定的途径来确定的。同样,对因发包人的原因导致"计划工期"延误所增加的成本性造价,承包人也有权要求对此进行鉴定。同时,施工承包合同被解除的,对已完工程造价的鉴定不应脱离双方约定的"固定总价"的框架。因为,"固定价不予鉴定"的适用前提是承包人在"计划工期"内"全部"完成"承包范围内"的工作成果。

另外,应当正确把握"情势变更原则[②]"的要点,例如:何为无法预见的、何为不属于商业风险等,从而防止对"固定总价不予鉴定"的错误理解。

四、"按招标合意计价"的表述更能凸显行政备案的本质——对《司法解释》第二十一条的再思考

《司法解释》第二十一条的法理基础源自《招标投标法》第四十六条的规定[③],因此,若将"以备案的中标合同作为结算工程价款的根据"表述为"按招标合意作为结算依据"则直接地反映《招标投标法》的立法本意,也更能凸显施工承包合同的备案仅为行政备案的本质。从理论上说,行政备案部门,对备案的合同具有审查的义务。若发现实质性内容违背"招标合意",应当责令改正,并可处以行政罚款[④]。若没有发现而予以备案了,也绝不可

---

① 《最高人民法院关于审理建设工程施工合同纠纷案件适用法律问题的解释》第二十二条规定:
"当事人**约定按照固定价结算工程价款**,一方当事人**请求对建设工程造价进行鉴定的,不予支持**。"
② 《最高人民法院关于适用〈中华人民共和国合同法〉若干问题的解释(二)》第二十六条规定:
"合同成立以后客观情况发生了当事人在订立合同时**无法预见的、非不可抗力造成的不属于商业风险的重大变化**,继续履行合同对于一方当事人**明显不公平或者不能实现合同目的的**,当事人请求人民法院变更或者解除合同的,人民法院应当根据公平原则,并结合案件的实际情况**确定是否变更或者解除**。"
③ 《中华人民共和国招标投标法》第四十六条第一款规定:
"招标人和中标人应当自中标通知书发出之日起三十日内,**按照招标文件和中标人的投标文件订立书面合同。招标人和中标人不得再行订立背离合同实质性内容的其他协议。**"
④ 《中华人民共和国招标投标法》第五十九条规定:
"招标人与中标人**不按照招标文件和中标人的投标文件订立合同的**,或者招标人、中标人**订立背离合同实质性内容的协议的,责令改正**;可以处中标项目金额千分之五以上千分之十以下的罚款。"

能因为行政部门的这一过失行为而使得与中标合意相悖的计价标准可以作为结算的依据。

《司法解释》第二十条不仅仅适用于强制招标的建设工程项目，而应适用于所有经过招标发包的施工承包合同。因为在中国境内进行招标投标活动均应当受《招投标法》的调整[①]，与该建设工程项目是否适用"强制招标"制度以及是否公开招标无关。所以，一旦当事人选择通过招投标方式建立施工承包合同关系，就应当遵守《招投标法》第四十六条以及《司法解释》第二十条的规定。如何定义招投标活动则属于另一范畴的问题。

五、"逾期不结算视为认可"仅适用于双方约定——对《司法解释》第二十条的再思考

由于承包人已具有法定的工程价款优先受偿权[②]，从而排除了其作为特殊承揽人的法定留置权[③]，因此，工程竣工验收合格后，承包人应将工程移交给发包人，否则，将构成违约，至此，承发包双方共同追求的合同目标就不复存在。因此，发包人拖欠工程款最主要的形式是拖欠工程结算余款，最惯用的手段是拖延结算。

《司法解释》第二十条"逾期不结算视为认可"的规定[④]是最高院为了阻止发包人拖延结算而制定的，但是，该条款并非是一个确定责任的新条款，仅仅是用司法解释的形式对双方有此约定的法律后果再次予以肯定而已。若没有该条款，只要承发包双方有此约定，从理论上说，法院同样也应予以支持。相反，若没有承发包双方如此的约定，法院不能以该条款为依据支持承包人的主张。笔者认为，如果约定"逾期不结算视为认可"，不仅要明确约定"结算的期限"，同时也应明确约定"逾期的后果"，唯有如此，方构成一个完整的关于"逾期不结算视为认可"的约定。

同时，由于在双方未作特别约定的情况下，不作为的默示只有在法律有明确规定时，才可以视为意思表示[⑤]，因此，若承包人仅以部门规章中的"逾期不结算视为认可"的条款作为依据主张结算的，法院原则上不予支持。同时，对示范文本通常条款中有相关约定的，不宜视为是双方对"逾期不结算视为认可"作出约定。

---

① 《中华人民共和国招标投标法》第二条规定：
"在中华人民共和国境内**进行招标投标活动，适用本法**。"
② 《中华人民共和国合同法》第二百八十六条规定：
"**发包人未按照约定支付价款的**，承包人可以催告发包人在合理期限内支付价款。发包人逾期不支付的，除按照建设工程的性质不宜折价、拍卖的以外，承包人可以与发包人协议将该工程折价，也可以申请人民法院将该工程依法拍卖。**建设工程的价款就该工程折价或者拍卖的价款优先受偿**。"
③ 《中华人民共和国合同法》第二百六十四条规定：
"定作人**未向承揽人支付报酬或者材料费等价款的**，承揽人对完成的工作成果享有留置权，但当事人另有约定的除外。"
④ 《最高人民法院关于审理建设工程施工合同纠纷案件适用法律问题的解释》第二十条规定：
"**当事人约定**，发包人收到竣工结算文件后，**在约定期限内不予答复**，视为认可竣工结算文件的，**按照约定处理**。承包人请求按照竣工结算文件结算工程价款的，应予支持。"
⑤ 《最高人民法院关于贯彻执行〈中华人民共和国民法通则〉若干问题的意见（试行）》第六十六条规定：
"一方当事人向对方当事人提出民事权利的要求，对方未用语言或者文字明确表示意见，但其行为表明已接受的，可以认定为默示。**不作为的默示只有在法律有规定或者当事人双方有约定的情况下，才可以视为意思表示**。"

六、无效合同工程合格应按成本性造价结算——关于司法解释第二条、第三条的再思考

《司法解释》在第二条中赋予工程验收合格的实际施工人主张参照无效合同中关于工程价款的约定支付工程价款的权利之规定是值得商榷的①。首先，在《司法解释》第四条中肯定了法院有对实际施工人收缴非法所得权力的同时，却赋予其主张按无效合同结算是不妥当的。其次，如果出现几份无效合同，则如何执行；再次，若按第二条的规定，相同工程，实际施工人可能取得的价款高于承包人，显然是对承包人不公平的，与建筑法立法宗旨不一致，还有，无效合同是自始无效②，除了独立存在的解决争议的条款有效外均不被法律认可③，因此，这种定性上认可无效合同条款是与法律规定不相一致的。

施工承包合同无效，但工程合格的，发包人支付给实际施工人的价款应当是其发生的成本性工程造价。因为，无效的合同自始无效，《合同法》对其首选的处理方式是"相互返还"，只有在不易、不能返还或者没有必要返还情况下，才考虑折价补偿的处理方式④。因此，施工承包无效的，其发包人对承包人的折价补偿理论上应当以返还承包人实际"花费"为根本目的。所以，发包人支付承包人成本性工程价款应当作为无效施工承包合同的处理原则。

七、《司法解释》有关质量问题条款应作整体理解——对《司法解释》第三条第（二）项、第十一条、第十三条的再思考

对《司法解释》第十三条⑤的正确理解应当是：若发包人擅自使用建设工程，承包人仅对地基基础工程和主体结构部位承担保修义务，即对使用部位不仅不承担返修义务，且不承担保修义务。首先，该条款明确表明"对质量不符合约定"主张权利不予支持，而法律明确规定承包人对"质量不符合约定"责任承担是包括返修责任和保修责任的，因此，若发包人擅自使用建设工程，理所当然，承包人既不承担返修责任，也不承担保修责任。若这种情形仅需要承包人承担返修责任的，则应当表述为"发包人擅自使用后，需要承包人承担除地基基础工程和主体结构的返修义务的，不予支持。"其次，事实上，由于未经过多方的组织竣工验收，而是由一方的发包人擅自使用的，是不能判断是属于"返修责任"范畴，还是属于"保修责任"范畴的。若还需要承包人承担返修责任的，则可能承包人仍需要承担"返修责

---

① 《最高人民法院关于审理建设工程施工合同纠纷案件适用法律问题的解释》第二条规定：
"建设工程施工**合同无效**，但建设工程经竣工**验收合格，承包人请求参照合同约定支付工程价款的，应予支持**。"
② 《中华人民共和国合同法》第五十六条规定：
"**无效的合同**或者被撤销的合同**自始没有法律约束力**。合同部分无效，不影响其他部分效力的，其他部分仍然有效。"
③ 《中华人民共和国合同法》第五十七条规定：
"合同无效、被撤销或者终止的，不影响合同中独立存在的有关**解决争议方法的条款的效力**。"
④ 《中华人民共和国合同法》第五十八条规定：
"**合同无效**或者被撤销后，**因该合同取得的财产，应当予以返还；不能返还或者没有必要返还的，应当折价补偿**。有过错的一方应当赔偿对方因此所受到的损失，双方都有过错的，应当各自承担相应的责任。"
⑤ 《最高人民法院关于审理建设工程施工合同纠纷案件适用法律问题的解释》第十三条规定：
"建设工程未经竣工验收，**发包人擅自使用后，又以使用部分质量不符合约定为由主张权利的，不予支持；但是承包人应当在建设工程的合理使用寿命内对地基基础工程和主体结构质量承担民事责任**。"

任"。再次,本条款最后用一个肯定的兜底条款,再次肯定了也不承担"保修责任",仅承担对"地基基础工程和主体结构质量承担民事责任"。最后,发包人擅自使用的行为与《建筑法》保证公共安全的立法宗旨相违背,所以,以上的理解是符合《建筑法》立法精神的。

对《司法解释》第三条第(二)项①的理解应当为:地基和主体结构等影响公共安全和使用目的的部位存在质量问题且无法修复的,发包人可以不支付所有的工程款。保证建筑工程质量安全是《建筑法》的立法宗旨②,因此,必须保证地基和主体结构的质量③,否则工程无法通过验收,发包人签订合同的目的不可能实现,因此,发包人不支付所有工程款是合理的。

同时,对《司法解释》第十一条④的理解应当为:只有不是地基和主体结构等存在不能修复(或拒绝修复)的质量问题,发包人才可扣除相应的工程款,对其他符合质量要求的部门仅应支付工程款⑤。

八、承发包人共同对工程质量承担责任的三种情形——对《司法解释》第十二条第二款的再思考

即使发包人具有《司法解释》第十二条第二款⑥规定的情形,承包人也并不当然免除其就建设工程质量缺陷承担责任的可能,具体情形分述如下:

第一,承包人未就其发现的图纸差错向发包人提出合理建议的。虽然承包人应当"按图施工⑦",但是承包人也有"发现设计文件和图纸有差错的,应当及时提出意见和建

---

① 《最高人民法院关于审理建设工程施工合同纠纷案件适用法律问题的解释》第三条第(二)项规定:
"建设工程施工合同无效,且建设工程经竣工验收不合格的,按照以下情形分别处理:(二)修复后的建设工程经竣工验收不合格,承包人请求支付工程价款的,不予支持。"
② 《中华人民共和国建筑法》第一条规定:
"为了加强对建筑活动的监督管理,维护建筑市场秩序,保证建筑工程的质量和安全,促进建筑业健康发展,制定本法。"
③ 《中华人民共和国建筑法》第六十条第一款规定:
"建筑物在合理使用寿命内,必须确保地基基础工程和主体结构的质量。"
④ 《最高人民法院关于审理建设工程施工合同纠纷案件适用法律问题的解释》第十一条规定:
"因承包人的过错造成建设工程质量不符合约定,承包人拒绝修理、返工或者改建,发包人请求减少支付工程价款的,应予支持。"
⑤ 《中华人民共和国合同法》第二百七十九条规定:
"建设工程竣工后,发包人应当根据施工图纸及说明书、国家颁发的施工验收规范和质量检验标准及时进行验收。验收合格的,发包人应当按照约定支付价款,并接收该建设工程。建设工程竣工经验收合格后,方可交付使用;未经验收或者验收不合格的,不得交付使用。"
⑥ 《最高人民法院关于审理建设工程施工合同纠纷案件适用法律问题的解释》第十二条规定:
"发包人具有下列情形之一,造成建设工程质量缺陷,应当承担过错责任:
(一)提供的设计有缺陷;
(二)提供或者指定购买的建筑材料、建筑构配件、设备不符合强制性标准;
(三)直接指定分包人分包专业工程。
承包人有过错的,也应当承担相应的过错责任。"
⑦ 《中华人民共和国建筑法》第五十八条规定:
"建筑施工企业对工程的施工质量负责。
建筑施工企业必须按照工程设计图纸和施工技术标准施工,不得偷工减料。工程设计的修改由原设计单位负责,建筑施工企业不得擅自修改工程设计。"

议①"的义务。

第二，承包人未检查出"甲供料"不合格的。由于法律并未限制工程施工采用"甲供"建材的承包方式，因此在施工过程中，建材的供应以"乙供"为常态，同时也存在"甲供"的可能。但法律却明确规定了承包人对工程建设中所用的所有建材和设备均应当履行检验的义务②。

第三，承包人对明知的发包人不适当的"指定分包"未予以提醒。由于施工总承包人在承包范围内不需要针对专业施工具备相应的专业资质，并且，合法分包的条件之一是取得发包人的同意。因此在实务中，不仅存在常态的分包情况，也会大量出现所谓的"指定分包"的情况。但是，无论是正常的分包还是"指定分包"，法律均明确规定承包人与分包人应共同向发包人承担连带责任③。鉴于此可以得出：承包人对发包人不适当的指定有义务进行提醒。

虽然《合同法》的归责原则通常采取无过错原则，即只要不履行义务或履行义务不符合要求，其对造成的损失就应当承担违约赔偿责任。但是，《司法解释》第十二条第二款对承包人归责原则却应采取"过错原则"，即只有"承包人有过错"，才约定就该过错承担相应责任，但是该款没有对过错程度进行规定，即无论承包人主观上是一般过失、重大过失还是故意均须承担责任。

九、发包人没有任意单方解除权体现了施工承包合同的特点——对《司法解释》第八、第九条和第十条第二款的再思考

《司法解释》第八条④和第九条⑤的规定不仅对施工承包合同一方因对方根本违约而取得解除权的情形进行了具体明确，同时还肯定了"工程质量"、"工程期限"和"工程价款"是施工承包合同的实质性内容，从而否定了其享有任意单方解除权。另外，上述两条

---

① 《建设工程质量管理条例》第二十八条第二款规定：
"施工单位在施工过程中发现设计文件和图纸有差错的，应当及时提出意见和建议。"
② 《中华人民共和国建筑法》第五十九条规定：
"建筑施工企业必须按照工程设计要求，施工技术标准和合同的约定，对建筑材料、建筑构配件和设备进行检验，不合格的不得使用。"
③ 《中华人民共和国建筑法》第二十九条第二款规定：
"建设工程总承包单位按照总承包合同的约定对建设单位负责；分包单位按照分包合同的约定对总承包单位负责。总承包单位和分包单位就分包工程对建设单位承担连带责任。"
④ 《最高人民法院关于审理建设工程施工合同纠纷案件适用法律问题的解释》第八条规定：
"承包人具有下列情形之一，发包人请求解除建设工程施工合同的，应予支持：
（一）明确表示或者以行为表明不履行合同主要义务的；
（二）合同约定的期限内没有完工，且在发包人催告的合理期限内仍未完工的；
（三）已经完成的建设工程质量不合格，并拒绝修复的；
（四）将承包的建设工程非法转包、违法分包的。"
⑤ 《最高人民法院关于审理建设工程施工合同纠纷案件适用法律问题的解释》第九条规定：
"发包人具有下列情形之一，致使承包人无法施工，且在催告的合理期限内仍未履行相应义务，承包人请求解除建设工程施工合同的，应予支持：
（一）未按约定支付工程价款的；
（二）提供的主要建筑材料、建筑构配件和设备不符合强制性标准的；
（三）不履行合同约定的协助义务的。"

规定也对施工承包合同以"相互协作"为基础的特征予以反映。根据《司法解释》第九条所规定的承包人取得单方解除权的三种情形，不仅可以得出"工程质量"、"工程期限"、"工程价款"是承包合同实质性内容的结论，而且还明确了"协助义务"是施工承包合同的基础，违反协作义务也构成根本违约①。

《司法解释》第十条第二款是根本违约解除合同要求对方承担赔偿责任的规定②。若发包人解除合同的，除可取得已完工程相应工程价款外，承包人还有权要求发包人承担因提前解除合同而实际产生的损失（例如：模具租赁合同提前终止的违约赔偿等）及因提前解除合同而损失的预期利益（例如：以报价中明确的利润率计算未完工程的利润等③）。若承包人解除合同的，则有权要求承包人承担因提前解除合同而实际产生的损失（例如：重新招标发包未完工程的费用等）及由于因解除合同而致使工程延误使用所损失的预期利益（例如：按施工合同约定明确工程正常使用的合理利用率）。

十、正确区分当事人合法中止（或终止）与违约的区别——对《司法解释》第九条、第十八条的再思考

施工承包合同是先由承包人按时保质完成建设工程，后由发包人按时足额支付工程价款④的双务合同。而根据行业惯例，这种履行顺序往往通过工程中约定的给付节点来体现（例如：承包人先按约定节点保质完成建设工程后，发包人才支付相应的进度款），最终以竣工时点进行结算，即承包人交付经验收合格的工程，发包人结算后支付相应的结算余款。因此，发包人具有法定的先履行抗辩权⑤，承包人则具有法定的不安抗辩权⑥。

就定性的角度而言，发包人行使先履行抗辩权而暂停支付工程进度款的前提是承包人

---

① 《中华人民共和国合同法》第二百五十九条规定：
"**承揽工作需要定作人协助的，定作人有协助的义务**。定作人不履行协助义务致使承揽工作不能完成的，承揽人可以催告定作人在合理期限内履行义务，并可以顺延履行期限；定作人逾期不履行的，**承揽人可以解除合同**。"

② 《最高人民法院关于审理建设工程施工合同纠纷案件适用法律问题的解释》第十条第二款规定：
"因**一方违约导致合同解除的**，违约**方应当赔偿因此而给对方造成的损失**。"

③ 《中华人民共和国合同法》第一百一十三条第一款规定：
"当事人一方不履行合同义务或者履行合同义务不符合约定，给对方造成损失的，损失赔偿额应当相当于因违约所造成的损失，**包括合同履行后可以获得的利益，但不得超过违反合同一方订立合同时预见到或者应当预见到的因违反合同可能造成的损失**。"

④ 《中华人民共和国合同法》第二百七十九条第一款规定：
"**建设工程竣工后**，发包人应当根据施工图纸及说明书、国家颁发的施工验收规范和质量检验标准及时进行验收。**验收合格的，发包人应当按照约定支付价款，并接收该建设工程**。"

⑤ 《中华人民共和国合同法》第六十七条规定：
"当事人互负债务，**有先后履行顺序，先履行一方未履行的，后履行一方有权拒绝其履行要求**。先履行一方履行债务**不符合约定的**，后履行一方**有权拒绝其相应的履行要求**。"

⑥ 《中华人民共和国合同法》第六十八条规定：
"应当先履行债务的当事人，有确切证据证明对方有下列情形之一的，**可以中止履行**：
（一）经营状况严重恶化；
（二）转移财产、抽逃资金，以逃避债务；
（三）丧失商业信誉；
（四）有丧失或者可能丧失履行债务能力的其他情形。
当事人没有确切证据中止履行的，应当承担违约责任。"

未按约定的节点保质完成建设工程。该前提存在的情况下，发包人暂停支付工程进度款就是行使抗辩权之行为，反之，则构成违约。前者恢复支付不存在支付利息的问题，后者恢复支付则存在支付利息的问题[①]。从定量角度而言，发包人暂停支付工程进度款金额应与承包人未按时保质完成建设工程的工程量相匹配。

由于承包人行使不安抗辩权的要求很高，《司法解释》第九条不仅明确了发包人根本违约的情况，更重要的是赋予了承包人中止履行的权利，如此设定是对承包人行使不安抗辩权的一种补充。

[①] 《最高人民法院关于审理建设工程施工合同纠纷案件适用法律问题的解释》第十八条规定："**利息从应付工程价款之日计付**。当事人对付款时间没有约定或者约定不明的，下列时间视为应付款时间：

（一）建设工程已实际交付的，**为交付之日**；

（二）建设工程没有交付的，**为提交竣工结算文件之日**；

（三）建设工程未交付，工程价款也未结算的，**为当事人起诉之日**。"

"假章"变真,到底为什么呢?

——评析(2016)最高法民申××号民事裁定书

【摘　要】 本文在介绍本案的整体案情的同时,就法院对此案的主要观点及主要理由进行了归纳。在此基础上,笔者对法院的观点进行了全面评析,并提出自己的观点。然后在分析建筑业中"职务行为"、"委托代理"以及"表见代理"可能出现"假章"的法律后果的同时,提出防范的律师建议。

【关键词】 职务行为;表见代理

"Invalid Chop" Became Valid, What exactly is the Reason Why?

——An Analysis on the Civil Ruling Paper No. ×× (2016 Civil Cases) of the Supreme People's Court

【Abstract】 This article introduces the case details, at the same time, summarizes the main points and the main reasons of the court. Based on this, the author has conducted a comprehensive assessment for the views of the court, and puts forward their own point of view. And then the author provides preventive legal advice on the legal consequences in the construction industry, such as "job behavior", "commission agent" and the fact of "invalid chop" which may appear in "apparent agent".

【Keywords】 Job Behavior; Apparent Agent

【前言】

这段时间,网上和微信中流传着一篇报道,题为:"最高法此判决一出,全国数万被挂靠的公司都哭了!"在建筑业引起极大反响,仿佛可以听到岳云鹏那熟悉的声音:"这到底为什么呢?""假的真不了,真的假不了"这句话还对吗?本文在介绍本案的整体案情的同时,就法院对此案的主要观点及主要理由进行了归纳。在此基础上,笔者对法院的观点进行了全面评析,并提出自己的观点。然后在分析建筑业中**"职务行为"**、**"委托代理"**以及**"表见代理"**可能出现**"假章"的法律后果**的同时,提出防范的律师建议。

一、案例简介

本案生效判决的编号为**（2014）赣民一终字第××号**的民事判决。2016年03月31日，最高人民法院对该案申请再审作出了编号为（2016）最高法民申××号民事裁定书。根据该裁定书，可以看出案件概况大体如下：通过"**挂靠**"江×公司，自然人吴某取得了"金×大厦"项目的**实际控制人**地位。在开发过程中，吴某**私刻**了江建公司的公章，并在《招标通知书》、《建设工程施工招标备案资料》以及与施工单位订立的《建设工程施工合同》中均使用了该枚私刻的假章。2011年7月19日，吴某与借款人雷某签订《还款协议》，吴某加盖该枚私刻假章以江建公司的名义对该《还款协议》提供担保。现该枚私刻的假章已**被生效的刑事判决锁定**。现法院生效判决：**吴某向雷某还款，江建公司对此承担担保责任**。最高院驳回申请人再审申请。

二、法院观点

在开发过程中，当事人在《招标通知书》、《建设工程施工招标备案资料》及与施工单位订立的《建设工程施工合同》中均使用了该枚私刻公章，故法院**推定江建公司应当对吴某使用该枚公章知情**。

而由于吴某多次使用该枚公章从事一系列经营活动，且该公章已为施工单位和相关政府职能部门确认，故法院认定伪造的公章具有"**公示效力**"。由于吴某与雷某达成的《还款协议》是双方真实意思表示，应为有效合同，而基于伪造的公章的"公示效力"，雷某对该《还款协议》上作为保证人签章的盖章已**形成合理信赖**。为保护第三人合理信赖利益，江×公司承担担保责任。

三、笔者评析

笔者认为，本案的判决生效后，至少出现以下两个严峻的问题：第一，"**示范效应**"。该判决一出，若第三人如法炮制，重复利用私刻公章签订多份合同，则任何合同相对人都可以利用本案关于"合理信赖利益"的判例要求法院予以保护。在这种情况下，被私刻公章的公司只能重复接受判决。行政处罚遵循"一事不再罚"的原则，即便是刑事犯罪，也存在一个"罪罚相适"的问题，固然该类公司可能在案件过程中存在过错，但如此没完没了地被法律判决承担重复的法律责任，不仅违背民法的公平原则，也违背基本的法理精神。第二，"**模糊效果**"。就现在可以查询的本案法律判决而言，即便是法律工作者，第一反应也会首先得出"假章变真"的结论，更无论非法律工作者了。若没有详细的说明和分析，从结果而言，对通常的"真的就是真的，真的假不了，假的真不了"思绪受到极大的冲击，会忽略种种可能存在的前提而草率地得出"法院认可假章的真实效力"的错误结论。由此，笔者认为有必须对该案件作一个全面理性的分析。故笔者就自身可查询到的本案判决文书中认为**值得商榷**的四个问题予以整理并评析，供业内同行参考指正。

（一）商榷之一："挂靠关系"之说

现法院将吴某与江×公司的关系定义为"挂靠"。笔者认为这一点是值得商榷的。"挂靠"一词并非法律概念，而是建筑行业中的一种俗称。通常是指某一行业的准入需要具有一定的资质，**没有资质的一方以有资质的一方名义准入该行业，而由没有资质的一方实际操作或控制的一种行为**。为了保证公共安全等宗旨，《建筑法》要求从事建筑活动企业要有资质，个人要有资格。没有资质的承包人为了获得资质，就有了行业所称的"挂靠"行为。笔者认为："挂靠"侵犯的是复杂客体，既侵犯国家关于**资质管理**的相关规定，也侵犯了其他有资质企业的**诚信利益**。故挂靠本质可以说是一种**违法代理**。而**江建公司作为发包人，并不符合通常建筑业所称被"挂靠"的主体资格**。因此，若是为了确认江×公司存在过错，而将吴某与江×公司关系直接定性为"挂靠关系"，该判断是否妥当，笔者认为存在一定的商榷空间[①]。

（二）商榷之二："公示效力"之说

现生效判决法院以吴某多次使用私刻的公章从事一系列经营活动，且该公章已为施工单位和相关政府职能部门确认为由，认定伪造的公章具有**"公示效力"**。最高人民法院的裁定书也对于该判断未予以否定。但笔者认为，该判断是值得商榷的。从文意理解看，"公示效力"通常是指官方通过一定的形式向相关人员**公开告知**某一事件或结果从而公示人应当对其公示的**内容真实性和预期性**承担相应责任的效果。从而保护外部第三人的信赖利益。例如：工商登记上公示的法定代表人等信息、物权登记公示等。故，"公示"的特点之一在于其具有**公开性**，即：公示的内容、承载的信息，都是要向一定范围内或特定范围内的人员公开出来，是要让大家知道和了解的，具有较强透明度。但本案中，**经营活动**不必然具有该公开性，相反，往往更具有商业经营中的**秘密性**，而政府职能部门的肯定与备案对于不特定人是否一定具有可查询性或公开性也是不能肯定的。故，笔者认为，生效判决仅以此为依据即认定伪造的公章具有"公示效力"是有些欠妥，值得商榷的。

（三）商榷之三："推定知情"之说

法院以吴某在《招标通知书》和《建设工程施工招标备案资料》以及与施工单位订立的《建设工程施工合同》中均使用了该枚私刻的公章，而由于上述法律行为必须使用公章，故**推定江×公司知情**吴某使用该枚私刻的公章。笔者认为，该推定是值得商榷的。首先，从现笔者可查询到的裁定书可以看出，江×公司对涉及"金×大厦"项目需要提供的**正常手续均予以满足**，即该项目开发中的相关法律文件并非均是私刻公章，故仅由该项目部分文件盖有私刻公章推定江×公司应对私刻公章一事知情并不妥当。其次，就常理而言，江×公司若知晓吴某私刻公章应第一时间**明确态度并予以收回**，甚至不排除报警。再

---

① 《中华人民共和国建筑法》第十三条规定：
"<u>从事建筑活动的建筑施工企业、勘察单位、设计单位和工程监理单位</u>，按照其拥有的注册资本、专业技术人员、技术装备和已完成的建筑工程业绩等资质条件，划分为不同的资质等级，经资质审查合格，<u>取得相应等级的资质证书后，方可在其资质等级许可的范围内从事建筑活动</u>。"

次，法律也没有相关条款作为该推定的依据[①]。综上，无论从法律依据，还是从相关证据来看，都无法必然推定江×公司对吴某私刻公章行为知情。

（四）商榷之四："合理信赖"之说

现法院以吴某与江×公司形成的是**违法挂靠关系**，并以伪造的公章具有"公示效力"和"**推定**"江×公司知道该私刻的公章为由，认定雷某对于该公章形成"**合理信赖**"。笔者认为，这一点更是值得商榷了。该"合理信赖"是建立在吴某与江×公司违法"挂靠关系"成立且盖有公章的合同文本具有"公示效力"的基础上的，且必须"推定"雷某知晓"公示"内容并认定江×公司对于吴某私刻公章知情，方能存在判决所述"合理信赖"的情况。且不论上文中笔者提及的值得商榷之处，但就判决中"合理信赖"最关键的基础，即"公示效力"而言，即便无视上文所述"公示效力"认定的瑕疵，就现可查询的判决文书中，**并无证据可证明雷某知晓该"公示"**。而一个与"金×大厦"项目完全无关的自然人若无明确证据予以证明，只草率推定其必然知晓"公示"内容，是否欠妥？而**对其"公示"内容的知情认定存在瑕疵**，笔者认为，该"合理信赖"的判断值得商榷的空间是很大的。"合理信赖利益"其实掺杂着一定的道德理念，可以说是一种**道德价值**的法律化表现，故在法律层面的界定具有一定的**模糊性**和**不确定性**，故笔者认为，"合理信赖利益"应当保护，否则可能对第三人（本案中是雷某）造成不公平的后果。但法院若以此为由确定当事人的责任承担应有一个确定清晰的适用前提加以限定，否则**可能打破民法的公平原则**，反而对被私刻公章的单位（本案中的江建公司）造成不公。如何平衡两者特别重要，也是笔者认为本案不可忽视的重点。

四、作者观点

就现可查询到的法律文书中对于案情的描述来看，笔者认为：对于吴某与江×公司的**关系定位**是问题的关键。不同关系可能产生不同的后果，而这层关系既要作形式审查，又要作实质判断，不宜一概而论。从吴某是否是江×公司的员工，可以分为两种可能：(1) **若吴某是江×公司员工**，则吴某与江×公司可能是基于劳动合同关系而建立的**内部承包关系**。即：由吴某承担相应的开发过程的成本和费用，并向江×公司保证一定利润，而工程由吴某实际操作和控制，并自负盈亏。这种情况下，吴某的行为对外均应属于江×公司的职务行为。(2) 而**若吴某不是江×公司的员工**，则吴某与江×公司之间存在的就是**代理关系**，或者由于**表见代理**而引起有权代理的法律后果。

（一）若吴某行为属于职务行为

若吴某的行为属于职务行为，则其私刻公章这一作为显然是超越发包人赋予权限的**越权行为**。如需判断对合同相对人而言盖该章的合同是否有效，则应**根据合同相对人是否知道或**

[①] 《中华人民共和国合同法》第五十条规定：
"法人或者其他组织的法定代表人、**负责人超越权限订立的合同，除相对人知道或者应当知道其超越权限的以外**，该代表行为有效。"

是否应当知道吴某行为已超越其权限来予以判断。对此，可分为以下两种情形：（1）如果江×公司**有证据**证明雷某知道或者应当知道吴某私刻公章，例如：①江×公司**已通知**该工程开发的相应供应商，包括通知雷某；或②**公告**吴某私刻公章的行为；或③江×公司与雷某签订有其他合同，而雷某**分辨或应当分辨出**吴某使用的是私刻公章。此时，笔者认为：吴某盖在《还款协议》中私刻的公章，**江×公司不承担保证责任**。（2）如果江建公司**没有证据**证明雷某知道或者应当知道该公章是私刻的，则笔者认为：吴某盖在《还款协议》中私刻的公章，**江×公司应当承担保证责任**。江×公司在承担的保证责任后可以通过与吴某的内部承包协议或劳动合同等以及江×公司内部管理规定**向吴某进行追偿**。

（二）若吴某行为属于代理行为

若吴某不是江×公司的员工，故吴某与江×公司的关系可以定义为**代理关系**。吴某私刻公章这一作为显然是超越代理权的行为。由此，雷某可以**基于表见代理要求江×公司承担担保责任**。但雷某原则上对表见代理的成立也负有举证责任，即：雷某应对自己为什么有理由相信吴某有权利代表江×公司在该《还款协议》上盖章这一事实进行举证。具体可分为以下两种情形：

（1）如果**能有效举证**，即：雷某能举证证明其在签订《还款协议》之前已形成"**合理信赖**"，则吴某的**表见代理成立**。吴某在《还款协议》上盖章的行为对江×公司**产生有权代理的效力**。江×公司应受吴某向雷某盖章的《还款协议》所约束从而履行担保义务，不得以无权代理为抗辩，不得以吴某具有故意或过失为理由而拒绝承受表见代理的后果，原则上也不得江×公司自身没有过失作为抗辩。

（2）如果**不能有效举证**，即：雷某没有证据证明形成"合理信赖"，或有证据证明形成"合理信赖"，但"**合理信赖**"是签订《还款协议》之后形成的，则雷某主张**表见代理不成立**。吴某在《还款协议》盖章行为对江×公司**不产生有权代理的效力**，江×公司不受吴某向雷某签署担保的约束。"表见代表"本质上是**无权代理**，但为了第三人的"合理信赖"而通过法律赋予有权代理的法律效果。因此，同上文所述，应注意**平衡被代理人的合法权益和第三人的"合理信赖"权益**，故应谨慎判定"表见代理"的成立。笔者认为表见代理的成立认定应特别注意以下两个条件①：

1）表见代理的**时点条件**。"表见代理"的前提之一在于：在订立合同过程中，相对人有理由相信行为人有代理权，即第三人与无权代理人达成协议时就**确信**被代理人与无权代理人之间存在**依照交易习惯**可以认定的事实上或者法律上的联系，并基于这一"合理信赖"方达成合意。若"合理信赖"形成于合意之后则表见代理不成立。

2）表见代理的**举证责任条件**。根据法律规定，"**表见代理**"的举证责任应由主张有代理权一方当事人承担。即应由第三人举证来证明在与无权代理人达成合意之前已具有"合理信赖"，其他当事人或者法院均无权进行举证。

---

① 《中华人民共和国合同法》第四十九条规定：

"行为人**没有代理权**、超越代理权或者代理权终止后以被代理人名义订立合同，**相对人有理由相信行为人有代理权的，该代理行为有效**。"

五、结语

托马斯·福勒曾经说过:"呆板的公平其实是最大的不公平。"随着时代的进度,我们对法律越来越重视,但如何理解法律还"任重而道远"。

现今的法律适用还存在一些瑕疵,例如:**对适用前提重视不够,相对定量更注重定性等**,因此,理解法律和适用法条切忌教条迂腐,应防止固化呆板,应当**从整体上把握精髓**,在前提下适用法条,真正做实实在在的公平合理。

公章真实≠协议真实，到底为什么呢？

——评析（2014）最高人民法院民提字第××号民事判决书

【摘　要】　本文在简要介绍整体案情的同时，就法院对此案的主要观点及主要理由进行了归纳。

在此基础上，笔者对"真章假章"可能出现的主要疑问予以解答，并就三种不同的情形，即"公章真，合同有效"、"公章假、合同有效"及"公章真、合同无效"予以总结，并从法理层面予以剖析。

最后，就如何将真实意思锁定并避免被误解的问题依据理念、实践和诉讼操作三个层面提出相关建议。

【关键词】　合同有效；公章

Valid Company Chop Doesn't Equal to Valid Contract, What is the Reason Behind?

——Comments and Analysis of the Civil Ruling Paper No. ×× (2014 Escalated Civil Cases) of the Supreme People's Court

【Abstract】　This paper concludes with a brief introduction to the overall views in the case and main reasons.

On this basis, the author answers inquires on the "valid and invalid chop", and analyzes rom legal point of view for three different situations, namely, "valid official chop and valid contract", "invalid official chop but valid contract" and "valid official chop but invalid contract".

Finally, the author proposes relevant recommendations on how to lock down the real meaning and avoid misunderstandings from the three aspects: concept, practice and litigation operation.

【Keywords】　Contract Validity; Official Chop

【前言】

2016年上半年，网上和微信中流传过一篇题为"最高法此判决一出，全国数万被挂靠的公司都哭了！"的报道，曾在社会，尤其建筑业引起极大反响。为此，笔者通过法律思维解释该判决，并撰写题为《"假章"变真，到底为什么呢？——评析（2016）最高法民申××号民事裁定书》的论文，希望达到增强法律意识，降低法律风险的目的。

但这段时间，网上和微信中又出现了一篇题为"公报案例：印章真实不等于协议真实"的报道。若曾经看过2016年上半年的那篇报道或看过笔者论文的朋友，可能会很自然地出现这么一个疑问："假章"变真，"真章"变假，这是刘谦变魔术吗？实践中，我们应如何认定？

本文在简要介绍整体案情的同时，就法院对此案的主要观点及主要理由进行了归纳。在此基础上，笔者对"真章假章"可能出现的主要疑问予以解答，并就三种不同的情形，**即"公章真，合同有效"、"公章假、合同有效"及"公章真、合同无效"予以总结，并从法理层面予以剖析**。最后，就如何将真实意思锁定并避免被误解的问题依据理念、实践和诉讼操作三个层面提出相关建议。

一、案例简介

2007年11月，因陈某违约，昌×公司诉至内蒙古自治区和林格尔县人民法院（以下简称"一审法院"），请求解除双方2005年5月1日签订的《协议》。法院经审理后作出判决，解除双方签订的《协议》，陈某不服提起上诉，二审法院维持了一审法院的判决，该判决现已生效。

2011年11月1日，陈某依据双方于2005年5月3日签订的《补充协议》向一审法院提起诉讼，请求昌×公司补偿其在矿山的投入七百余万元。在对《补充协议》上所盖的昌×公司公章进行司法鉴定后得出是真实的情况下，昌×公司认为《补充协议》系陈某用其所持有的加盖公司公章的空白纸编造打印后用于诉讼，要求就《补充协议》打印及盖章时间进行鉴定，一审法院认为，《补充协议》昌×公司印章的真实性已经确定，即使《补充协议》打印时间在盖章之后，昌×公司也应当对其意思表示承担法律后果。陈某根据有效的《补充协议》约定：《协议》解除后，昌宇公司应当对陈某的投入费用进行清算并予以退还的主张，于法有据，法院予以支持。一审宣判后，昌×公司不服，上诉至福建高院。二审法院判决：驳回上诉，维持原判。

为此，昌×公司向最高院申请再审。最终，最高院作出如下判决：撤销一、二审判决，驳回陈某的诉讼请求，即不支持陈某要求昌×公司支付七百余万元的补偿。

二、法院观点

最高院再审判决：撤销一、二审判决，驳回陈某的诉讼请求的主要观点如下：

首先，公章与文字的前后顺序、文字的形成日期等对认定协议的真实性有着重要影响。

其次，《补充协议》与《协议》的签署时间仅隔一天，却将风险负担进行了根本性变更。在双方缔约地位并未改变的情况下，这种根本性变更的出现是不合常理的，且陈某对此不能作出合理解释。

再次，《补充协议》的基本内容存在矛盾，陈某对此不能合理说明。不仅如此，陈某在相关诉讼中从未提及该《补充协议》，因此，明显不合常理。

鉴于此，原审法院以公章与文字形成先后不影响协议真实性的判断为由，不支持昌×公司要求鉴定盖章与协议形成的时间的鉴定申请是明确不妥。

结合《补充协议》的内容、形式及形成过程和再审庭审查明陈某在原审中隐瞒重大事实信息的不诚信行为，同时考虑昌×公司一直否认自行加盖印章且不持有该协议之抗辩意见，最终，最高院对《补充协议》相关内容的真实性作出了不予采信的结论。

三、笔者评析

本案的判决生效后，法院对于公章对合同有效性的判断出现三种不同的结论：（1）公章真，合同有效；（2）公章假，合同有效；（3）公章真，合同无效。对此，即便是法律工作者，也会产生一系列疑问：以上哪个结论是正确的？上述三种结论存在的前提是什么？其法理根据是什么？若三个结论在一定前提下均可能是正确的，那么如何把握这一前提？如何在意思表达时正确严谨地锁定真实意思？如何在相对方提出异议时，确保己方真实意思被法院采信？

若没有详细的说明和分析，仅从结果而言，是对通常观念中的"真的就是真的，真的假不了，假的真不了"认知是个极大的冲击，往往会导致人们草率地得出"真的可以变假，假的可以变真"的错误结论。

为防止这种情况发生，笔者根据实践经验，就法律思维对上述主要问题进行评析，以供业内同行参考指正。

（一）第一个问题：上述结论中哪个正确

首先，"谁主张谁举证"一直是举证责任分配的主要原则，即主张方需要对其主张进行举证，反驳方则需要对反驳进行举证，假设主张方和反驳方的证据分别为：Σ主张证据和Σ反驳证据。

由于民法对证据的采信以盖然性为原则，即双方通过己方证据证明力的大小来影响并说服法官进行采信并据此作出裁量。故：

若Σ证据 = Σ主张证据 − Σ反驳证据 < 0，则主张方证据的证明力小于反驳方证据的证明力，则主张方被否定；

若Σ证据 = Σ主张证据 − Σ反驳证据 > 0，则主张方证据证明力大于反驳方证据的证明力，则主张方被支持。

其次，客观事实与法律事实是通过证据来锁定的，而法院是根据（也只能根据）法律事实来判断具体案件的，因此，证据的情况决定了客观事实被还原的程度，具体地说，法院是根据证据来判断具体案情的。故：

若$|\Sigma$证据$|\uparrow$，即$|\Sigma$主张证据 − Σ反驳证据$|$绝对数越大，说明主张证据与反驳证据之间的可信度相差越大，则主张被彻底支持或彻底否定的可能性就越高。

若：$|\Sigma$证据$|\downarrow$，即$|\Sigma$主张证据 − Σ反驳证据$|$绝对数越小，说明主张证据与反驳证据之间的可信度相差越小；则主张被彻底支持或彻底否定的可能性越小（图1）。

我们必须明确，虽然我们所追求的理想法律状态是：法律事实 = 客观事实。但由于各种客观或主观原因，这种状态其实很难实现，相反，实践中更多会出现"不客观"但"正确"的事实，即法院查明的事实会与客观事实不完全相符甚至不符合。此时，法律事实≠客观事实，但这并不意味着这是"错误"的事实。应该说，这其实是法官在有限的条件下能够尽可能还原的"正确"事实。

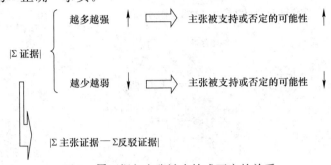

图1 ∑证据与主张被支持或否定的关系

综上所述，上述三种结论均可能是正确的。

（二）第二个问题：上述结论各自的前提和法理是什么

1."公章真，合同有效"的情况

合同成立的本质是合意，即：通过要约和承诺的方式双方达成意思一致[①]。其中，构成作为民事法律行为的"要约"和"承诺"的要件之一就是"意思表示真实"。通常情况下，意思表示的方式主要有书面、口头和行为三种形式[②]，而法人意思表达主要由公章的加盖来体现。

因此，只要没有充分证据或证据链能够证明加盖的公章是伪造的，则通常认为其体现于合同上的意思表示即为真实，即"公章真，合同有效"。

2."公章假，合同有效"的情况

若公章不具有真实性，则说明合同的意思表达主体并非公章所指向的法人，通常情况下，该合同是不成立的。但是，若合同相对方能证明该法人明知该假章之前已被使用却未明确予以否定其真实性的，法院一般会认定之前的行为是该法人对假章的一种"公示行为"。而基于该"公示行为"产生的效力，合同的相对方对该盖章行为已形成合理信赖。

故，为了保护第三人的合理信赖利益，虽然合同加盖的是假章，法院也有很大程度会判决该合同成立，即"公章假，合同有效"。

3."公章真，合同无效"的情况

若将一个书面合同形成的过程进行细分，可分为三个行为：第一个行为主要是通过口头形成（或行为）达成合意，即：双方的意思达成一致；第二个行为是通过书面形式将该合意记录锁定下来；第三个行为才是对书面记录与合意一致确认进行盖章认可。

这三行为在性质上是独立的。口头形成的合意并非一定完整正确地通过书面形式记

[①] 《中华人民共和国合同法》第十三条规定：
"当事人订立合同，<u>采取要约、承诺方式</u>。"
[②] 《中华人民共和国合同法》第十条规定：
"当事人订立合同，有<u>书面形式、口头形式和其他形式</u>。
法律、行政法规规定采用书面形式的，<u>应当采用书面形式</u>。当事人约定采用书面形式的，<u>应当采用书面形式</u>。"

录,故谈判结束后的书面合同常常会出现来回修改的情况,甚至可能会在合同签署后,发生一方报怨"当时我们双方的意思不是这样"的情形。而盖章行为的本质是双方对合意内容与书面记录一致的确认,故印章真实并不必然等于协议真实。就证据层面而言,印章真实一般可以推定协议真实,但若有证据足以怀疑甚至否定合同内容的真实性,则仅根据印章的真实性并不能直接确认协议的真实性(图2)。

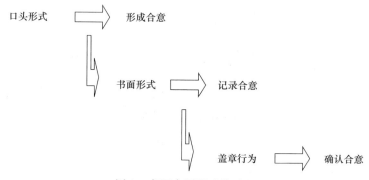

图2 书面合同形成的过程

综上,在有其他证据可以证明合意的真实性的情况下,印章仅属于证明协议真实性的初步证据而并非决定性证据。此时,法院可能会综合考虑其他证据来认定合同的真实性。

(三)第三个问题:如何将真实意思锁定并避免被误解

就操作理念而言,合同形成由三阶段的行为组成,该三阶段既独立也联系。故,必须建立"口头合意正确完整记录后及时由双方盖章确认"的操作理念。

就具体操作而言,由于合同合意往往在第一阶段即完成,故为了避免书面记录的不完整或不正确,双方谈判时可同时录制一份音频文件以供备份。在之后的合同修改校对过程中,通过该音频文件有利于双方更便捷无误地还原当时的谈判内容。不仅如此,由于书面形式仅是口头合意的一种记录形式,故无论是起草人还是另一方修改校对者均应曾参与整个谈判过程。

此外,还应重视公章管理制度。公章的保管不应出现"真空状况";应避免在白纸上盖章;双方合意后应及时盖章;正式盖章时应记得盖骑缝章;如果发现己方公章被盗用,应第一时间予以公告或报案,避免出现"公示"消除第三方"合理信赖"的可能。

从诉讼层面而言,首先应当明确:客观事实通过法律事实还原;法律事实是通过证据来体现;证据的被采信度通过双方提供证据的证明力决定。因此,己方提供的证据应严谨周延,有逻辑性。同时,对于对方的证据也要高度重视,正确理解其意图从而提供有力的反驳证据。最后,应尽可能在合法的范围内向法官积极陈述己方观点,以便对法官的裁量产生积极影响。

四、结语

本着"先行为带来后义务"的原则,笔者认为自己有义务就该"假章真章"的具体情形,在上述两份不同的判例的基础上从法律思维的层面再次作一个理性且相对具体的解释。同时,笔者也希望通过再次"抛砖"起到"引玉"的作用,使大家尤其是建设工程领域的同仁们能够对实践中碰到的该类问题不断总结出更系统、更完备的理论体系。

不付价款≠违约行为,到底为什么呢?

——从一起"欠款"被诉后"逆袭"成功的案件谈"抗辩权"

【摘 要】 本文主要对笔者承办的一起看似发包人"违约"实为发包人"抗辩"而"逆袭"成功的案件进行反思,对案件中的主要观点及依据进行了归纳。

在此基础上,笔者对承包人行使不安抗辩权、发包人行使先履行抗辩权以及承发包双方的抗辩权的动态转化进行归纳并提出提醒意见。

最终从理论解释:为何不付价款≠违约行为。

【关键词】 中止履行;先履行抗辩权

Non-Payment Doesn't Equal to Breach of Contract, What exactly is the Reason Why?

——An Analysis of the 'Counter Argument Right' by Commenting on a Successful Case from an Accused 'Debtor' to a 'Winner'

【Abstract】 This article mainly reflects on the successful case in which the employer seemingly "breach of contract" while in fact the contractor "defenses" and "counter argues" and summarizes the main points and basis of the induction accordingly.
Based on this, the author summarizes and poses reminder comments on the contractor to exercise the right to apologize, the employer to exercise the right counter argument right of plea against the advance performance and the conversion of both contracting sides.
Finally the author explains theoretically why non-payment doesn't equal to breach of contract.

【Keywords】 Suspend Performance of Obligation; Counter Argument Right of Plea against the Advance Performance

【前言】

如果一个发包人不支付或少付工程价款,人们通常的第一个反应是:"发包人不付钱肯定是不对的。"

如果其是因承包人未按图施工而不付工程款,人们往往会说:"承包人固然不对,应当按图施工。"但是,发包人不付进度款也是不对的。

但事实上,"对与不对的前提是该与不该"。应支付而不支付固然是不对的,是违约。

但不应支付而不支付，尤其在有履行顺序的合同中，是正确无误的。因为，双方的行为其实互为履行的前提，即按约定履行义务的前提是相对方的前义务已履行完毕。因此，此时，发包人的不付款可能是在行使抗辩权。

本文主要对笔者承办的一起看似发包人"违约"实为发包人"抗辩"而"逆袭"成功的案件进行反思，对案件中的主要观点及依据进行了归纳。同时，在此基础上，笔者对承包人行使不安抗辩权、发包人行使先履行抗辩权以及承发包双方的抗辩权的动态转化进行归纳并提出提醒意见，最终从理论解释：为何不付价款≠违约行为。

一、案例简介

2010年1月，发包人与承包人在签订的《施工承包合同》中约定：工程进度款按每月完成工程量的85%支付……

当工程进度款支付到3200万后，**由于屋面使用材料与设计不匹配，发包人要求整改，而承包人不予整改，故发包人未支付当月进度款**。承包人即催告要求支付，否则将影响继续施工，发包人未予理睬。为此，**承包人停止施工并起诉法院，要求解除合同**，除要求支付在建工程余款外，并要求发包人赔偿造成损失的400万。而对发包人而言，只要合同被解除，其可能造成损失300万元。

二、大体走势

鉴于若发包人未按约定支付工程款使承包人无法施工，且经催告仍未支付的情况下，承包人具有单方解除权[①]。故，现仅根据承包人提供的证据，初步可认定承包人具有单方解除权。

若承包人有单方解除权，则发包人除支付已完工程价款结算余款外，还需赔偿承包人由此造成的损失。根据承包人的诉状，**发包人除了支付承包人已完工程价款结算余款564万元（3200÷0.85－3200）以外，还需支付赔偿款400万**。此外还需要自行承担自身的300万损失。综上总计：564＋400＋300＝1264万。

笔者接受发包人的委托后，以工程质量瑕疵为由向法院提起反诉，要求解除合同。同时，还提出工程质量并相应价款的鉴定申请（存在质量问题对应的价款为584万）。最后，成功起到了**否定承包人单方解除权**的作用，即法院最终判决认为发包人有单方解除权，而承包人无单方解除权。故，承包人应返还工程款20万元（3200－（3200÷0.85－584））并赔偿发包人300万损失，共计320万元。

一个看似应向承包人支付1264万元的案件，最终却峰回路转地逆袭成功反向承包人索赔320万，这二者的损失差异整整相差1584万元，到底为什么呢？

笔者认为，除了理性评估案件的状况、正确制定诉讼的方案以及全面跟踪鉴定过程外，**最为关键的是抗辩权的正确行使**。

---

① 《最高人民法院关于审理建设工程施工合同纠纷案件适用法律问题的解释》第九条第（一）项规定：

"发包人具有下列情形之一，致使承包人无法施工，且在催告的合理期限内仍未履行相应义务，承包人<u>请求解除建设工程施工合同的，应予支持</u>：

（一）未按约定支付工程款的；"

三、笔者评析

（一）履约抗辩权的法律规定

依合同当事人双方是否互负义务，合同可分为单务合同和双务合同。在商务行为中，绝大多数的合同是双务合同，而双务合同存在履行上的牵连性，这种情况下，**一方不履行其义务，对方原则上亦可不履行**。因为只有如此，才能维持双方当事人之间的利益的动态平衡。这就是双务合同履行中存在的所谓"抗辩权"，它包括同时履行抗辩权、后履行抗辩权和不安抗辩权。

1. 同时履行抗辩权

同时履行抗辩权是指**双务合同的当事人应当同时履行义务的，一方在对方未履行前，有拒绝对方请求自己履行合同的权利**[①]。

同时履行抗辩权的构成要件包括：

（1）必须双方互负的债务均已到履行期；

（2）必须是对方未履行或不适当履行债务；

（3）必须是对方有可能履行的债务。

2. 先履行抗辩权

后履行抗辩权是指**双务合同中应当先履行义务的一方当事人未履行时，对方当事人有拒绝对方请求履行的权利**[②]。

先履行抗辩权的构成要件包括：

（1）必须双方当事人互负债务；

（2）必须是两个有履行顺序的债务；

（3）必须存在先履行一方未履行或履行不符合约定的情形。

3. 不安抗辩权

不安抗辩权是指**双务合同中应先履行义务的一方当事人，有证据证明对方当事人不能或可能不能履行合同义务时，在对方当事人未履行合同或就合同履行提供担保之前，有暂时中止履行合同的权利**[③]。

[①] 《中华人民共和国合同法》第六十六条规定：

"当事人**互负债务**，没有先后履行顺序的，**应当同时履行**。一方在对方履行之前有权拒绝其履行要求。**一方在对方履行债务不符合约定时，有权拒绝其相应的履行要求**。"

[②] 《中华人民共和国合同法》第六十七条规定：

"当事人**互负债务**，**有先后履行顺序**，先履行一方未履行的，后履行一方有权拒绝其履行要求。**先履行一方履行债务不符合约定的，后履行一方有权拒绝其相应的履行要求**。"

[③] 《中华人民共和国合同法》第六十八条规定：

"**应当先履行债务的当事人**，有确切证据证明对方有下列情形之一的，**可以中止履行**：

（一）经营状况**严重恶化**；

（二）转移财产、抽逃资金，**以逃避债务**；

（三）丧失商业信誉；

（四）有丧失或者**可能丧失履行债务能力的其他情形**。

当事人没有确切证据中止履行的，应当承担违约责任。"

不安抗辩权的构成要件包括：

（1）必须双方当事人互负债务；

（2）先履行义务人有确切证据证明对方不可能履行；

（3）后履行义务人未提供适当担保且不安抗辩事由在合理期限内未改变，则先履行义务人有权解除合同。

综上可见，双务合同的抗辩权可分两类：<u>一类是双方义务的履行无顺序的同时履行抗辩权，另一类，</u>双方义务的履行是有顺序的，则<u>先履行的一方具有不安抗辩权，而后履行的一方具有先履行抗辩权。</u>

如图1所示。

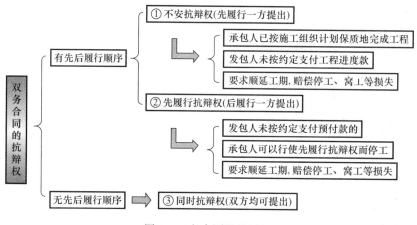

图1 双务合同的抗辩权

（二）建设工程合同是有履行顺序的特殊承揽合同

从实务操作而言，建设工程合同的履行节点主要有开工时点、各节点的进度时点和竣工时点，而对应这些时点的价款主要有工程预付款、工程进度款和工程竣工结算余款。它们之间的关系如下：<u>工程竣工结算价款＝工程预付款＋工程进度款＋工程竣工结算余款。</u>

严格来说，对建设工程合同而言，工程预付款是非常态的。通常情况下，工程预付款被定义为借款性质。实务操作中往往会约定在最近几期的进度款予以分批抵扣。而工程进度款往往是承包人完成节点工作，并经审核后按照一定比例予以支付的，即只有在承包人按时保质地完成了某一时点任务后发包人才予以支付。至于工程竣工结算余款，其支付需要承包人全部完成了工程承包范围内的工作并经发包人组织验收合格再按约定的时间予以支付。

从法理角度而言，建设工程合同是承包人进行工程建设，发包人支付价款的特殊的承揽合同。承揽合同原则上是先由承揽人先完成工程成果后再由定作人支付报酬，有履行顺序的双务合同。故，若没有特别约定，建设工程合同理论上来说，是应先按时保质地完成建设工程，而后由发包人支付工程价款的合同。

综上，<u>建设工程合同是先由承包人按时保质地完成建设工程，后由发包人按时足额支付工程款的有履行顺序的特殊承揽合同。</u>

图 2　建筑工程各时点对应的价款

（三）建设工程合同抗辩权操作

由于建设工程合同是先由承包人履行，后由发包人履行的特殊承揽合同。故，原则上不存在同时履行抗辩权，其存在的是承包人的不安抗辩权和发包人的先履行抗辩权。

1. 承包人的不安抗辩权的行使

首先，承包人能够行使不安抗辩权的前提并非发包人的某一行为，而应是发包人的某种状况。而**通常情况下，证明状况远比证明行为的举证更为困难**。

其次，**承包人能够行使不安抗辩权的前提状况是已客观存在的状况**，而非主观推测的未来可能发生的状况。

最后，承包人能够**行使不安抗辩权的前提状况对于发包人和承包人均应是颠覆性或根本性的**。其通常出现的概率并不高。

综上，笔者提醒：

（1）承包人应有"**确切证据证明**"这种状况（法律要求在证据之前加"确切"二字是非常少见的）。

（2）若没有"确切证据证明"而行使不安抗辩权，则其行为就是违约行为。这种情况下，不仅工期得不到顺延，而且可能承担节点工期的违约责任。

（3）承包人行使不安抗辩权应当**以书面形式通知**发包人，并同时提出顺延工期及要求赔偿停工、窝工等损失的请求[1][2]。

（4）即便有"确切证据证明"能够予以证明出现足以行使不安抗辩权的状况，**若发包人提供担保时，则承包人应及时终止行使不安抗辩权**。

综上所述，承包人行使不安抗辩权的条件可谓苛刻，承包人理应谨慎。

2. 发包人的先履行抗辩权的行使

首先，只要能够证明承包人未履行或未适当地履行其义务，发包人均有权行使法定的先履行抗辩权，即不支付相应的工程进度款或竣工结算余款。**此时的"不付"是"不应支付"，是一种权利的行使**。

其次，发包人行使先履行抗辩权对抗的违约行为，可能是根本违约行为，也可能是非

---

[1] 《中华人民共和国合同法》第六十九条规定：
"当事人依照本法第六十八条的规定**中止履行的，应当及时通知对方**。对方提供适当担保时，应当恢复履行。**中止履行后，对方在合理期限内未恢复履行能力并且未提供适当担保的，中止履行的一方可以解除合同**。"

[2] 《中华人民共和国合同法》第二百八十三条规定：
"**发包人未按照约定的时间和要求提供原材料、设备、场地、资金、技术资料的，承包人可以顺延工期日期，并有权要求赔偿停工、窝工等损失**。"

根本违约行为。对于前者，发包人可以先行使抗辩权再行使解除权，也可以仅选择抗辩权行使。对于后者，发包人只能选择行使抗辩权。

最后，发包人行使先履行抗辩权应适当且匹配，即：**发包人中止履行的部分与程度应与承包人已违约行为的部分和程度相一致**。

笔者提醒：

（1）发包人行使先履行抗辩权的前提在于先履行方存在违约行为。而**判断标准，严格来说，有三个层次**：前提是先履行方"应当行为"；必要条件是其"没有行为"或"不适当行为"；充分条件是其"没有理由不行为"。若承包人的未履行是行使不安抗辩权的行为，则其并非违约行为，发包人无权行使先履行抗辩权。

（2）中止履行行为程度应与承包人**未适当履行的行为匹配**。

（3）中止履行行为的**终止时点应当是在承包人已经履行完毕的时点**。

（4）中止履行至恢复履行之间是权利行使的过程，**不应支付相应的利息**。

综上所述，发包人应正确使用先履行抗辩权，并将其作为保证自身利益的首要权利，而将解除权和要求赔偿权作为行使先履行抗辩权的辅助权利。

3. 承发包双方的抗辩权是动态转化的

顺序是以时间坐标而确定的，前后行为是通过比较两个行为而存在的。当时间坐标是连续时，第二个行为对于第一个行为即为后行为，但相对于第三个行为就是先行为。

若第一个节点时，承包人已经按约定完全且适当地完成建设工程认为并按程序提交进度款申请时，发包人不履行审核进度款义务或不按时支付进度款的行为相对于承包人完成第二个节点建设工程任务而言，即是前行为。此时，承包人即具有先履行抗辩权，即中止履行第二个节点的建设工程任务。**此时的"停工"是"不应做"而"停工"，是一种权利行使的体现**。故，承发包双方的抗辩权是互相动态转化的。图 3 表示的就是作为先履行义务的承包人不同状态的法律定性图。

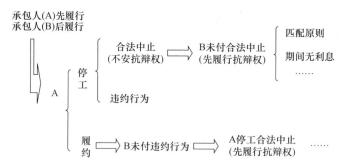

图 3　作为先履行义务的承包人不同状态的法律定性图

笔者提醒：

（1）为了避免不必要的纠缠，应尽可能将这种由于发包人**不支付工程进款而赋予承包人的抗辩权在合同中予以明确**。

（2）承包人行使先履行抗辩权而停工的，同样有权要求发包人顺延工期，并要求赔偿停工、窝工等损失。

（3）如果出现未按约定工期完成承建工程的情况，只有承包人能够证明：**Σ顺延工期＝**

(实际建设工期－约定建设工期），则不应承担延误工期的违约责任。

综上所述，承包人要善于行使抗辩权，在施工过程中积累"顺延工期"的总额，从而避免承担不应承担的工期延误的违约责任。

四、结语

概念应当清晰，条款应有前提，规律不应绝对，体系应有层次。

在清晰的概念的基础上，结合具体条款的前提，有层次地阐明我们的观点，同时，通过证据和数据来辅助体现。这是律师应该追求的思维模式。

理性决定是否接受委托，科学制定切实的诉讼方案，全面跟踪鉴定过程，形式简洁地阐明观点，这是律师应该遵循的工作程序。

三方确认≠免除责任,到底为什么呢?

——从一起"三方确认"后要求退还"工程价款"案件谈"免责事由"

【摘 要】 本文通过笔者承办的一起案件,先剖析了以下问题:竣工结算审定价(以下简称"审定价")是否具有唯一性?承包人在《工程审定单》上盖章的前提条件是什么?三方在"审定价"上盖章对咨询人是有利还是有弊?最后从理论上解释了为什么三方确认≠免责责任的道理。

【关键词】 竣工结算;免责事由

Third Party Confirmation Doesn't Mean Liability Exemptions, What is the Reason Why?

——An Analysis on 'Disclaimer Issues' by Taking the Case as Example, Which Starts from 'Confirmation from 3 Parties' to Being Required to Return the 'Construction Costs'

【Abstract】 This article analyzes below issues through a recently conducted case: firstly, is completion of settlement pricing (hereinafter referred to as "reviewed price") unique? What are the prerequisites for the contractor's chop on the "price confirmation sheet"? Are the three parties' stamp in the "reviewed price" beneficial or disadvantages to the consultants? Finally, the article explains theoretically why the third party confirmation doesn't equal to disclaimer liabilities.

【Keywords】 Accounts Settlement after Project Completion; Disclaimer Issues

【相关用词解析】

1. 三方盖章的《审定单》

发包人(或与承包人共同)委托进行建设工程竣工结算审价的咨询人,在得到初审结论后,要求发包人、承包人在《工程审价审定单》(简称《审定单》)上盖章的行为。

2. 免责事由

当事人对其违约行为免于承担违约责任的事由。

如果一方根据自己"盖章确认"的文件内容支付了相应款项,但若干年后要求对方予以退还。对此,人们的第一感觉多半是:这个人说话不算数,不讲信用!法院根本不会支持这种不诚信的行为。

但规则需要在具体的法律关系中体现,而不同的法律关系中得出的规则也并不相同。即便是相同的法律关系,不同的行为模式,也可能得到不同的结论。故其实在上述的真实案件中,法院的判决并未如大众所料。其中的奥妙究竟在哪里呢?

一、案例简介

2007年1月,国有性质的发包人按照其委托的咨询人所出具的《建设工程竣工结算审价报告》(以下简称《审价报告》)已支付完全部工程结算余款。2009年3月,发包人的上级审计单位在对该工程进行国家审计时认为该工程竣工结算价应当为1.56亿元,少于《审价报告》1300万元……

为此,发包人先与咨询人进行沟通,并共同就1300万元数额进行复核。在确定该误差接近**1300万元**时,立即通知承包人:希望其在核实该误差的基础上予以返还。但承包人以施工承包合同已经履行完毕为由拒绝核实,更不同意退还该1300万元。于是,发包人以承包人和咨询人为被告向法院提起诉讼,**要求承包人退还多支付的1300万元,并要求咨询人承担连带赔偿责任**……

诉讼中,承包人和咨询人主要的抗辩理由如下:

(1)在出具《审价报告》之前,发包人已在《审定单》上盖章,故无权就自己已确认的结算审定价要求对方承担责任。

(2)无论从出具报告的时间起算,还是从发包人支付完毕工程结算余款的时间起算,均已超过两年的诉讼时效,故发包人已无胜诉权利。

为了确定是否存在1300万元的误差,法院进行了工程造价司法鉴定,鉴定结果认为:误差为1180万元。最终,**法院判决承包人退还1180万元**……

二、法院观点

工程造价司法鉴定已证明结算审定价应当是**1180万元**,并且,承包人已自认已收到该1180万元,对于承包人和咨询人两被告提出:发包人在《审定单》盖章的行为是对竣工结算审定价的认可,三方盖章的《审定单》属于免责事由,为此,法院未予认可。因此,法院判定:承包人多收取的工程价款1180万元理应予以退还给原告发包人。

至于诉讼时效问题,法院认为,原告在发现价款支付存在误差的5个月后提提起诉讼,其在法定诉讼时效之内,故两被告就诉讼时效提出的抗辩不成立。

三、笔者评析

(一)审定价是否具有唯一性?

在实务中,人们常认为,对于同一建设工程的竣工结算,"一百个造价工程师得出一百个审定价"太正常了,但这其实是对建设工程审定价唯一性的质疑。"审定价具有唯一性"是我们可以继续讨论该案例的前提。

理论上,在一定条件下(即在同一施工承包合同、工程签证和委托合同等法律文件和同一竣工图、工程清单报价单等技术文件的前提下),审定价必定具有唯一性。不同的造价工程师得出不同的审定价只能说明其各自的准确率不同,故距离唯一正确的审定价具有不同的误差。当然,绝对的正确仅是理论层面而言的,但允许误差的前提在于坚信正确的唯一性,故我们不应质疑,更不应否定"审定价"的唯一性。

若某一竣工结算正确的审定价为一恒定值,设为 V_0,而不同的造价工程师得出的最终具体审定价设为 V,则 V_0 与 V 必定存在一个偏差值。设该偏差值为 ΔV,则存在如下恒等式:$V=V_0+\Delta V$。

若 $\Delta V \cong 0$,则审定价越接近该恒定值,正确率越高。

若 $|\Delta V|$ 越大,则审定价离该恒定值越远,正确率低。

若 $\Delta V<0$(即偏差值是负值),则审定价存在瑕疵且是少算了工程价款。

若 $\Delta V>0$(即偏差值是正值),则审定价存在瑕疵且是多算了工程价款。

构成 $|\Delta V|$ 的主要原因有两种:

其一,对关于发包人与承包人权利与义务定性划分的法律文件存在理解错误而引起的,例如:对于签约前形成的招投标文件理解有误;对签约时的施工合同理解有误;对履约时形成的各种工程签证、委托结算审价合同等理解有误等。

其二,对关于发包人与承包人权利与义务定量计算的技术文件理解错误而引起的,即对各种定额、计算标准、施工工艺、价格信息等取定理解有误所致。例如:对工程量的计算有误;对定额子目的套用有误;对定额含量的调整有误;对建设工程类别的取定有误;对主要材料差价的取定有误;对费率的取定有误等等。

综上,若不存在定性误解和定量错误,原则上 $\Delta V=0$,故 $V=V_0$,<u>在一定条件下,审定价应是一个常数</u>。

为了更直观、更明晰地反映上述逻辑关系,笔者以图1的形式予以归纳。

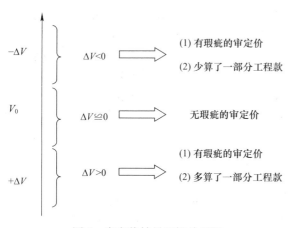

图1 审定价结果逻辑关系图

(二)承包人在《审定单》上盖章的前提条件是什么?

就专业分类的角度而言,承包人的相关程度最高。仅从其资质序列而言,其施工总承包资质序列就有12项,专业承包资质序列23项。而不同工程的施工总承包在操作上有很大的区别,例如建筑工程施工总承包与铁路工程施工总承包。而专业承包的区别更可能大到南辕北辙,例如电子与智能化工程专业承包与预拌混凝土专业承包。

就对造价敏感度的角度而言,承包人有身临其境的市场经历作为依托,有长期积累的专业经验作为依据,更有货真价实的成本性造价作为基础,其对造价的认知必然更加敏锐。而咨询人和发包人在通常情况下对于成本造价并不具有切身体会，而仅主要从专业经验和市场感受的角度予以判断。

就商业利润的角度而言，承包人的主要目的在于取得工程价款最大化。而保证工程质量，从狭义角度而言，仅是实现该目的的手段而已，且工程竣工后其成本性造价原则上已然明确，故审定价能更直观反映其利润。反之，咨询人取得咨询费是在出具《审价报告》后，且通常咨询费以核减额的百分率进行计算的，故其并不会如承包人般对所得利润如此直观明确。而对发包人而言，工程价款仅是其商业行为的部分成本。且通常情况下，确定或支付审定价时，发包人的利润尚处预期阶段，并不能直接或直观地予以反映。

一般而言，人们对商业利润的敏锐程度越高，对其工作的重视程度也就越高。而在建设工程中，对造价的敏锐度就直接影响对审定价估算的精准度，而专业分类的细致度也影响到取得最大化价款的能力。综上，从统计学角度而言，整个建设工程项目中对 V_0 把握最精准应当是该项目的承包人。

也正因如此，《审定单》的价款数额对于自身是亏是赚，承包人其实是盖章的三方中最明白、最有底的那位。通常而言，除非为了迅速拿到工程结算余款，即牺牲金额来换取支付速度，否则，承包人愿意在《审定单》盖章即意味着 $\Delta V \geq 0$，即 $V \geq V_0$ 直白得说，就是审定单的数额大于承包人的心理预期利润。

（三）三方盖章的《审定单》是否属于免责事由？

就民法角度而言，仅因三方盖章而免责是违背其公平原则的。出具《审价报告》的前提条件是三方在《审定单》上盖章，这意味着只要有一方未在《审定单》上盖章，《审价报告》就不能出具。此时，也就不存在因《审价报告》的瑕疵而使发包人或承包人遭受损失的情况。没有损失就没有赔偿。若认定三方盖章的《审定单》构成法律意义上的免责事由，就意味着咨询人永远不会因《审价报告》的瑕疵承担任何责任，这显然是与委托合同签订目的和宗旨相违背，与《合同法》中关于有偿委托合同的规定相违背，更何况是《民法》的公平原则了。

就咨询业角度而言，这也违背了其行业原则。咨询业的主要原则有三：独立、科学、公正。其中，独立性原则是首要原则，是科学公正的前提，其体现在咨询人应独立完成咨询工作并独立对其工作成果负责。若认定三方盖章的《审定单》构成免责事由，则咨询行业的独立性荡然无存。不仅如此，也会对咨询人现理应遵循的科学性产生负面作用。最终也会因三方签章的决定性作用而可能导致委托方接受不公正的审定，这显然违背了咨询行业的公正性原则。

就主体资质而言，咨询人是单位有资质、个人有资格的审价单位，即咨询人是由专业人才所组成且在工程造价方面具有专业特长的专门机构。反观发包人，其作为委托方可能是企业、机关和学校等，也可能是房地产开发企业。但无论如何，工程造价控制都不可能是其专业所在。若三方盖章构成免责事由，则意味着发包人或承包人对已收取咨询费的专业人士的过错"买单"，这显然既不合情也不合理[①]。

[①] 《最高人民法院关于审理建设工程施工合同纠纷案件适用法律问题的解释》第十八条规定：
"利息从应付工程价款之日计付。当事人对付款时间没有约定或者约定不明的，下列时间视为应付款时间：
（一）建设工程已实际交付的，为交付之日；
（二）建设工程没有交付的，为提交竣工结算文件之日；
（三）建设工程未交付，工程价款也未结算的，为当事人起诉之日。"

就表现形式而言，三方签章是因咨询人的要求而进行的，故三方签章的《审定单》具有格式条款之嫌。提供格式条款一方，应以合理的方式提请对方注意免责和限制责任的条款，并按照对方的要求，对该条款予以说明。若违反了提请注意义务，该格式条款不发生效力。退一步说，即便咨询人履行了提请注意义务，若格式条款旨在免除其责任，则该条款也是无效的。故即便认定三方盖章的《审定单》作为约定的免责条款存在，因其格式条款的性质，该约定的免责条款也是无效的①。

综上，**无论从民法和咨询业的基本原则而言，还是从主体资质和表现形式来看，三方签章的《审定单》均不属于免责理由**。

（四）三方在《审定价》盖章对咨询人有弊而无利

首先，咨询人设定三方在《审定单》上签章的程序出发点可能是为了规避因《审价报告》出现瑕疵而招受索赔的风险。但事实上，这种一厢情愿的"免责"并不被法律所认可，实有"掩耳盗铃"之嫌。其不仅起不到规避风险的作用，恰恰相反，**长此以往的"自欺欺人"会导致咨询人的法律风险意识降低，并最终影响工作成果的质量**。

其次，工程竣工移交后，发包人的合同目的原则上已经实现，故此时发包人强势的地位又重新产生。实践中，往往会出现发包人怠于进行竣工结算以拖延支付竣工结算余款的情况。而由于三方在《审定单》上的盖章是出具《审价报告》的前置条件，故发包人往往通过不盖章的行为来拖延结算。当承包人对此无计可施之时，只会通过诉讼途径主张竣工结算余款。而由于诉讼时的工程价款尚未确定，法院往往会**对工程造价进行司法鉴定。此时，其实意味着咨询人所有的工作成果有可能付之东流**。

再次，若合同未约定支付竣工结算余款以工程竣工结算完毕为前提，且承包人对发包人对于工程价款承担的法律责任知之甚详，则承包人会完全知道其不在《审定单》上盖章，不会影响其取得价款最大化的目的，而由于三方盖章程序在某种程度上使得咨询人的工作节奏被承发包人控制，因此，**承发包人完全可以通过把控"盖章与否"来控制节奏，使咨询人遭受的各方压力持续增大，从而迫使咨询人不得不牺牲审定价的准确度以缓解自身压力**②。

另外，**要求三方在《审定单》盖章之时，《审价报告》的实质意义理论已不复存在，发包人或承包人需要最终的《审价报告》仅存在形式上或程序上的意义**，当发包人或承包人没有这一形式上的要求时，**承发包人两者绝对可能也可以"私了"，此时，咨询人尴尬的状态，不仅利益得不到保证，而且连维权都将处于被动境地**。

最后，建设工程合同是特殊的承揽合同，具有一定的人身性。同时，因为建设工程项目的投资额的庞大及不确定性，发包人和承包人串通侵占国有资产或损害公司利益行为可

---

① 《中华人民共和国合同法》第四十条规定：
"格式条款具有本法第五十二条和第五十三条规定情形的，或者提供格式条款一方免除其责任、加重对方责任、排除对方主要权利的，该条款无效。"

② 《中华人民共和国刑法》第二百二十九条第一款、第三款规定：
"承担资产评估、验资、验证、会计、审计、法律服务等职责的中介组织的人员故意提供虚假证明文件，情节严重的，处5年以下有期徒刑、并处罚金。

第一款规定的人员，严重不负责任，出具的证明文件有重大失实，造成严重后果的，处3年以下有期徒刑或者拘役，并处或者单处罚金。"

能性也随之增大。因此，工程建设领域其实是贪污腐败的多发领域。**而三方盖章程序，剥夺了咨询人的独立性，给承发包人对工程造价串通造假提供了途径，此时已不仅仅是对咨询人利益的损害，也可能为此触犯刑法。**

综上，若《审价报告》确实存在瑕疵，三方盖章的《审定单》并不能起到作为咨询人对抗承发包人的抗辩理由的作用，反而可能造成咨询人不必要的损失，故三方签章的行为对咨询人有弊无利。

四、结语

笔者建议应取消要求发包人和承包人在《审定单》上盖章的行为。

笔者希望通过再次"抛砖"起到"引玉"的作用，引起大家注意：习以为常的事并非一定是正确的事，与时俱进、理性从容，提高自己的法律意识，降低自己在市场竞争中的风险。

2017 版施工承包合同十五个要点解读及建议（上篇）

——解读《建设工程施工合同（示范文本）》（GF—2017—0201）

【摘　要】 本文是笔者对 2017 版施工承包合同示范文本中的十五个相关问题的解读。限于篇幅，上篇仅涉及了其中前五个问题，分别包括：（1）示范文本（通用条款）法律地位的问题；（2）合同文件组成及解释顺序的问题；（3）默示认可与法律适用的问题；（4）关于价格调整的依据的问题；（5）关于索赔及过期作废的问题。

对于每个问题，笔者都会分别从主要条款的表述开始，从法理层面对条款的制定原理、行业影响、不足与进步等多角度进行解读。同时，笔者还会根据自身的从业经验，提出相应的律师建议供读者参考。在每个问题的最后，笔者还会将与条款相关的法条进行列举，以便于读者更直观地理解条款的法理本质。

【关键词】 条款；制度；法定

The FiFteen Key Points in the Engineering Subcontracting Contract 2017 Version (Part 1)

——An Analysis of *the Construction and Engineering Contract* (*Sample Text*) (GF—2017—0201)

【Abstract】 This article is the interpretation of the ten related issues the author made on the *Construction and Engineering Contract* (*Sample Text*) *2017 Version*.
Due to length restriction, the article covers only the first five issues, including: (1) the legal status of the sample text (normal terms); (2) the composition of the contract documents and the order of explanation; (3) the implied endorsement and applicable law; (4) the basis for price adjustment; (5) the compensation claim and overdue issue.
For each issue, the author will start from the perspectives of the main terms of the statement, the jurisprudence of the terms formulation principles, the industry influence, the shortcomings and progress. Meanwhile, the author will put forward the appropriate advice for readers' reference, based on his own industry experience. At the end of each issue, the author will also enumerate the legal terms related to the articles so as to make the readers understand the legal essence of the articles more intuitively.

【Keywords】 Terms; Regulations; Statutory

【前言】

2017年09月22日，住房和城乡建设部发布《住房城乡建设部 工商总局关于印发建设工程施工合同（示范文本）的通知》（建市〔2017〕214号），其中明确：

2017年10月1日起执行《建设工程施工合同（示范文本）》（GF—2017—0201）（以下简称《2017版施工承包合同》）。同时，废止《建设工程施工合同（示范文本）》（GF—2013—0201）（以下简称《2013版施工承包合同》）。如何迅速地熟悉和掌握《2017版施工承包合同》是承发包双方的当务之急，为此，笔者归纳总结了《2017版施工承包合同》中的十个法律要点进行解读和建议，从而使承发包双方能迅速掌握其重点和要点，从而减少疑惑和化解纠纷。

笔者试图通过对示范文本十个要点问题的解析解读示范文本的条款，对其在建设行业内的实际运用提出专业的律师建议。本篇仅对上述十个要点问题中的前五个问题进行解读，包括示范文本的法律地位问题、其文件组成及解释顺序、价格调整的依据、索赔问题等。剩余问题的相关论文，笔者将在之后陆续撰写，望各位读者不吝指正。

一、示范文本（通常条款）法律地位的问题

（一）主要条款

（1）《建设工程施工合同（示范文本）》（GF—2017—0201）说明中第二条对《示范文本》性质和适用范围规定：

"《示范文本》为非强制性使用文本。《示范文本》适用于房屋建筑工程、土木工程、线路管道和设备安装工程……"

（2）《建设工程施工合同（示范文本）》（GF—2017—0201）说明中第一条第二款对《示范文本》通用合同条款规定：

"通用合同条款是合同当事人根据《中华人民共和国建筑法》、《中华人民共和国合同法》等法律法规的规定，就工程建设的实施及相关事项，对合同当事人的权利义务作出的原则性约定。"

（二）法理分析

通常，合同成立只需要约方和承诺方就标的数量达成合意。但需要强调以下三点：（1）合同只能是两方，即要约方和承诺方。若一份合同中存在第三方签字，即所谓的三方合同。则只有两种情形：该合同是两方作为一方与第三方签订的或该合同其实是由三方中二二互相签订的。（2）不要将标的与标的物混淆。（3）只要具有三要件并形成合意，则合同成立。其他内容均可以通过补充、习惯和法定予以确定。

人类最原始的意思表示方式是行为，然后才是语言，最后才是文字。故，虽然语言具有效力优势，文字具有可记录性，但最终还是需要通过行为来体现。"理论一大套"，但如果"实际做不到"也是没用的。虽然合同可以通过上述三种形式订立，但关键仍在于双方

的合意。即便法律或双方约定必须用文字订立合同，但只要双方通过实际行为反映合意，合同还是成立的。

故，合同成立的关键在于合意，而用什么形式表达合意其实并不重要，用什么版本表达合意则更不重要了。对当事人而言，示范文本可以作为参照使用。因此，在《建设工程施工合同（示范文本）》（GF—2017—0201）说明中明确表达：《示范文本》为非强制性使用文本，通用条款则是对承发包双方的权利和义务作出原则性约定，专用条款则完全是承发包就具体工程项目进行协商一致的结果。

由于法律对建设工程承发包的强制性规定较多，再加上建设工程的专业性特点较鲜明。因此，建设工程合同的示范文本在实践中还是很有必要的。不仅如此，示范文本是作为独立第三方秉承公平合法原则对合同当事人的权利义务作出的原则性约定，其不仅有规范市场的作用，也有利于匡扶正义。

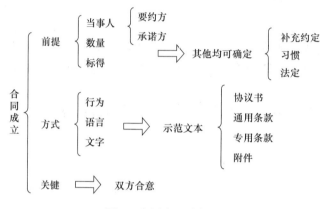

图 1　合同成立关键图

（三）律师建议

（1）对《2017版施工承包合同》通用条款应全面了解，尤其对涉及双方主要权利和义务的内容应配有相应的管理制度，专项专人负责；

（2）如果《2017版施工承包合同》通用条款中的内容与双方合意不一致，尽可能在通用条款中直接删除或变更；

（3）如果《2017版施工承包合同》通用条款中不能删除或变更，则必须在专用条款中明确双方真实的合意。

（四）主要法条

（1）《最高人民法院关于适用《中华人民共和国合同法》若干问题的解释（一）》（以下简称《〈合同法〉司法解释（一）》）第一条第一款：

"当事人对合同是否成立存在争议，人民法院能够**确定当事人名称或者姓名标的和数量的，一般应当认定合同成立**。但法律另有规定或者当事人另有约定的除外。"

（2）《合同法》第十条第一款：

"当事人订立合同，有**书面形式**、**口头形式**和**其他形式**。"

(3)《合同法》第三十六条：

"法律、行政法规规定或者当事人约定采用书面形式订立合同，当事人未采用书面形式但一方已经履行主要义务，对方接受的，该合同成立。"

(4)《合同法》第十三条第二款规定：

"当事人可以参照各类合同的示范文本订立合同。"

二、合同文件组成及解释顺序的问题

（一）主要条款

(1)《2017版施工承包合同》第一部分合同协议书中第六条规定：

"本协议书与下列文件一起构成合同文件：

①中标通知书（如果有）；②投标函及其附录（如果有）；③专用合同条款及其附件；④通用合同条款；⑤技术标准和要求；⑥图纸；⑦已标价工程量清单或预算书；⑧其他合同文件。

在合同订立及履行过程中形成的与合同有关的文件均构成合同文件组成部分。

上述各项合同文件包括合同当事人就该项合同文件所作出的补充和修改属于同一类内容的文件，应以最新签署的为准。专用合同条款及其附件须经合同当事人签字或盖章。"

(2)《2017版施工承包合同》第一部分合同协议书中第七条（承诺）第3款规定：

"发包人和承包人通过招投标形式签订合同的，双方理解并承诺不再就同一工程另行签订与合同实质性内容相背离的协议。"

（二）法理分析

"公权利不授权不可为，私权利不禁止即可为"。故，属于处理私权利的民法合同更强调的是"意思自治"，即"有约定从约定，无约定从法定"。

也因此，后合意往往可以改变前合意，但法律对处理私权利并非绝对不干涉。为了保证公序良俗和公共利益，法律对某些私权利的双方合意是不予认可的。因此，"有约定从约定"的前提在于"该约定不得违法的效力性强制性规定"。

同时，若法律有不同的规定，则应遵循"特别法优先于一般法"的原则。《合同法》明确规定："就合同订立的问题，若其他法律有规定的，按其他法律规定"。就订立合同的问题，合同法就是一般法，而招投标法就是特别法。若同一问题二者不一致的，应遵循招投标法。故，招标发包签订的施工承包合同中实质性约定应按"招标合意"签署且不得随意变更。如图2所示。

虽然招标的法律性质是要约邀请，但法律要求招标文件中明确拟订合同的所有实质性内容及主要条款。若是工程项目的招标，还需明确标段的划分、工期的确定。但是，招投标法仅要求对招标文件中的实质性内容不得违背。因此，若不将招标文件作为合同组成，可能会存在难以还原招标合意的问题。

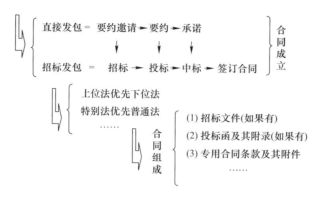

图 2 招标发包合同组成图

（三）律师建议

（1）签约时合同义件应包括招投标及中标文件、协议书、通常条款、专用条款、附件等。

（2）直接发包的合同解释原则上以后合意为准；招标发包的合同解释分为：①实质性内容以招标合意为准，②非实质性内容以后合意为准。

（3）签约时合同文件应约定盖章即可，并盖骑缝章，成立就生效；后签订的合同可以既包括变更也包括补充。

（四）主要法条

（1）《合同法》第七十七条第一款：

"当事人**协商一致，可以变更合同**。"

（2）《立法法》第八十三条规定：

"同一机关制定的法律、行政法规、地方性法规、自治条例和单行条例、规章特别规定与**一般规定不一致的，适用特别规定**；新的规定与旧的规定不一致的，适用新的规定。"

（3）《招标投标法》第四十六条第一款规定：

"招标人和中标人应当自中标通知书发出之日起三十日内，按照招标文件和中标人的投标文件订立书面合同。**招标人和中标人不得再行订立背离合同实质性内容的其他协议**。"

（4）《合同法》第十五条第一款规定：

"**要约邀请**是希望他人向自己发出要约的意思表示。寄送的价目表、拍卖公告、**招标公告**、招股说明书、商业广告等为要约邀请。"

（5）《招标投标法》第十九条第一款第三款：

"招标人应当根据招标项目的特点和需要编制**招标文件**。招标文件应当包括招标项目的技术要求、对投标人资格审查的标准、投标报价要求和评标标准等**所有实质性要求和条件以及拟签订合同的主要条款**。

招标项目需要**划分标段、确定工期**的，招标人应当合理划分标段、确定工期，并在招标文件中载明。"

(6)《招标投标法》第二十七条：

"投标人应当按照招标文件的要求编制投标文件。**投标文件应当对招标文件提出的实质性要求和条件作出响应**。招标项目属于建设施工的，投标文件的内容应当包括拟派出的项目负责人与主要技术人员的简历、业绩和拟用于完成招标项目的机械设备等。"

三、默示认可与法律适用的问题

（一）主要条款

(1)《2017版施工承包合同》第二部分通用合同条款中8.7材料与工程设备的替代：

"监理人应在收到通知后14天内向承包人发出经发包人签认的书面指示监理人逾期发出书面指示的，视为发包人和监理人同意使用替代品。"

(2)《2017版施工承包合同》第二部分通用合同条款中1.3法律：

"合同所称法律是指中华人民共和国法律、行政法规、部门规章以及工程所在地的地方性法规、自治条例、单行条例和地方政府规章等。"

（二）法理分析

正如第一个问题所述，民事法律行为可以采用书面、口头及行为三种形式。而行为可分为作为和不作为。所谓不作为就是不积极的行为，即不动不语。法律上，可以也仅可以通过两种方式理解行为人的不动不语：（1）双方之前已对此有明确；（2）法律对此已有明确规定。

双方之前已对此有明确的，通常应当具备以下条件：（1）不动不语的时间；（2）不动不语所表达的意思；（3）不动不语应当是双方事前的直接合意，即示范文本通用条款中相应条款可能不被法庭所认可。

法律对此已有明确规定，通常应当注意：该法律为狭义的法律，即全国人大或其常委会制定的法律，而不包括行政法规、部门规章以及工程所在地的地方性法规、自治条例、单行条例和地方政府规章等（图3）。

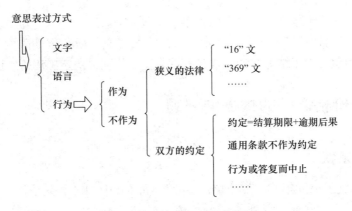

图3 "默示认为"逻辑分析图

(三) 律师建议

（1）在专用条款中对《2017版施工承包合同》（第二部分　通用合同条款）中的31个"默示认可"的相关内容进行重新合意。

（2）若不能在做到对《2017版施工承包合同》（第二部分　通用合同条款）31个"默示认可"的条款重新合意的，则应进行归纳，制定作相应的管理规程及警示程序，避免被认可。

（3）对明确不利或不公平的部门规章在专用条款中特别约定，或者对本合同适用的法律的条款在专用条款中重新定义。

(四) 主要法条

（1）《民法总则》第一百三十五条：

"民事法律行为可以采用**书面形式、口头形式或者其他形式**；法律、行政法规规定或者当事人约定采用特定形式的，应当采用特定形式。"

（2）《最高人民法院关于发包人收到承包人竣工结算文件后，以约定期限内不予答复，是否视为认可竣工结算文件的复函》

"同意你院审委会的第二意见，即：适用该司法解除第二十条的前提条件是当事人之间约定了发包人收到竣工结算文件后，在约定期限内不予答复则视为认可竣工结算文件。承包人提交的竣工结算文件可以作为工程款结算的依据，**建设部制定的建设工程施工合同格式文本中的通用条款第33条第3款的规定，不能简单地推论出**，双方当事人具有发包人收到竣工结算文件一定期限内予答复，则视为认可承包提交的竣工结算文件的一致意见表示，承包人提交的竣工结算文件不能作为工程款结算的依据。"

（3）《山东高院指导意见》第二条第二款规定：

"建设部〈建筑工程施工发包与承包计价管理办法〉第十六条规定发包人应当在收到竣工结算文件后的约定期限内予以答复．逾期未答复的竣工结算文件视为已被认可．合同对答复期限没有明确约定的，可认为约定期限均为28天。因建设部的〈建筑工程施工发包与承包计价管理办法〉**只是部颁规章且工程结算关系到发包方与承包方重大权益，因此该规定不宜作为人民法院审理建设工程结算纠纷的依据**。"

（4）《浙江高院指导意见》第二十四条第三款规定：

"建设工程施工合同约定发包人应在承包人提交结算文件后一定期限内予以答复**但未约定逾期不答复视为认可竣工结算文件的承包人请求按结算文件决定工程价款的，不予支持。**"

四、关于价格调整的依据的问题

(一) 主要条款

（1）《2017版施工承包合同》第二部分　通用合同条款中11.1市场价格波动引起的调整：

"除专用合同条款另有约定外，市场价格波动超过合同当事人约定的范围合同价格应当调整。合同当事人可以在专用合同条款中约定选择以下一种方式对合同价格进行调整：……"

(2)《2017版施工承包合同》第二部分通用合同条款中11.2法律变化引起的调整：

"基准日期后，法律变化导致承包人在合同履行过程中所需要的费用发生除第11.1款〔市场价格波动引起的调整〕约定以外的增加时，由发包人承担由此增加的费用；减少时，应从合同价格中予以扣减．基准日期后，因法律变化造成工期延误时，工期应予以顺延。

因承包人原因造成工期延误，在工期延误期间出现法律变化的，由此增加的费用和（或）延误的工期由承包人承担。"

（二）法理分析

我国实行的是社会主义市场经济，而市场经济的本质之一在于由市场竞争决定价格和配制资源。因此，当今中国价格体系中，除极少数的商品或服务采用政府定价或政府指导价外，其余绝大多数的价格均属于市场价格。政府定价或政府指导价的对象多是关系到国计民生或稀缺垄断等的商品或服务且被列入国家或地方定价目录中的商品或服务。

建设工程合同的造价就是市场价。只要合同造价的约定不低于成本价或过高而显失公平，双方均应当诚信履约，任何人不得干涉。即便在合同履行中承包人花费的成本造价高于合同造价也不得影响或改变合同造价。当然，这种情况仅会在固定价约定中出现。

根据基础价格波动风险分配的不同，合同造价的计价方式主要有两种。其一是风险在签订合同时已分配完毕的固定价。这种方式下的合同造价与成本造价没有任何关系。其二是签订合同时约定方式分配风险的可调价。这种方式下，合同价与成本造价存在某种关系。但无论约定哪种方式的，任何人均不得干涉而双方均应诚信履行。事实上，可调价不存在所谓的"市场价格波动超过合同当事人约定的范围"的情形。这种情况只有在固定价的约定中才有可能出现。若固定价约定超过一定范围是可以调价的，则可以按约定调价。若固定价没有约定超过一定范围是可以调价的，则不可以进行调价（图4）。

此外，最高院为了防止公平原则冲击诚信原则，也为了保护商业流通的正常进行，对使用"情势变更原则"是持谨慎态度的。如果情况特殊确实需要适用的，应当由省级高级人民法院审核，且必要时应报全国最高人民法院审核。

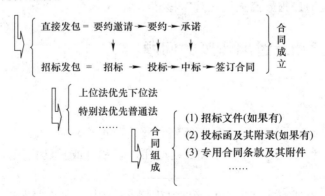

图4 招标发包合同组成图

（三）律师建议

（1）若采用可调价，建议在《2017 版施工承包合同》专用条款中予以说明或删除此条。

（2）若采用固定价，工期较短，设计深度较深，双方真实意思确定是采用纯粹的固定价的，则建议在《2017 版施工承包合同》专用条款中明确强调价格不予调整的真实意思。

（3）若工期较长的，图纸设计不够深化的工程，采用固定价的，则可在《2017 版施工承包合同》专用条款中约定在一定幅度范围内予以调整，但是，具体如何调价承发包双方也可以自行约定。

（四）主要法条

（1）《宪法》第十五条第一款规定：

"国家实行**社会主义市场经济**。"

（2）《价格法》第三条第一款规定：

"国家实行并逐步完善宏观经济调控下**主要由市场形成价格的机制**。价格的制定应当符合价值规律，**大多数商品和服务价格实行市场调节价，极少数商品和服务价格实行政府指导价或者政府定价**。"

（3）《建设工程质量管理条例》第十条第一款规定：

"**建设工程发包单位不得迫使承包方以低于成本的价格竞标，不得任意压缩合理工期**。"

（4）《最高人民法院关于适用〈中华人民共和国合同法〉若干问题的解释（二）》第二十六条规定：

"合同成立以后客观情况发生了当事人**在订立合同时无法预见的、非不可抗力造成的不属于商业风险的重大变化，继续履行合同对于一方当事人明显不公平或者不能实现合同目的当事人请求**人民法院变更或者解除的人民法院应当根据公平原则并结合案件的实际情况确定是否变更或者解除。"

（5）《最高人民法院关于正确适用〈中华人民共和国合同法〉若干问题的解释（二）服务党和国家的工作大局的通知》法〔2009〕165 号第二条规定：

"**严格适用《中华人民共和国合同法》若干问题的解释（二）第二十六。**各级人民法院务必正确理解，慎重适用。如果根据案件的特殊情况，确实在个案中适用，**应当由高级人民法院审核，必要时应报最高人民法院审核**。"

五、关于索赔及过期作废的问题

（一）主要条款

（1）《2017 版施工承包合同》第二部分 通用合同条款中 19.1 承包人的索赔：

"根据合同约定，承包人认为有权得到追加付款和（或）延长工期的，应按以下程序向发包人提出索赔：

承包人应在知道或应当知道索赔事件发生后 28 天内，向监理人递交索赔意向通知书，并说明发生索赔事件的事由；承包人未在前述 28 天内发出索赔意向通知书的，丧失要求追加付款和（或）延长工期的权利……"

（2）《2017版施工承包合同》第二部分　通用合同条款中19.5提出索赔的期限：

"（1）承包人按第14.2款〔竣工结算审核〕约定接收竣工付款证书后，应被视为已无权再提出在工程接收证书颁发前所发生的任何索赔。

（2）承包人按第14.4款〔最终结清〕提交的最终结清申请单中，只限于提出工程接收证书颁发后发生的索赔。提出索赔的期限自接受最终结清证书时终止。"

（二）法理分析

笔者认为，建设工程合同价款应是指承包人保质完成承建工程后，根据建设工程合同要求发包人支付所有款项的总额。可用公式归纳如下：

$$合同价款 = 合同造价 + 索赔款 + 赔偿款 + 其他款项$$

其中，合同造价指建设工程合同约定的计价方式下，发包人应支付给承包人完成建设工程物化劳动的对价；索赔款是非因承包人的原因而为了完成建设工程花费的实际费用；赔偿款是指因发包人的违约行为而应支付给承包人的赔偿费用，如合同价款未按约定支付而承担的利息、承包人行使根本违约解除权而要求发包人支付的预期利润等；其他款项则包括奖励款、总包配合款和垫资款利息等。

综上，工程索赔款与合同价款中的其他款项至少以下三个特点：

（1）工程索赔产生的原因比合同价款中其他款项较之复杂。只要非因自身原因造成的费用增加均可以此为由提出。但需要注意以下三点：①不包括不可抗力的自然原因（不可抗力法律有单独条款予以规定）；②不包括政府的第三人原因；③不属于发包人违约行为的原因（发包人的违约行为由合同中的违约条款予以规定）。而合同价款中其他款项的产生原因较为单一，多为发包人不履行合同义务或履行义务不符合要求。

（2）工程索赔款的定量比合同价款中的其他款项较之繁杂且不成熟。其既不同于合同造价的计算，也不同于违约赔偿的确定；既没有统一的计算标准，依据也比较繁杂。故，若进行司法鉴定，造价工程师想必相当困扰。

（3）工程索赔的依据没有合同价款中其他款项明确。其他款项的主要依据在于双方签订的建设工程合同，而工程索赔更主要依据国内外建筑业长期形成的行业惯例。所谓惯例，是指某一行业经过大量案件和各种事件所形成的一种约定俗成的规矩，其一般具有明显的行业性和专业性。无论在FIDIC和JCT合同体系，还是在ICE和AIA合同中，均有工程索赔的相关规定（图5）。

工程索赔本质来自行业习惯，现今《民法总则》中明确规定了习惯是民法法源。不仅如此，在《民法总则》新增的"得利者适当补偿"与工程索赔理论完全一致，这一切均有利于工程索赔款"恢复名誉"。

（三）律师建议

（1）《2017版施工承包合同》中没有索赔的概念，为了防止与违约混淆，可以在专用条款中进行定义。

（2）《2017版施工承包合同》索赔过期作废不利于双方权力以行使，可以在专用条款中予以调整。

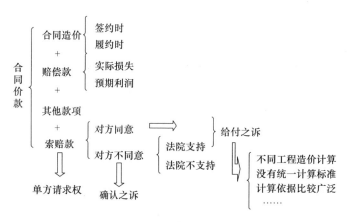

图 5　工程索赔逻辑图

（3）若采用《2017版施工承包合同》若对索赔不能就以上达成一致，双方均应加强索赔的管理。

（四）主要法条

（1）《合同法》第一百零七条：

"当事人一方**不履行合同义务**或者**履行合同义务不符合约定**的，应当承担继续履行、采取补救措施或者赔偿损失等**违约责任**。"

（2）《民法总则》第十条：

"处理民事纠纷，**应当依照法律；法律没有规定的，可以适用习惯**，但是不得违背公序良俗。"

（3）《民法总则》第一百八十三条：

"**因保护他人民事权益使自己受到损害的**，由侵权人承担民事责任，**受益人可以给予适当补偿**。没有侵权人、侵权人逃逸或者无力承担民事责任，**受害人请求补偿的，受益人应当给予适当补偿**。"

2017版施工承包合同十五个要点解读及建议(中篇)

——解读《建设工程施工合同(示范文本)》(GF—2017—0201)

【摘 要】 本文是对违法分包非法转包的问题、相互担保及抗辩权的问题、争议评审小组及商定条款的问题、工程变更的相关问题以及暂估价及总包配合费的问题的解读。

笔者在对相关条款予以列举的同时,从法律层面对其形成原因、涉及法理及实践影响等问题进行了解读,并附上详细的图表以便使者能更容易了解其法理原理。最后,笔者还根据自身的从业经验,提出自身对于相关问题的法律建议,希望能在实践中对读者起到一定的帮助作用。

【关键词】 条款;制度;法定

The FiFteen Key Points in the Engineering Subcontracting Contract 2017 Version (Part 2)

——An Analysis of *the Construction and Engineering Contract (Sample Text)* (GF—2017—0201)

【Abstract】 This article is the interpretation of five issues, which includes the illegal subcontracting and illegal outsourcing, mutual guarantee and counterargument, the dispute review panel and terms alignment, related issues of project changes, the provisional cost valuation and general contracting coordination fees.

While listing out the related terms, the author interprets the reasons of the terms formation, the influence of jurisprudence and practice from the legal point of view, and attaches detailed charts so that the readers can understand the principle of jurisprudence more easily. Finally, the author also puts forward legal advice on relevant issues based on his own experience, hoping to help readers in real practice.

【Keywords】 Terms; Regulations; Statutory

一、违法分包非法转包的问题

(一)主要条款

(1)《2017版施工承包合同》第一部分 合同协议书中七、承诺:

"2. 承包人承诺按照法律规定及合同约定组织完成工程施工,确保工程质量和安全,不进行转包及违法分包,并在缺陷责任期及保修期内承担相应的工程维修责任。"

(2)《2017版施工承包合同》第二部分通用合同条款中:

"3.2　项目经理

提交项目经理与承包人之间的劳动合同,缴纳社会保险的有效证明……

3.3　承包人人员

提交承包人项目管理机构及施工现场人员安排的报告,包括合同管理、施工、技术、材料、质量、安全、财务等主要施工管理人员名单及其岗位、注册执业资格等,以及各工种技术工人的安排情况,劳动关系证明和缴纳社会保险的有效证明。特殊工种作业人员应持有相应的资格证明,对于承包人主要施工管理人员的资格或能力有异议的,承包人应证明……

承包人的主要施工管理人员离开施工现场每月累计不超过5天的……"

(3)《2017版施工承包合同》第三部分专用合同条款中附件:

"附件5:承包人用于本工程施工的机械设备表。

附件6:承包人主要施工管理人员表。

附件7:分包人主要施工管理人员表。"

(二)法理分析

建筑业,尤其在施工承发包中,违法分包、非法转包的现象很普遍,行政单位也屡禁不止。而这次《2017版施工承包合同》,从合同协议书、通用合同条款,再到附件,可以说竖起了一道防止违法分包、非法转包的"防火墙"。

建设工程的质量既关乎个人生命也影响公共安全,更是建设工程合同的根本目的和利益。同时,由于建设工程合同是特殊的承揽合同,秉承了其人身性的特征。因此,发包人最理想的状态是不存在分包。这不仅更有效地保证工程质量,也是对选择其的承包人的信赖利益的保护。

现实情况下,这种理想的纯粹状态是很少存在的,故只能出现妥协到一定条件的分包,即主体工程不能分包;分包需发包人同意且只能分包给有资质的人;分包人不可再次分包,若突破这一妥协的底线的分包,就被定义为"违法分包"(图1)。不仅如此,若将承包的工程全部进行所谓"分包"则是绝对不允许的,这种所谓的"分包"直接被定义为"非法转包",无论是违法分包,还是非法转包,所签订的合同均是被法律所认可的。

如何防止总包人不违法分包或非法转包是建筑业中最让人头疼的事。这次《2017版施工承包合同》中应当做了较好的制约。从合同协议书到通用合同条款,再到附件,其形成一个网,从项目经理开始,对包括主要施工管理人员及主要技术人员在内的相关人员均进行了规定。不仅如此,其还对物资设备进行全方位的要求。若能真正落到实处,对建设工程的实践应当相当有效。

(三)律师建议

(1)招标时人员原则应与专用条款附件中的人员一致。

(2)项目经理总体素质其实是关系到该合同是否真正落实到行为中去的关键因素。对

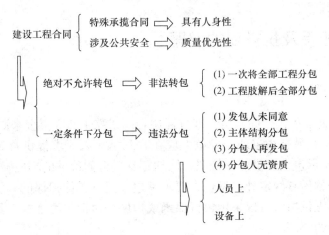

图 1　建设工程分包

项目经理的锁定除了需要形式审查外，最好进行必要的面试。一个真正安心本工程的好项目经理是工程顺利开展的重要因素。

（3）分包的项目最好在总包合同中予以锁定，发包人尽可能不要指定分包。2017 版中关于人员的规定，使得承包人应当做好相应的管理工作。

（四）主要法条

（1）《建筑法》第二十九条第一款规定：

"建筑工程总承包单位可以将承包工程中的部分工程**发包给具有相应资质条件的分包单位**；但是，除总承包合同中约定的分包外，**必须经建设单位认可**。施工总承包的，**建筑工程主体结构的施工必须由总承包单位自行完成**。"

（2）《建设工程质量管理条例》第七十八条第二款：

"本条例所称违法分包，是指下列行为：

（一）总承包单位将建设工程分包给**不具备相应资质条件的单位的**；

（二）建设工程总承包合同中未有约定，**又未经建设单位认可，承包单位将其承包的部分建设工程交由其他单位完成的**；

（三）施工总承包单位将建设**工程主体结构的施工分包给其他单位**的；

（四）分包单位将其承包的建设工程**再分包的**。"

（3）《建设工程质量管理条例》第七十八条第三款：

"本条例所称转包，是指承包单位承包建设工程后，不履行合同约定的责任和义务，**将其承包的全部建设工程转给他人或者将其承包的全部建设工程肢解以后以分包的名义分别转给其他单位承包的行为**。"

（4）《最高人民法院关于审理建设工程施工合同纠纷案件适用法律问题的解释》（以下简称《施工合同纠纷司法解释》）第四条规定：

"承包人**非法转包**、**违法分包**建设工程或者没有资质的实际施工人借用有资质的建筑施工企业名义与他人签订建设工程施工合同的行为无效。人民法院可以根据民法通则第一百三十四条规定收缴当事人已经取得的非法所得。"

二、相互担保及抗辩权的问题

（一）主要条款

（1）《2017版施工承包合同》第二部分通用合同条款中2.5资金来源证明及支付担保：

"除专用合同条款另有约定外，发包人应在收到承包人要求提供资金来源证明的书面通知后28天内，向承包人提供能够按照合同约定支付合同价款的相应资金来源证明。

除专用合同条款另有约定外，发包人要求承包人提供履约担保的，发包人应当向承包人提供支付担保。支付担保可以采用银行保函或担保公司担保等形式，具体由合同当事人在专用合同条款中约定。"

（2）《2017版施工承包合同》第二部分通用条款中3.7履约担保：

"发包人需要承包人提供履约担保的，由合同当事人在专用合同条款中约定履约担保的方式、金额及期限等．履约担保可以采用银行保函或担保公司担保等形式，具体由合同当事人在专用合同条款中约定。"

（二）法理分析

违约是该做未做，或该做已做但做的不符要求。因此，违约的前提在于是否该做，而判断是否该做的标准在于双方的合法约定或法律的明确规定。

由于合同是在某一静态前提下订立的，而合同的履行是一个动态过程。当动态过程发生违背签约时的静态前提的情况下，原来该做的就可能变为不该做的，而此时的未做就不是"违约"了。这就是抗辩权的理论基础。

笔者认为：法律的动态性是不够强的，而在《合同法》中比较明显能体现动态性的就是抗辩权制度了。抗辩权制度的本质在于，约定履行的前提被打破则该约定往往可以中止履行，从而避免损失的发生以达到维持当事人之间平衡的目的。

双务合同的抗辩权可分两类。一类是双方义务履行无顺序的同时履行抗辩权，另一类则是双方义务履行有顺序下的先履行一方具有的不安抗辩权和后履行一方具有的先履行抗辩权。

建设工程合同是先由承包人按时保质地完成建设工程，后由发包人按时足额支付工程价款的有履行顺序的特殊双务承揽合同。因此，通常情况下，承包人具有法定的不安抗辩权，而发包人具有法定的先履行抗辩权。由于所谓的顺序是比较而来的，故这种承发包方所具有的抗辩权是可能被转换的，例如：若承包人按时完成一个节点的建设工程，而发包人未按约定支付相应工程进度款的。此时，承包人就应当具有先履行抗辩权（图2）。

也因为建设工程项目具有不确定性，故其签订合同时的静态前提较之其他合同更容易被打破，也导致适用抗辩权的可能性更大。另外，不安抗辩权设定的适用条件比较苛刻。实务中，建设工程合同中主要适用的还是先履行抗辩权。故，只要足够谨慎，使用法定的抗辩权即可以做到损失不出现，从而最大限度地保证自己的合法权益。

实务中，建设工程中出现的担保通常是银行保函，而银行出具的保函通常是无条件不可撤销的保函。若出现双向担保，当发包人向承包人出具无条件不可撤销的保函时，事实上就相当于放弃了法定的先履行抗辩权。

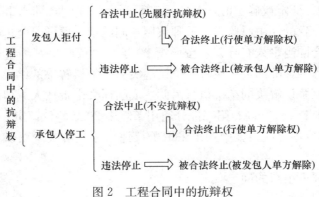

图 2　工程合同中的抗辩权

(三) 律师建议

(1) 资金证明实际意义不大,可以建议删除。而相互担保在实践中可能是无担保或仅差值担保,因此建议仅设一方担保。

(2) 若发包人采用银行无条件不可撤销的保函作为支付担保可能同时失去法定的先履行抗辩权,故建议设定承包人一方的同业担保,起到检验诚信的作用。但应注意不应与招标法相违背。

(3) 要充分理解和使用抗辩权,可以在专用条款中更明确地予以约定。同时,应加强对违约责任的明确,尽可能使其与义务相匹配对应。

(四) 主要法条

(1)《合同法》第六十六条规定:

"当事人互负债务,**没有先后履行顺序的,应当同时履行。一方在对方履行之前有权拒绝其履行要求**。一方在对方履行债务不符合约定时,有权拒绝其相应的履行要求。"

(2)《合同法》第六十八条规定:

"应当先履行债务的当事人,有确切证据证明对方有下列情形之一的,**可以中止履行**:

(一) **经营状况严重恶化**;

(二) 转移财产、抽逃资金,**以逃避债务**;

(三) **丧失商业信誉**;

(四) 有丧失或者可能**丧失履行债务能力的其他情形**。

当事人没有确切证据中止履行的,应当承担违约责任。"

(3)《合同法》第六十七条规定:

"当事人互负债务,有先后履行顺序,**先履行一方未履行的,后履行一方有权拒绝其履行要求**。先履行一方履行债务不符合约定的,后履行一方有权拒绝其相应的履行要求。"

三、争议评审小组及商定条款的问题

(一) 主要条款

(1)《2017版施工承包合同》第二部分通用合同条款中 4.4 商定或确定:

"合同当事人进行商定或确定时，总监理工程师应当会同合同当事人尽量通过协商达成一致，不能达成一致的，由总监理工程师按照合同约定审慎做出公正的确定。

……任何一方合同当事人有异议，按照第20条〔争议解决〕约定处理争议解决前合同当事人暂按总监理工程师的确定执行；争议解决后，争议解决的结果与总监理工程师的确定不一致的，按照争议解决的结果执行由此造成的损失由责任人承担。"

（2）《2017版施工承包合同》第二部分通用条款中20.3争议评审：

"合同当事人在专用合同条款中约定采取争议评审方式解决争议以及评审规则，并按下列约定执行：

20.3.1 争议评审小组的确定

20.3.2 争议评审小组的决定

20.3.3 争议评审小组决定的效力

争议评审小组作出的书面决定经合同当事人签字确认后，对双方具有约束力，双方应遵照执行。

任何一方当事人不接受争议评审小组决定或不履行争议评审小组决定的双方可选择采用其他争议解决方式。"

（二）法理分析

通常认为，施工承包合同的实质性内容是指工程质量、工程价款和工程期限。作为以盈利为目的双务合同，发包人的目的在于符合设计要求和功能的前提下，工程质量得到保证。支付工程价款是其手段。反之，承包人的目的在于合法取得最大化的工程价款，按时保质完成建设工程本质上是其达到目的的主要手段。

因此，承发包双方这种反向追求是客观的，也是必然的。再加上确实存在其他方面的理解不一致，故履行合同中出现矛盾或纠纷也是正常的。

合同履行中出现矛盾或纠纷应当尽快解决。若不能尽快解决，先暂时按某种方案解决，从而不影响整个工期，待以后再评判是非，在遇到非原则性问题时确实是一种很好的处理办法。毕竟，尽可能短的工程期限是承发包双方共同追求的目的。

《2017版施工承包合同》可以说是新创了"商定机制"。在整个示范文本中共有19处"商定内容"。但是，需要注意以下问题：

（1）商定内容应当在工程监理委托合同中予以体现；

（2）若最终证明按商定内容的处理方式是错误的，则由此造成的损失如何承担应当明确；

（3）原则性问题并非一定适用商定机制。

另外，还应当注意，从理论上说，监理是代表发包人对承包人实施监督的。故，存在其是否属于第三人的问题。而即便不讨论监理是否属于第三人的问题，鉴于监理费用是由发包人予以支付，商定机制由监理人作出也确实存在一个公正性的问题。

纠纷解决的真正方式应是由第三方裁决并取得具有执行力的解决方式。和解或调解的本质在于双方对纠纷达成一致，即便双方对纠纷达成一致而签字确认了，若一方反悔，仍没有执行力，还是需要重新回到争议解决程序中。因此，和解或调解可以说是最理想的纠纷解决方式，但绝不是纠纷解决方式中最本质最有效的方式（图3）。

《2017版施工承包合同》新设的"争议评审制度",其本质也属于调解性质。简单来说,就是由争议评审小组按一定评审规则进行调解后由承发包双方签字确认。因此,必须注意,该争议评审不具备强制执行力。若一方反悔,仍需重新采取裁决方式予以解决。也因此,会出现时间效力的问题。

另外,施工承包合同的纠纷可能涉及多方面的问题,包括技术问题、法律问题及技术问题引出的法律问题等。所以,争

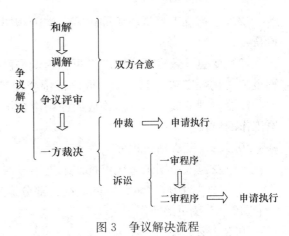

图3 争议解决流程

议评审小组成员的综合判断能力需要格外重视。故,在选择争议评审方式时应当慎重,切忌出现争议评审结果不公而强制签字,或评审结果公正而对方拒签的情形。

(三)律师建议

(1)对本合同19处商定或确定内容进行归纳,涉及承包人或发包人的原则性问题可以在专用条款中予以删除。

(2)总监理工程师应当对商定或确定内容的故意或重大过失承担责任,并在监理委托合同中予以明确。

(3)为提高争议解决的效力,慎重采用争议评审。若需要用,建议:
1)事前对评审机构及评审规则有所了解;
2)可仅将技术或事实争议予以评审。

(四)主要法条

(1)《建筑法》第三十二条第一款:

"建筑工程监理应当依照法律、行政法规及有关的技术标准、设计文件和建筑工程承包合同,**对承包单位在施工质量、建设工期和建设资金使用等方面,代表建设单位实施监督。**"

(2)《合同法》第一百零七条:

"当事人<u>一方不履行合同义务或者履行合同义务不符合约定的</u>,应当承担继续履行、采取补救措施或者赔偿损失等违约责任。"

四、工程变更的相关问题

(一)主要条款

(1)《2017版施工承包合同》第二部分通用合同条款中10.4变更估价:

"10.4.1 变更估价原则

除专用合同条款另有约定外,变更估价按照本款约定处理:

(1)已标价工程量清单或预算书有相同项目的,按照相同项目单价认定;

（2）已标价工程量清单或预算书中无相同项目，但有类似项目的，参照类似项目的单价认定；

（3）变更导致实际完成的变更工程量与已标价工程量清单或预算书中列明的该项目工程量的变化幅度超过15%的，或已标价工程量清单或预算书中无相同项目及类似项目单价的，按照合理的成本与利润构成的原则由合同当事人按照第4.4款〔商定或确定〕确定变更工作的单价。

10.4.2 变更估价程序

……发包人逾期未完成审批或未提出异议的，视为认可承包人提交的变更估价申请。"

（2）《2017版施工承包合同》第二部分通用合同条款中10变更：

"10.1 变更的范围

10.2 变更权

10.3 变更程序

10.4 变更估价

10.5 承包人的合理化建议

10.6 变更引起的工期调整

10.7 暂估价

10.8 暂列金额

10.9 计日工"

（二）法理分析

建设工程的特点之一在于其不确定性。因此，工程造价包括承包范围内的造价和工程变更的造价。其中，承包范围内的造价是在签约时对承包范围内特化劳动的对价；而工程变更的造价是在履约过程中工程变更内物化劳动的对价。二者的时点和前提均不相同，故其计价方式也存在差异。

承包范围内的造价原则上应按合同约定执行。这部分的纠纷主要在于两个方面：一是承包范围和承包内容的纠纷。这类纠纷在固定总价合同中较多，其本质更倾向于专业的事实问题；其次则是对承包范围和承包内容无异议，但对计价方式有异议。该纠纷更倾向于法律问题。若是直接发包的，则主要遵循合意为准的原则；若是招标发包的，则主要遵循以招标合意为准的原则。

工程变更的造价，有签证的，原则上应按签证执行；若签证只签量的，则价或者计价方式按当地或行业的行政管理部门出具的定额或颁布的中准价执行。若没有签证，但承包人有证据证明发包人同意施工的，发包人应当支付相应的工程价款，量以其他证据确定，价或者计价方式按当地或行业的行政管理部门出具的定额或颁布的中准价执行。

《2017版施工承包合同》肯定了"工程变更内的计价方式不等同于承包范围内的计价方式"，但在通用条款中却又约定：若承发包双方未在专用条款中约定，原则上按承包范围内的计价方式执行。事实上，笔者认为恰恰相反，即承发包双方若未在专用条款约定的，按签证执行；若没有签证的，按法律规定执行。

另外，需要强调的是，变更权只有发包人具有，其他人没有也不可能有。监理是执行发包人的变更权，其本身不具有变更权（图4）。

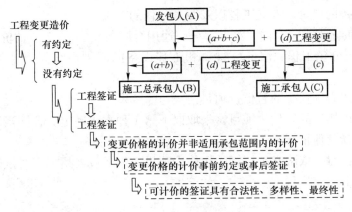

图 4　工程变更的造价

（三）律师建议

（1）应当明确：变更权只有发包人享有，承包人和监理人只有建议权。并且，应在合同中明确，承包人原则上无权拒绝变更指令。

（2）承包人未按图施工的"变更"其实是一种违约行为，包括提高等级、增加几何形状。

（3）设计变更应注意以下两点：

1）涉及主体或规划的变更需要报批；

2）原则上应由原设计人进行变更。若未经过原设计人同意的变更，可能影响整体的安全性，也可能涉及著作权。

（四）主要法条

（1）《施工合同纠纷司法解释》第十六条第一款规定：

"当事人对建设工程的计价标准或者计价方法有约定的，**按照约定结算工程价款**。"

（2）《施工合同纠纷司法解释》第十六条第二条款规定：

"因设计变更导致建设工程的工程量或者质量标准发生变化，当事人对该部分工程价款**不能协商一致的，可以参照签订建工程施工合同时当地建设行政主管部门发布的计价方式或者计价标准结算工程价款**。"

（3）《施工合同纠纷司法解释》第十九条规定：

"当事人对工程量有争议的，按照施工过程中形成的签证等书面文件确认承包人能证**明发包人同意施工，但未能提供签证文件证明工程量发生的，可以按照当事人提供的其他证据确认实**。"

五、暂估价及总包配合费的问题

（一）主要条款

（1）《2017版施工承包合同》第二部分　通用合同条款中 1.1.5.4 暂估价：

"是指发包人在工程量清单或预算书中提供的用于支付必然发生但暂时不能确定价格

的材料、工程设备的单价、专业工程以及服务工作的金额。"

(2)《2017版施工承包合同》第二部分　通用合同条款中10.7暂估价：

"暂估价专业分包工程、服务、材料和工程设备的明细由合同当事人在专用合条款中约定。

10.7.1　依法必须招标的暂估价项目

对于依法必须招标的暂估价项目，采取以下第1种方式确定。合同当事人也可以在专用合同条款中选择其他招标方式。

第1种方式：对于依法必须招标的暂估价项目，由承包人招标，对该暂估价项目的确认和批准按照以下约定执行：

……

（2）承包人应当根据施工进度计划，提前14天将招标文件通过监理人报送发包人审批，发包人应当在收到承包人报送的相关文件后7天内完成审批或提出修改意见；发包人有权确定招标控制价并按照法律规定参加评标；

（3）承包人与供应商、分包人在签订暂估价合同前，应当提前7天将确定的中标候选供应商或中标候选分包人的资料报送发包人，发包人应在收到资料后3天内与承包人共同确定中标人；承包人应当在签订合同后7天内，将暂估价合同副本报送发包人留存。

第2种方式：对于依法必须招标的暂估价项目，由发包人和承包人共同招标确定暂估价供应商或分包人的，承包人应按照施工进度计划，在招标工作启动前14天通知发包人，并提交暂估价招标方案和工作分工。发包人应在收到后7天内确认。确定中标人后，由发包人、承包人与中标人共同签订暂估价合同。"

（二）法理分析

招标是要约邀请，但法律要求招标文件应当包括招标项目的技术要求和技术规定以及以应的报价要求。因此，招标范围内的内容应当是明确且可报价的。

从《2017版施工承包合同》关于暂估价的规定来看，暂估价具有以下特点：

（1）在招标范围内的；

（2）必然发生的；

（3）暂时价格不能确定；

（4）投标人以某一统一的暂时确定的价格作为投标价。

因此，可以看出，暂估价的本质是该项目（或工程）必然发生而发包人希望由该承包人承建但暂不完全具备招标条件，故暂时估算一个价格而放入招标范围的一种过渡方式。因此，其本质上就是不具备招标而强行招标的结果。这就存在几个矛盾问题。首先，鉴于其属于承包范围内的内容，若分包，则发包人是总包人，原则上不应存在所谓的共同招标、招标文件送发包人审核、发包人有权确定招标控制价、法律规定参加评标等问题，也不应存在其是否属于必须招标的问题。

若按《2017版施工承包合同》规定处理，是对总包人的不公平，即对暂定价对应的质量等需要承担连带责任的同时，却享受不到总包人的权利和利益。简而言之，承担总包责任，却不享受配合利润。

由于建设工程承发模式的多样性，发包人在建设工程总承包的前提下，往往会对某些工程项目进行直接发包。向直接发包的工程项目提供配合条件的施工现场是发包人的法定义务。由于履行该法定义务需要总包人配合，故此时的总包人通常取工程造价的2‰~5‰作为配合费。因此，总包配合费的实质是因施工总承包人履行约定的施工现场配合义务而由发包人支付的对价。

在实务中，还会存在总包管理费的概念。从建设工程造价的组成来看，没有单独一项所谓的总包管理费。其实，在发包人支付给总承包人的间接费用中，存在一项企业管理费，笔者认为已包括了承建该项目的管理费用。而之所以会出现总包管理费这一概念，是发包人直接与分包人结算而付给总承包人的费用。其从合同相对性的理论而言，属于干涉承包权的结果。

同时，由于暂定价的项目尚不具备招标条件，若具备条件后再次招标的，可能由原总包中标，也可能由其他施工单位中标。若为后者，发包人应与总包人签订一份总包配合费合同，并在与其他施工单位签订的合同中扣除相应措施费（图5）。

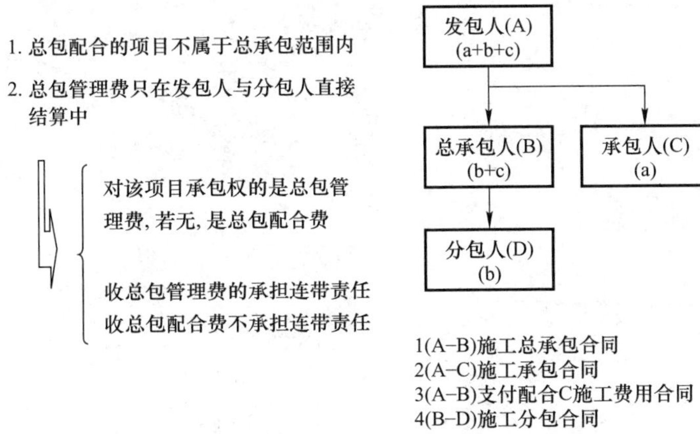

图5　总包配合费与总包管理费

（三）律师建议

（1）因承包人已取得暂估价中的承包权或采购权，故不存在必须招标和共同招标的问题，建议在专用条款中予以明确。

（2）发包人应尽可能做到招标项目均具备招标条件，不具备招标条件的项目可以后再行招标。若其他施工单位中标，则发包人与总包人可签订一份总包配合费合同，从而体现真正的公平。

（3）不属于承包范围内的项目，承包人不可能承担总包连带责任。若属于承包范围内的项目，则承包人承担总包连带责任的前提在于具有发包合同的发包权，否则意味着打破合同的相对性理论，必然出现不公平的现象。

（四）主要法条

（1）《合同法》第十五条第一款：

"**要约邀请是希望他人向自己发出要约的意思表示**。寄送的价目表、拍卖公告、**招标**

公告、招股说明书、商业广告等为要约邀请。"

（2）《招标投标法》第十九条第一款第二款：

"招标人应当根据招标项目的特点和需要编制招标文件。**招标文件应当包括招标项目的技术要求**、对投标人资格审查的标准、**投标报价要求**和评标标准等所有实质性要求和条件以及拟签订合同的主要条款。

国家对招标项目的技术、标准有规定的，招标人应当按照其规定在招标文件中提出相应要求。"

2017版施工承包合同十五个要点解读及建议(下篇)

——解读《建设工程施工合同(示范文本)》(GF—2017—0201)

【摘 要】 本文是对于后五个问题的解读,包括:支付时点及两段翻倍利息的问题、"工程接收证书"和"竣工付款证书"的问题、"保修期"与"缺陷责任期"的问题、暂列金额与计日工的问题和"物权证书制度"的问题。

笔者在对相关条款予以列举的同时,从法律层面对其形成原因、涉及法理及实践影响等问题进行的解读,并附上详细的图表以便读者能更容易了解其法理原理。最后,笔者还根据自身的从业经验,提出自身对于相关问题的法律建议,希望能在实践中对读者起到一定的帮助作用。

【关键词】 条款;制度;法定

一、支付时点及两段翻倍利息的问题

(一)主要条款

(1)《2017版施工承包合同》通用合同条款12.4.4"进度款审核和支付"规定:

"(2)除专用合同条款另有约定外,发包人应在进度款支付证书或临时进度款支付证书签发**后14天内完成支付**,发包人逾期支付进度款的,应按照中国人民银行发布的同期同类贷款基准利率支付违约金……"

(2)《2017版施工承包合同》通用合同条款第14.2"竣工结算审核"规定:

"(2)除专用合同条款另有约定外,**发包人应在签发竣工付款证书后的14天内**,完成对承包人的竣工付款。发包人逾期支付的,按照中国人民银行发布的同期同类贷款基准利率支付违约金;**逾期支付超过56天的**,按照中国人民银行发布的同期同类贷款基准利率的**两倍支付违约金**……"

(二)法理分析

施工承包合同最本质的纠纷主要来之于两个方面:一是工程质量的问题,另一个则是工程欠款的问题。前者源自发包人的合同目的,可能涉及物权;后者源自承包人的合同目的,主要涉及债权。两者互为因果,相互交杂。

关于工程欠款的问题。在工程竣工前,双方通常有一个共同目标,即工期,故矛盾相对并不激烈。而当工程竣工后,双方这一共同目标消失后,再加上实务中,承包人行使工程价款优先受偿权的可操作性并不太高,因此,作为后履行方的发包人欠付工程竣工结算余款的顾虑则明显减小。因此，工程欠款的主要问题集中在欠付工程结算余款上。同时，基于中国施工企业现今的用工状况，该问题还将涉及"农民工"。此时，欠付工程结算余款甚至会上升到"维稳"的政治高度。故，笔者认为，这次《2017版施工承包合同》可能希望通过设置"两段翻倍利息"从而减轻工程竣工结算余款欠付矛盾的激烈程度。

利息是利率、本金和计息时间的函数。因此，工程欠款的利息主要需要确定利率和计息时间，工程欠款的计息利率遵循"有约定从约定，无约定从法定"的原则，即承发包双方可以约定欠付工程款的利率；若没有约定，则按同期的央行贷款利息执行。工程欠款的计息时间从应付工程价款之日计算。工程价款的形式有工程预付款、工程进度款和工程竣工结算余款。其中，工程预付款和工程进度款的时间通常在合同中有明确约定，并且矛盾通常不大。实践中，误解或矛盾较大的一般是工程竣工结算余款的支付时间。若承发包双方对竣工结算余款的支付时间有约定的，则按约定执行；若没有约定的，则按"工程交付之日、提交竣工结算文件之日、起诉之日"按序执行（图1）。

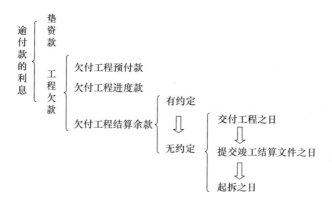

图1 逾付款的利息支付问题

按照《2017版施工承包合同》，若没有特别约定的，支付时间均是发包人签发支付凭证后的14天内，而这一约定是晚于法定支付时间的。

此外，笔者认为，"两段两倍"利率的规定对于第一段时间内的利息规定没有太大意义，而第二段时间内将利息两倍未必有利双方意思自治。

（三）律师建议

（1）工程结算余款的时间约定为签发竣工付款证书的十四天之后，从而使法定的占有之日、提交竣工结算文件之日失效，建议在专用条款中就工程结算余款付款时间重新约定。

（2）由于工程欠款的利息是可以约定的，并非必须是两倍。承发包双方完全可以在专用条款约定超过两倍的利息。

（3）两倍计息与两倍利息是两个不同的概念，前者是 $F=2\times\sum\{P\times[(1+i)n-1]\}$，后者是 $F=\sum\{P\times[(1+2\times i)n-1]\}$，$F$ 为利息，P 为工程欠款总额；i 为各期央行贷款利率；n 为欠款时间（即计息期），承发包人双方应当知道《2017版施工承包合同》中"翻倍利息"的含义。

(四) 主要法条

(1)《最高人民法院关于审理建设工程施工合同纠纷案件适用法律问题的解释》(后称《司法解释》)第十七条规定:

"当事人对欠付工程款利息计付标准有约定的<u>按照约定处理。没有约定的,按照中国人民银行发布的同期同类贷款利率计算</u>。"

(2)《司法解释》第十八条规定:

"<u>利息从应付工程价款之日计付</u>。当事人对付款时间没有约定或者约定不明的,下列时间视为应付款时间:

(一) 建设工程已实际交付的,<u>为交付之日</u>;

(二) 建设工程没有交付的,<u>为提交竣工结算文件之日</u>;

(三) 建设工程未交付,工程价款未结算的,<u>为当事人起诉之日</u>。"

二、"工程接收证书"和"竣工付款证书"的问题

(一) 主要条款

(1)《2017版施工承包合同》通用合同条款第13.2.2"竣工验收程序"的规定:

"(3) 竣工验收合格的,发包人应在验收合格后**14天内向承包人签发工程接收证书**。发包人无正当理由逾期不颁发工程接收证书的,自验收合格后第15天起视为已颁发工程接收证书……

(5) 工程未经验收或验收不合格,发包人擅自使用的,应在转移占有工程后7天内向承包人颁发工程接收证书;发包人无正当理由逾期不颁发工程接收证书的,自转移占有后第15天起视为已颁发工程接收证书。

除专用合同条款另有约定外,发包人不按照本项约定组织竣工验收、颁发工程接收证书的,<u>每逾期一天,应以签约合同价为基数,按照中国人民银行发布的同期同类贷款基准利率支付违约金</u>。"

(2)《2017版施工承包合同》通用合同条款第14.2"竣工结算审核"的规定:

"(1) 除专用合同条款另有约定外,监理人应在收到竣工结算申请单后14天内完成核查并报送发包人。发包人应在收到监理人提交的经审核的竣工结算申请单后14天内完成审核,并由监理人<u>向承包人签发经发包人签认的竣工付款证书</u>。

发包人在收到承包人提交竣工结算申请书后28天未完成审核且未提出异议的视为发包人认可承包人提交的竣工结算申请单,并自发包人收到承包人提交的竣工结算申请单后第29天起视为已签发竣工付款证书。

(2) 除专用合同条款另有约定外,<u>发包人应在签发竣工付款证书后的14天内,完成对承包人的竣工付款</u>。发包人逾期支付的,按照中国人民银行发布的同期同类贷款基准利率支付违约金;逾期支付超过56天的,按照中国人民银行发布的同期同类贷款基准利率的两倍支付违约金……"

（二）法理分析

首先，《2017版施工承包合同》虽将"工程接收"这一行为单独予以定义，但其本质并非法律概念。同时《2017版施工承包合同》还规定，工程验收合格的，发包人应在14天内签发工程接收证书；工程未验收合格而发包人擅自使用的，应在转移占有工程后7天内向承包人颁发工程接收证书；"发包人不组织竣工验收、不颁发工程接收证书的，按央行同期贷款利率按合同价为基数支付违约金"。

与"工程接收"概念最为接近的应当是"工程竣工"。工程竣工是一个法律概念，即承包人已经完成合同约定的建设工程的时点。因此，最常态的工程竣工时点是工程验收合格之日。同时，法律规定，若当事人有约定的，按当事人的约定确定竣工日期；若没有约定的，按法律规定确定竣工日期。而法律对竣工日期规定是：以"验收合格之日、承包人提交报告之日、以转移占有建设工程之日"按序确定。

故，颁发工程接收证书并不能切实得到工程竣工的法律效果，其是独立于竣工又与竣工有关的概念。同时，按照《2017版施工承包合同》约定，发包人不颁发工程接收证书的，按央行同期贷款利率按合同价为基数支付违约金。笔者认为，这一规定显然有失公平。即便发包人不组织验收，法律已明确规定"以承包人提交报告之日"作为竣工时间。因此，笔者认为没有必要单独设定工程接收的概念，实践中只会导致与工程竣工的概念相混淆。

其次，《2017版施工承包合同》设定竣工付款证书，并约定在监理人收到竣工结算申请单的28天内，发包人与监理人应向承包人签发竣工付款证书（或未签发，第29天视为已签发）。发包人应当在签发竣工付款证书后的14天内完成付款，否则，按央行同期贷款利率支付利息；若超过56天未付的，按央行同期贷款利率的二倍支付利息。

而事实上，竣工结算余款的支付时间，若承发包双方有约定的，按约定时间确定；若没有约定的，按法律规定来确定。而法律对竣工结算余款支付时间是有明确规定的，即以"工程交付之日、提交竣工结算文件之日、当事人起诉之日"按序确定。同时，利息从应付之日计付。计息中的利率，有约定的，按约定；未约定的，按央行同期贷款利率计算（图2）。

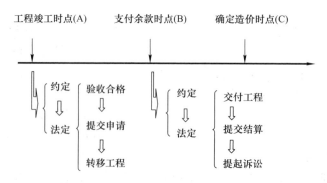

图2 时点问题

（三）律师建议

（1）在专用条款中对"逾期不审核视为认可"的期限是"两段时间，一并计算"。若发包人委托造价咨询单位进行全过程投资监理的，承发包双方应当将本条款中监理人的义务权利变更到造价工程师。

（2）同时设定"逾期不签发视为签发"和"逾期不签发工程接收证书，需支付违约金"可能既存在必要性的问题，也存在合理性的问题。要对工程进度款具有临定性引起重视，为此，建议在专用条款中再次明确。

（四）主要法条

（1）《司法解释》第十四条规定：

"当事人对建设工程实际竣工日期有争议的，按照以下情形分别处理：

（一）建设工程经竣工验收合格的，以竣工验收合格之日为竣工日期；

（二）承包人已经提交竣工验收报告，发包人拖延验收的，以承包人提交验收报告之日为竣工日期；

（三）建设工程未经竣工验收，发包人擅自使用的，以转移占有建设工程之日为竣工日期。"

（2）《司法解释》第十八条规定：

"利息从应付工程价款之日计付。当事人对付款时间没有约定或者约定不明的，下列时间视为应付款时间：

（一）建设工程已实际交付的，为交付之日；

（二）建设工程没有交付的，为提交竣工结算文件之日；

（三）建设工程未交付，工程价款也未结算的，为当事人起诉之日。"

（3）《司法解释》第十七条：

"当事人对欠付工程价款利息计付标准有约定的，按照约定处理；没有约定的，按照中国人民银行发布的同期同类贷款利率计息。"

三、"保修期"与"缺陷责任期"的问题

（一）主要条款

（1）《2017版施工承包合同》通用合同条款1.1.4.4缺陷责任期：

"是指承包人按照合同约定承担缺陷修复义务，且**发包人预留质量保证金**（已缴纳履约保证金的除外）**的期限**，自工程实际竣工日期起计算。"

（2）《2017版施工承包合同》通用合同条款15.3.2质量保证金的扣留：

"……发包人<u>累计扣留的质量保证金不得超过工程价款结算总额的3</u>％。如承包人在发包人签发竣工付款证书后28天内提交质量保证金保函，发包人应同时退还扣留的作为质量保证金的工程价款；保函金额不得超过工程价款结算总额的3％。

发包人在退<u>还质量保证金的同时按照中国人民银行发布的同期同类贷款基准利率支付利息</u>。"

（二）法理分析

我国实行工程质量保修制度。根据保证建筑物合理寿命年限内正常使用，维护使用者

合法权益的原则，主体结构的法定保修期为合理的设计年限；涉及防水的部位法定保修期为五年；其他部位的法定保修期为二年或两个采暖（或供冷）期。通常认为：不同部位的保修期为法定的最低期限，即承发包双方约定的保修期不得低于法定的保修期。

保修期限的起算时间，在《建设工程质量管理条件中》明确规定从竣工验收合格开始，但笔者认为，更确切的表达应当是从"工程竣工开始"。这不仅是因为工程竣工的法律含义是承包人已完建设工程，而且是因为工程竣工并非只有通过验收合格，或者说，验收合格而竣工是竣工最常见在情况而已。

保修期是针对所有承包人而言的，但若在保修期内出现质量问题，首先应由施工承包人进行修复，再确定承担责任的责任人。若施工承包人拒绝或迟延履行保修义务的，可责令改正，处以罚款，承担赔偿责任（图3）。

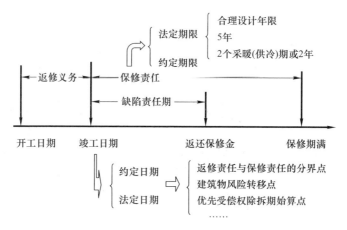

图3 保修期与缺陷责任期示意

由于工程竣工后，施工单位均会撤离现场。为确保保修义务的履行，发包人往往会暂扣工程价款的5%左右作为"质保金"。待保修期限届满，扣除期限内相应的修复费用（如果有）后，退还承包人。

鉴于"质保金"是建立在施工单位不履行保修义务的基础上，故本着诚信原则，17版施工承包合同设定了"缺陷责任期"的概念，即发包人暂扣质保金期限不多于24个月。毫无疑问，这是一个积极正面的规定。同时，鉴于"质保金"的所有权属于承包人，依据物权法"子息随主物"的原则，《2017版施工承包合同》规定"退还质保金时利息一并退还"。

（三）律师建议

（1）"缺陷责任期"通常的文意理解是承包人对质量缺陷承担保修责任的期限，故可能与法定的保修期混淆。因此，可在专用条款中**对质量缺陷责任期进行定义**，明确其为保证金释放期的最长时间。

（2）法定孳息应当归属于所有权人，故若双方没有特别约定，"返还质保金时将其孳息一并返还"完全符合物权法精神。但是，笔者认为，将同期存款利息利息作为孳息标准更合理。

（3）如果尚在保修期内，但已过了质量缺陷责任期，即保修金已退还，承包人还应履行保修义务的，如果承包人拒绝履行其义务，发包人可以委托人第三方完成保修义务，其费用由承包人承担。另外，施工合同的效力，原则上不影响施工单位承担其关于双方约定的，包括质量保修义务在内的工程质量责任。

（四）主要法条

(1)《建筑法》第六十二条第一款：

"建筑工程实行质量保修制度。"

(2)《建筑法》第六十二条第二款：

"建筑工程的保修范围应当包括地基基础工程、主体结构工程、屋面防水工程和其他土建工程，以及电气管线、上下水管线的安装工程，供热、供冷系统工程等项目；保修的期限应当按照保证建筑物合理寿命年限内正常使用，维护使用者合法权益的原则确定。具体的保修范围和最低保修期限由国务院规定。"

(3)《建设工程质量管理条例》第四十条第一款第二款：

"在正常使用条件下，建设工程的最低保修期限为：

（一）基础设施工程、房屋建筑的地基基础工程和主体结构工程，为设计文件规定的该工程的合理使用年限；

（二）屋面防水工程、有防水要求的卫生间、房间和外墙面的防渗漏，为 5 年；

（三）供热与供冷系统，为 2 个采暖期、供冷期；

（四）电气管线、给排水管道、设备安装和装修工程，为 2 年。

其他项目的保修期限由发包方与承包方约定。"

(4)《浙江省高级人民法院〈关于审理建设工程施工合同纠纷案件若干疑难问题的解答〉》第四条规定：

"建设工程施工合同中**约定的正常使用条件下工程的保修期限低于国家和省规定的最低期限**的，该约定应认定**无效**。"

(5)《建设工程质量管理条例》第四十条第三款：

"建设工程的保修期，自竣工验收合格之日起计算。"

(6)《司法解释》第十四条规定：

"当事人对建设工程实际竣工日期有争议的，按照以下情形分别处理：

（一）建设工程经竣工验收合格的，以竣工验收合格之日为竣工日期；

（二）承包人已经提交竣工验收报告，发包人拖延验收的，以承包人提交验收报告之日为竣工日期；

（三）建设工程未经竣工验收，发包人擅自使用的，以转移占有建设工程之日为竣工日期。"

(7)《建设工程质量管理条例》第四十一条规定：

"建设工程在保修范围和保修期限内发生质量问题的，施工单位应当履行保修义务，并对造成的损失承担赔偿责任。"

(8)《中华人民共和国建筑法》第七十五条规定：

"建筑施工企业违反本法规定，**不履行保修义务或者拖延履行保修义务**的，责令改正，可以处以**罚款**，并对在保修期内因屋顶、墙面渗漏、开裂等质量缺陷造成的损失，**承担赔偿责任**。"

(9)《建设工程质量管理条例》第六十六条规定：

"违反本条例规定，施工单位**不履行保修义务或者拖延履行保修义务**的，**责令改正**，处 10 万元以上 20 万元以下的**罚款**，并对在保修期内因质量缺陷造成的损失**承担赔偿责任**。"

(10)《建设工程价款结算暂行办法》第七条规定：

"**发包人、承包人**应当在合同条款中对涉及工程价款结算的下列事项进行**约定**：
……（七）**工程质量保证（保修）金的数额、预扣方式及时限**……"

(11)《建设工程价款结算暂行办法》第十四条规定：

"工程完工后，双方应按照约定的合同价款及合同价款调整内容以及索赔事项，进行工程竣工结算。

……（四）工程竣工价款结算：发包人收到承包人递交的竣工结算报告及完整的结算资料后……发包人根据确认的竣工结算报告向承包人支付工程竣工结算价款，**保留 5%左右质量保证金，待工程交付使用一年质保期到期后清算**（合同另有约定的，从其约定），**质保期内如有返修，发生费用应在质量保证（保修）金内扣除**……"

(12)《浙江省高级人民法院〈关于审理建设工程施工合同纠纷案件若干疑难问题的解答〉》第二十条规定：

"建设工程施工合同无效，**不影响发包人按合同约定、承包人出具的质量保修书或法律法规的规定，请求承包人承担工程质量责任**。"

四、暂列金额与计日工的问题

（一）主要条款

(1)《2017 版施工承包合同》通用合同条款 1.1.5.5 暂列金额：

"是指发包人在工程量清单或预算书中**暂定并包括在合同价格中的一笔款项**，用于工程合同**签订时尚未确定或者不可预见的**所需材料、工程设备、服务的采购，施工中可能发生的工程变更、合同约定调整因素出现时的合同价格调整以及发生的索赔、现场签证确认等的费用。"

《2017 版施工承包合同》通用合同条款第 10.8 "暂列金额"的规定：

"**暂列金额应按照发包人的要求使用**，发包人的要求应通过监理人发出合同当事人可以在专用合同条款中协商确定有关事项。"

(2)《2017 版施工承包合同》通用合同条款 1.1.5.6 计日工：

"是指合同履行过程中，**承包人完成发包人提出的零星工作或需要采用计日工计价的变更工作时**，按合同中约定的单价计价的一种方式。"

《2017 版施工承包合同》通用合同条款第 10.9 "计日工"的规定：

"需要采用计日工方式的，**经发包人同意后，由监理人通知承包人以计日工计价方式实施相应的工作**，其价款按列入已标价工程量清单或预算书中的计日工计价项目及其单价进行计算；已标价工程量清单或预算书中无相应的计日工单价的，按照合理的成本与利润构成的原则，由合同当事人按照第 4.4 款〔商定或确定〕确定变更工作的单价……"

（二）法理分析

建设工程项目的特点之一在于其的不确定性，即签订合同时的前提条件经常会在履行中被打破。换而言之，在合同履行过程中，经常出现签订合同时不确定的内容。因此，建设工程施工合同的最终结算价款包括：承包范围内的工程价款、工程变更、赔偿款、其他款项及零星工作（图 4）。

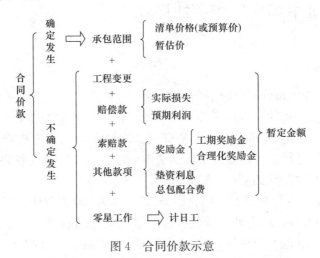

图 4　合同价款示意

按该项目是否必须发生，可将合同价款组成中的项目分为不确定发生和确定发生。不确定发生包括工程变更、赔偿款、索赔款、其他款项和零星工程。其中，其他款项包括工期奖励金、合理化奖励金、垫资利息、总包配合费或总包管理费。其中，除零星工作用计日工表达外，其他均可按暂列金额予以确定，最终在实际发生后按实结算。

而确定发生的项目就是指承包范围内的工程项目。根据签订施工承包合同时其价款是否能确定，可分为清单价格（或预算价格）和暂估价。

其中，暂估价是指发包人在工程量清单或预算书中提供的用于支付必然发生但暂时不能确定价格的材料、工程设备的单价、专业工程以及服务工作的金额。而暂列金额是指发包人在工程量清单或预算书中暂定且包括在合同价格中的款项，其用于工程合同签订时尚未确定而在施工中可能发生的费用。而计日工是指合同履行过程中，承包人完成零星工作或需要采用计日工计价的单价。

暂估价与暂列金额的区别在于是前者一定发生但未确定具体数额，而后者并非一定发生。而根据招标法的相关规定，招标项目应为可报价。若在后续分包过程中由发包人进行招标则更违反了合同相对性理论。故，笔者认为，《2017 版施工承包合同》中列出暂列金额的必要性值得讨论。但其也间接地承认：工程承包范围内的计价约定并非一定适用工程变更中的计价。

另外，计日工对应的是劳务，并非一定有对应的物化的劳动。因此，过程的计量显得特别重要，应尽可能做到"及时计数，及时锁定"。

（三）律师建议

（1）对于暂定金额的设定，其最积极的作用在于间接承认了承包范围内的计价方式并非一定适用工程变更的计价,其本质上是发包人预留的不可预计费。

(2) 暂估价的实际操作可能会干涉承包人行使承包权。因此,发包人在发包时应尽可完善相应技术文件和参数,尽可以减少暂定价的比例。

(3) 计日工的数量应事前锁定,避免事后审定。建议在专用条款中将"由监理人审查并经发包人批准"变更为"由发包人与监理人共同审查",并明确其是综合单价。

五、"物权证书制度"相关的问题

(一) 主要条款

(1)《2017版施工承包合同》通用合同条款第14.4.2"最终结清证书和支付"的规定:

"(1) 除专用合同条款另有约定外,发包人应在收到承包人提交的最终结清申请单后14天内完成审批并向承包人颁发最终结清证书。发包人逾期未完成审核又未提出修改意见的,视为发包人同意承包人提交的最终结清申请单,且自发包人收到承包人提交的最终结清申请单后15天起视为已颁发<u>最终结清证书</u>……"

(2)《2017版施工承包合同》通用合同条款第15.2"缺陷责任"15.2.4的规定:

"除专用合同条款另有约定外,承包人应于缺陷责任期届满后7天内向发包人发出缺陷责任期届满通知,发包人应在收到缺陷责任期届满通知后14天内核实承包人是否履行缺陷修复义务,承包人未能履行缺陷修复义务的,发包人有权扣除相应金额的维修费用。发包人应在收到缺陷责任期届满通知后14天内,向承包人<u>颁发缺陷责任期终止证书</u>……"

(3)《2017版施工承包合同》通用合同条款第14.2"竣工结算审核"的规定:

"(1) 除专用合同条款另有约定外,监理人应在收到竣工结算申请单后14天内完成核查并报送发包人。发包人应在收到监理人提交的经审核的竣工结算申请单后14天内完成审核,并由监理人向承包人签发经发包人签认的<u>竣工付款证书</u>……"

(4)《2017版施工承包合同》通用合同条款第13.2.2"竣工验收程序"的规定:

"(3) 竣工验收合格的,发包人应在验收合格后14天内向承包人<u>签发工程接收证书</u>。发包人无正当理由逾期不颁发工程接收证书的,自验收合格后第15天起视为已颁发工程接收证书……"

(5)《2017版施工承包合同》通用合同条款第12.4.4"进度款审核和支付"的规定:

"(1) 除专用合同条款另有约定外,监理人应在收到承包人进度付款申请单以及相关资料后7天内完成审查并报送发包人,发包人应在收到后7天内完成审批并签发<u>进度款支付证书</u>。发包人逾期未完成审查且未提出异议的,视为已签发进度款支付证书……"

(二) 法理分析

《2017版施工承包合同》共设定了五张证书,分别是"进度款支付证书"、"工程接收证书"、"竣工付款证书"、"缺陷责任期终止证书"以及"最终结清证书"。笔者认为设定该五张证书的必要性不大。其次,对于五张证书均设定"默示认可"的条款,笔者也认为存在一定的问题,且其约定内容与法定规定并非相一致。

该制度设置目的在于通过"工程接受证书"和"缺陷责任定期满证书"组成的"物权证书制度"来解决工程何时竣工、何时通过验收、何时交付发包人，何时结清保修金这四个法律问题。但是，物权的法定包括其设立。签发工程接受证书时建筑物的物权尚未设立，将工程接受证书归入"物权证书制度"无疑存在法律依据的问题。在"工程接受证书"的前提下，同时设定"逾期不签发视为签发"和"逾期不签发工程接收证书，需支付违约金"规定，存在必要性和合理性问题。

鉴于此，可以在专用条款中对"逾期不签发视为签发"和"逾期不签发工程接收证书"，需支付违约金应予以明确或重新约定。除了两个物权证书外，2017版合同还设置了"进度款支付证书"、"竣工付款证书"及"最终结清证书"。承发包双方对于以上五个证书所对应的程序和法律后果均应予以重视，必要时可以重新约定。

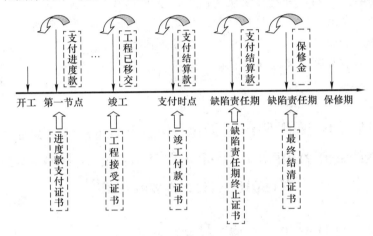

图5　各证书对应的节点

（三）律师建议

（1）在专用条款中对"逾期不审核视为认可"的期限是"两段时间，一并计算"经于明确，若如果发包人委托造价咨询单位进行全过程投资监理的，承发包双方应当将本条款中监理人的义务权利变更到造价工程师；

（2）同时设定"逾期不签发视为签发"和"逾期不签发工程接收证书，需支付违约金"可能，既存在必要性的问题，也存在合理性的问题；

（3）要对工程进度款具有临定性引起重视，为此，建议在专用条款中再次明确。

六、后记

民事合同的本质核心在于"意思自治"后的"合意"。行政单位出具的施工承包合同在本质上仅供参考使用。十八届三中全会所体现的精神要求政府"有所为，有所不为"，在不缺位的前提下既不越位、也不错位。因此，对由政府行政机关出具的施工承包合同，应当去除行政化的痕迹，法定内容亦不易太多，还原合同的本质。

逃避招标合意行为探研及规制策略

——兼论如何正确理解"阴阳合同"

【摘　要】　本文首先分析了直接合意和程序合意的法律本质以及两者的主要区别。

其次，对在实务操作中存在的通过合同书、施工图、结算书、承包范围等方式逃避招标合意的形式进行了归纳，并对其主观意图进行分析。

最后，提出三个减少逃标的建议，即：切实确定招标发包行为的目的、适当缩小必须招标发包的范围、杜绝"越位"、"缺位"以还原法律本意。

【关键词】　招标发包；意思自治；阴阳合同

An Analytical Study and Regulatory Strategy on Minimizing the Risk of "Changed Bidding Result After Awarded"

——Comments on How to Correctly Understand the "Black and White Contract"

【Abstract】　This paper firstly analyzes the legal nature of direct consensual and procedural intentions and the main differences between them.

Secondly, the paper summarizes the approaches to avoid the tender by means of contract, construction drawing, settlement book, contract scope in practical operations, and done an analysis on its subjective intentions.

Finally, the article proposes three suggestions to minimize the risk of "changed bidding result after awarded", respectively are: to determine the purpose of bidding and contracting; to narrow the scope of the contract; to put an end to the "go beyond" and "go vacant" to restore the original legal intention.

【Keywords】　Contracting (outsourcing); Autonomy of Will; Black and White Contract

【前言】

虽然建设工程项目发包有直接发包和招标发包之分[①]，但是，第一手的发包（即：业

---

① 《中华人民共和国建筑法》第十九条规定：
"建筑工程依法实行**招标发包**，对不适于招标发包的可以**直接发包**。"

主作为发包人）绝大多数都必须招标发包[①]。为了规范招标发包的行为，从行政设置上专设了招标办，从资质设置上专设了招标代理资质，更从民法、行政法，乃至刑法上均对违反招标发包的行为作出了不同程度的否定评价。

但是，仍存在相当部分的招投标参与者会在不同的阶段通过不同方式逃避行政监督和刑事处罚，从而达到直接合意的目的。除了行政缺位、法制意识淡薄外，笔者认为更有法律上的深层次的原因。

一、直接合意和招标合意

在诚信合法的前提下，民事主体能够充分"意思自治"从而达到双方合意是建立民事法律关系的本质。双方合意的主要方式有直接合意和程序合意（例如招标拍卖等程序）。两者比较而言，直接合意效力较差，但是"意思自治"得到充分的体现；而程序合意效力较高，但是意思表示的时间、方式和内容等均必须按程序进行，故当事人的"意思自治"受到一定的限制。

建设工程的发包方式有直接发包和招标发包两种，而招标发包主要经过四个阶段，即：招标、投标、中标和签约。法律对四个阶段中当事人的意思表示均有一定程度的限制。招标的法律性质属于要约邀请，其意思表示必须包括其实质性等内容。投标的法律性质属于要约，其意思表示必须对招标的实质性内容作积极的响应。中标的法律性质属于承诺，其意思表示也只能在严格按照评标标准进行评标后向中标人以及未中标人表示中标结果。而法律性质属于合同生效的签约则应在中标的意思表示之后的 30 天内签订合同，其实质性的意思表示就是必须按招标时的合意进行约定。图 1 是合意方式及意思限制归纳图。

民事合意的前提是双方意思自治，而这种意思自治首先应当体现在选择磋商的方式上。由于当事人在招标合意中的意思自治受到一定的限制，因此，法律在规定必须招标的目的和范围时应当是理性的、科学的，一定应与当时的经济发展状态相匹配。

二、逃避招标合意的表现形式

通常所称的"阴阳合同"是指在存在有"阳合同"（通常所称的"阳合同"是指实质性内容按招标合意所签订的合同）的前提下[②]，合同双方当事人又签订了一份实质性内容违背招标合意的合同，该合同通常被称为"阴合同"。被称为"阴阳合同"必须具备定量、定性和时间的要求，即定量上必须是两份合同，定性上必须一份是阳合同、一份是阴合

---

① 《中华人民共和国招标投标法》第三条第一款规定：
"在中华人民共和国境内进行下列工程建设项目包括项目的勘察、设计、施工、监理以及与工程建设有关的重要设备、材料等的采购，**必须进行招标**：
（一）大型基础设施、公用事业等**关系社会公共利益、公众安全的项目**；
（二）全部或者部分**使用国有资金投资或者国家融资的项目**；
（三）使用国际组织或者**外国政府贷款、援助资金的项目**。"
② 《最高人民法院关于审理建设工程施工合同纠纷案件适用法律问题的解释》第一条第（三）项规定：
"建设工程施工合同具有下列情形之一的，应当根据合同法第五十二条第（五）项的规定，**认定无效**：
（三）建设工程**必须进行招标而未招标或者中标无效的**。"

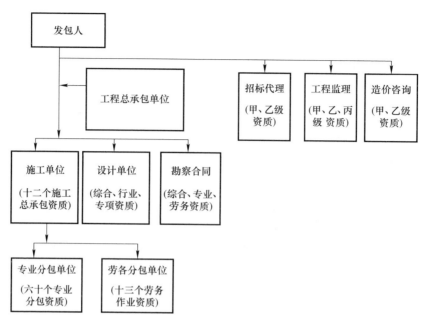

图1 合意方式及意思限制归纳图

同,而时间上两份合同必须均于中标之后签订。

在实务操作中,逃避招标合意(以下简称"逃标")的方式通常有通过合同书、施工图、结算书、承包范围等方式进行。通过合同方式逃标是最常用的方式,其中最典型的便是"阴阳合同"。但是,逃标并非一定只能通过合同书的方式进行,"阴阳合同"更不是逃标的唯一方式[①]。

虽然合同法的归责原则主要以严格责任原则为主。但是,逃标后所签订的合同是无效合同,情节严重的甚至涉及犯刑事犯罪。因此,如何通过分析逃标的方式以明确其意图对分清逃标责任、防止逃标行为起着积极作用。

(一) 通过合同书方式进行逃标

以合同书方式进行逃标的,在招标的不同阶段至少存在以下四种合同:①中标之前签订的合同,设其为W1;②中标之后不符招标合意签订的备案合同,设其为W2;③中标之后按招标合意签订的合同,设其为W3;④签约后而履行中不按招标合意签订的合同,设其为W4。具体如图2所示。

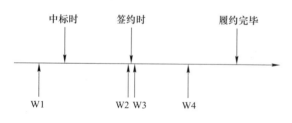

图2 合同方式逃避招标合意示意图

在实务中,为了逃标,以上四份合同最可能有以下几种组合:

---

① 《最高人民法院关于审理建设工程施工合同纠纷案件适用法律问题的解释》第二十一条:
"当事人<u>就同一建设工程另行订立的建设工程施工合同</u>与经过备案的中标合同实质性内容不一致的,应当<u>以备案的中标合同作为结算工程价款的根据</u>。"

1. 中标前后签订的两份合同（即：W1×W3）

中标之前所签订的合同 W1，从民法层面而言，属于"中标无效"致使所签订合同无效的情形；从行政法层面而言，属于应受到行政处罚的串标行为；从刑法层面而言，属于涉及串通投标犯罪的行为①。

W1 所体现的串标行为并不属于民事法律行为，甚至可能成为犯罪证据。因此，这从严格意义上而言并不属于"阴阳合同"的范畴。通常情况下，双方仍必须按 W3 履行各自的权利和义务。

以这种方式逃标时，招标人和中标人均应是明知的。就刑法的主观方面而言，通常属于故意，且是共同故意。一般情况，主要是以招标人的意图为主。

2. 仅有一份不符招标合意的备案合同（即：W2）

建设工程合同的备案属于行政备案，即：备案与否与合同生效与否无关。所以，备案合同中的违法条款不因备案的行为而合法，未备案合同也不会因此而无效。

虽然法律要求行政备案进行实质性审查，但在实务中，多数对于行政备案的审查都是形式性审查。因此，往往会出现未按招标合意的建设工程被予以备案的情形。而这份不符招标合意的合同即使因未经实质性审查而逃脱责令改正的处罚，其依旧不会因备案这一行为而变得合法。因此，双方不能就 W2 中的实质性内容履行合同。若承包人进行施工，发包人也支付工程款，双方应当就招标合意的实质性内容履行。

以这种方式逃标时，一般情况下，招标人和中标人均是明知。当然也不排除招标人、中标人是过失为之，但即使如此从刑法的主观方面而言，行政单位人员对这种逃标行为必定存在过于自信的过失心态（但是，对进行形式性审查的行为通常是直接故意的）。

3. 先按招标合意签一份合同 W3，后又签订了一份违背招标合意的合同 W4（即：W3×W4）

这就是典型的"阴阳合同"。由于备案行为属于行政备案，严格来说，这两份合同均是有效的。

若在没有情势变更事由的情况下，实质性内容应按 W3 执行，而非实质性内容，若 W4 中未涉及，按 W3 执行；若 W4 中涉及，按 W4 执行。

以这种方式逃标时，通常发包人和承包人均是明知且故意的，无非发包人和承包人对主观故意的倾向有所不同而已。

（二）通过施工图方式进行逃标

在招标发包时，按某一套施工图进行招标，根据招标合意签订合同并予以备案。但在施工过程中，却依照另一套真正的施工图形成双方合意并以此确定双方的权利和义务。

这种方式是通过改变招标的前提条件，从而演示一场所谓"合法招标"的行为。但其本质却是以直接磋商的方式形成直接合意，因此不存在所谓的"阳合同"。而不存在"阳合同"，则双方直接合意的合同也不可能是"阴合同"。这种行为的本质是必须招标而未招

---

① 《中华人民共和国刑法》第二百二十三条规定：

"投标人相互**串通投标报价**，损害招标人或者其他投标人利益，情节严重的，**处3年以下有期徒刑或拘役，并处或单处罚金**。

投标人与招标人串通投标，损害国家、集体、公民的合法利益，**依照前款规定处理**。"

标的一种逃标行为。

以这种方式逃标时，通常招标人和中标人事前是明知且故意的；当然更不排除存在共同直接故意的可能，无非发包人和承包人的主观倾向有所不同而已。

（三）通过结算书方式进行逃标

整个招标过程完全按照规定进行，合同实质性内容也完全按招标合意签订并予以备案。但在承包人提交的竣工结算书中全部或部分改变了计价方式，而发包人按递交的结算报告进行审价并支付结算余款。

这种方式是通过结算书的方式来改变双方对工程价款计价的合意，具有很大的欺骗性，尤其当仅改变部分子项目的计价方式时其欺骗性更大。从实质上而言，这种方式可以说称之为不存在书面形式的"阴合同"。但是，当发包人按该结算书进行审价（或造价咨询单位按此结算书进行审价）时，客观上双方就已经以行为改变了招标合意，故形成了事实上的"阴合同"。

这种方式逃标时，通常承包人是明知且故意的，而发包人通常是未知且过失的。而若存在工程造价审价环节时，工程造价咨询单位的造价工程师被定义为疏忽大意过失是相对合适的。

（四）通过承包范围方式进行逃标

由于工程项目的不确定性，在施工过程往往会产生一部分的工程变更，而由于工程变更是发生于工程合同履行过程中的，故通常不存在招标的可能性。因此，招标人往往以改变后的承包范围或工程内容（通常是缩小招标范围或将量大价高的子项目设为暂定价等方式）进行招标，而在合同履行过程中，以工程变更为借口进行大量的直接合意，从而达到逃标的目的。

由于对工程变更进行招标合意的操作性存在困难，除了政府采购法对工程变更占整个工程项目的比例作了限制外，其他法律均未就此类问题进行规定。这就导致了对以该方式进行逃标的认定存在一定难度[①]。

以这种方式逃标时，通常招标人是明故且故意的，当然也不排除与中标人共同直接故意，可以二者的主观故意的倾向有所不同而已。当然也存在承包人是不知情的可能性。

三、减少"逃标"的几个建议

为了规范招标投标活动，保护国家利益、社会公共利益和招标投标活动当事人的合法权益，减少逃避招标行为的主客观原因，笔者提出如下建议：

（一）切实确定招标发包行为的目的

应该承认，从2000年1月1日实施以来，《招标投标法》实施的具体状态并不乐观，

---

① 《中华人民共和国合同法》第三十六条规定：
"法律、行政法规规定或者当事人约定采用书面形式订立合同，当事人未采用书面形式但一方已经履行主要义务，对方接受的，该合同成立。"

笔者认为主要有如下原因：

《招标投标法》希望通过招标发包这一法定行为达到的目的过于宽泛。其实，保证工程质量和公共安全这一宗旨已在建筑法中充分体现，且有专门的两部行政规章予以细化。至于国有资产的保质增值，更有审计法等法律予以规范。因此，由一部更偏向于程序法的《招标投标法》来实现应由建筑法和审计法所追求的主要宗旨实在有些"越俎代庖"。

笔者认为，《招标投标法》的宗旨可以更加纯粹些，例如，主要就规范招标投标活动、保护招标投标活动当事人的合法权益为其宗旨。各司其职方能事半功倍，而当一个行为的目的不够纯粹往往会适得其反。

（二）适当缩小必须招标发包的范围

三类必须招标的工程项目几乎囊括了绝大多数的工程建设项目，且是从勘察到设计、从施工到采购，甚至包括工程监理的全过程。

相对直接磋商形成合意，招标程序所形成合意的"意思自治"的自由度相对较差，规定绝大多数工程项目的发包必须招标发包，不仅使当事人意思自治权利不能充分实现，也与当前中国经济发展规律略有差异。因此，往往造成不规范的行为充斥在招标投标过程中，甚至在招标完成后以"阴合同"等方式来逃避这种不自由。

法是客观见之于主观的东西，其内容是由一定的社会物质生活条件所决定的。正如马克思所说："无论是政治的立法或市民的立法，都只是表明和记载经济关系的要求而已。"因此，笔者认为，《招标投标法》的第三条与现阶段的经济发展规律不完全吻合，建议应作适当的调整。

（三）杜绝"越位""缺位"以还原法律本意

若将工程合同的行政备案视为生效备案是一种"越位"理解，那么对工程合同的备案仅进行形式性审查也可以看作是一种"缺位"失责行为。

法律要求行政备案单位对备案的合同进行实质性审查，并赋予一定的行政处罚权，同时还对严重的"串标行为"设置了相应的刑事责任。但事实上，对工程合同备案不正确的"越位"理解和对工程合同备案不进行实质审查的"缺位"行为，造成"逃标"、"串标"行为若非当事人"内讧"很难被揭露，这也导致一种错误结论的产生，即"多做了＋否定少＝没问题"。而这种错觉的蔓延，又会增加这种错误结论的"正确性"，这可能是"逃标"、"串标"愈演愈烈的原因之一。

因此，笔者认为：应明确建设工程合同的备案是行政备案，杜绝"越位"的定位，并且对建设工程合同的备案进行实质性审查的"补位"，来防止"缺位"的行为，以还原法律本意。

四、结语

我们要理解法律是来之生活的，不能反映经济规律的法条往往不仅起不到规范的作用，而且对法律的尊严不利。这既不符合"科学发展观"的要求，也是与"实事求是"

的精髓相悖；不仅起不到追求建设"和谐社会"的目的，而且会产生法不敌众的不良后果。

笔者认为，追求"和谐社会"首先应树立"依法治国"的理念，而"依法治国"的前提是有"切实科学"的法律可依。而"依法治国"关键是"依法行政"。为此，任重而道远，"同志们仍需努力"！

刍议施工承包合同中的工程造价属性

【摘　要】　首先，本文从当今中国价格体系理论进行分析，得出当今建设工程施工承包合同中的工程造价（简称"工程造价"）属于市场价。

其次，本文详尽阐述了我国法律在直接或间接地对工程造价的市场价定位予以肯定的同时，也对工程造价的合意作了适当的限制。

最后，从中国经济形态的转变，到政府部门的设置，到司法解释逆向推理，分析得出将工程造价错误定位在政府指导价的原因是以上各因素的"相互影响、彼此佐证"的结果。

【关键词】　工程造价；市场价

Discussions on the Nature of Construction Costs in the Engineering Subcontracting Contracts

【Abstract】　First of all, this article starts from analyzing the current theory of China's price system, and comes to the conclusion that the project cost (referred to as 'project cost') in today's construction contract is the market price.

Secondly, this paper elaborates that the law of our country has directly or indirectly impact the market price, at the same time, but also made appropriate restrictions to agreement of project cost.

Finally, the paper starts from the change of China's economic form to the setting of government departments, from the offside of certain regulations to the judicial interpretation of the reverse reasoning, and draws the conclusion that equaling the project cost to the government guidance price is the reason for the above factors.

【Keywords】　Project Cost；Market Price

一、工程造价属于价格体系中的市场价

当今中国的经济形态是社会主义市场经济，而市场经济的本质之一是由市场竞争来决定价格。因此，当今中国价格体系中，除极少数的商品或服务是采用政府定价或政府指导

价外，其余的绝大多数的价格均属于市场价①。

某一商品或服务的价格要成为政府定价或政府指导价，必须同时满足其必要条件和充分条件，即：在定性上，其必须属于关系到国计民生或稀缺垄断等的商品或服务这一必要条件；在程序上，其必须被列入国家或地方的定价目录中这一充分条件。而工程造价既不具备政府定价或政府指导价所需要的必要条件，也不满足其充分条件，况且，鉴于工程项目建设及供求状态的不确定，工程造价也很难制定统一的政府价或政府指导价，因此，工程造价不属于政府定价或政府指导价，而属于价格体系中的市场价。

退一步说，假设工程造价是政府定价或政府指导价的话，则会出现当建设工程领域的各参与方不执行政府指导价或政府定价时，行政主管部门，除了可以责令改正，没收当事人违法所得外，还可以处以罚款等其他行政处罚。事实上，由于工程造价属于市场价，所以，从未出现，也不可能出现此类的处罚，这再一次用反证的方式证明了工程造价是市场价这一观点。

二、法律明确了工程造价是市场价

无论是直接发包还是招标发包，工程造价由承发包双方在工程施工承包合同中约定，并按该约定进行工程价款的结算，无非招标发包的，还应遵守招投标法的相关规定，即：在招标过程形成的工程造价的合意不得擅自改变而已。因此，法律直接肯定了工程造价就是市场价。

其实法律在直接肯定了工程造价是市场价的同时，还间接地肯定工程造价的属性，例如：

（一）"固定价不予鉴定"的规定

最高院对承包人希望通过鉴定结论证明其签约时的"固定价"低于履行时的市场价，从而得到予以调整的目的是持否定态度的，由此作出了"固定价不予审价"的规定②。

该规定的实质是正面肯定了工程造价是市场价，同时也间接否定了作为工程造价的要素人材机等，若其价格是政府定价或政府指导价调整，也是不予调整的，并且，立法者从合同履行时"商业风险"和"超额利润"可能性并存的角度出发，诠释"公平原则"的本质。

（二）"逾期不结算视为认可"的规定

法律为了尽可能防止发包人拖延支付工程结算余款，对当事人"逾期不结算视为认可"的约定予以了正面肯定③。

---

① 《中华人民共和国价格法》第三条第一款规定：
"国家实行并逐步完善宏观经济调控下主要由市场形成价格的机制。价格的制定应当符合价值规律，大多数商品和服务价格实行市场调节价，<u>极少数商品和服务价格实行政府指导价或者政府定价</u>。"
② 《最高人民法院关于审理建设工程施工合同纠纷案件适用法律问题的解释》第二十二条：
"当事人<u>约定按照固定价结算工程价款</u>，一方当事人<u>请求对建设工程造价进行鉴定的，不予支持</u>。"
③ 《最高人民法院关于审理建设工程施工合同纠纷案件适用法律问题的解释》第二十条：
"当事人约定，<u>发包人收到竣工结算文件后，在约定期限内不予答复，视为认可竣工结算文件的</u>，按照约定处理。承包人请求按照竣工结算文件结算工程价款的，<u>应予支持</u>。"

若工程造价不是市场价，则不可能产生结算价，也无论如何不可能出现由于"逾期未结算"而认可送审价情形，因此，该规定是建立在工程造价是市场价的基础上的，强调对双方形成的合意应当尊重的立法精神。

（三）"原则上按审价为准"的规定

如果某个建设工程属于国有投资的项目，则该项目有可能既经过"社会审价"，又经过"国家审计"，若二者结果不一致时，法律明确规定"原则上按审价为准①"。

该规定对"社会审价"的效力予以了肯定。其实该种肯定是以承认工程造价是市场价为前提的，因为若不存在该前提，审计部门完全可以，也应当以政府定价或政府指导价来确定审计价。

三、法律对工程造价的适当限制

通过市场竞争形成的工程造价虽然属于市场价，但是，由于工程质量关系到不特定人的生命安全和社会资源的合理利用，因此，质量优先是作为当代中国建筑法立法宗旨，从而有必要对当事人关于工程造价所形成的合意进行适当的限制：

（一）总价不得低于成本价

如果是招标发包，《招标投标法》不仅不允许招标人以低于成本价的价格进行招标，而且也不允许投标人以低于成本价的报价进行投标；如果是直接发包的，我国相关法律则明确规定不允许以低于成本价作为工程造价的合意②。

根据江苏省高院的指导意见，当事人就工程价款的约定低于成本价的，则所签订的施工承包合同是无效合同。

（二）组成应包括安全施工措施费

法律不仅不允许发包人不支付安全施工措施费，而且更不允许承包人将安全施工措施费挪作他用。因此，通过市场竞争形成合意后的工程造价组成中应当包括安全措施费③。

如果发包人在双方合意的工程造价中没有约定安全施工措施费的，其应当将该笔费用事后补给承包人，否则，可能被责令停止施工。如果承包人将取得的安全施工措施费挪作他用，应停止挪用并承担相应的罚款，若造成损失的，还应承担相应的赔偿责任。

---

① 《最高人民法院关于建设工程承包合同案件中双方当事人已确认的工程决算价与审计部门审计的工程决算价款不一致如何适用法律问题的电话答复意见》：

"审计是国家对建设单位的一种行政监督，不影响建设单位与承建单位的合同效力。建设工程承包合同案件应以当事人的约定作为法院判决的依据。只有在合同明确约定以审计结论作为结算依据或者合同约定不明确、合同约定无效的情况下，才能将审计结论作为判决的依据。"

② 《建设工程质量管理条例》第十条第一款规定：

"建设工程发包单位不得迫使承包方以低于成本的价格竞标，不得任意压缩合理工期。"

③ 《建设工程安全生产管理条例》第八条规定：

"建设单位在编制工程概算时，应当确定建设工程安全作业环境及安全施工措施所需费用。"

(三) 清单规范中采用的是狭义的综合单价

作为国家标准的《建设工程工程量清单计价规范》GB 50500—2013 在肯定工程造价是市场价前提下，允许绝大多数的费用进行竞争，但是对安全文明施工费、规费和税金明确不得作为竞争费用。

因此，清单规范中的综合单价并不是真正意义上国际上所称的全包括的综合单价，而是不包括安全文明施工费、规费和税金的狭义上的综合单价。

四、误认为政府指导价的原因分析

实践中，工程造价往往被误认为属于政府指导价，其原因主要是以下因素"相互影响、彼此佐证"的结果。

(一) 曾经是政府定价

工程造价性质，随着中国经济形态的变化主要经历过三个阶段，即：

1984 年以前，与计划经济形态相对应的"量、价"均由定额确定的政府定价阶段；

1985～2002 年之间，与计划经济向市场经济形态转变相对应的"量、价分离"（即：数量由政府通过定额确定、价格由市场通过竞争形成）的政府指导价阶段；

2003 年以后，与市场经济形态相对应的"量、价"均由市场竞争形成的市场价阶段。

(二) 现在还设立的相应行政部门

在 2002 年以前，为了制定和执行属于政府定价或政府指导价的工程造价，往往各级地方人民政府或相应的国务院组成部门均设有专门的行政主管部门。

2003 年之后，这些主管部门仍继续对工程造价在市场经济形态中的健康发展起着积极作用，但是，其行政职能已进行了必要调整。无论是这些主管部门，还是其他相关人员，对这些职能的调整往往是认识不够的，因此，很容易将"工程造价"、"政府部门"和"政府定价或政府指导价"三者自然联系在一起，往往就会对"工程造价就是市场价"产生怀疑。

(三) 可调价中也是以合意为前提的

工程造价确定方式之一是可调价。而可调价是指合同总价或单价在合同实施期内，其要素价格按约定可以调整。

虽然，通常的调整因素包括法律和国家政策变化的影响、工程造价管理机构的价格调整等，但是，这也是以当事人合意为前提的，即：法律和国家政策对工程造价的要素价格的影响或者工程造价管理机构对要素价格调整的指导意见若不经过当事人合意是不自然适用的。因此，若将可调价中要素价格通常调整因素误认为强制调整因素，很容易将工程造价认定为政府定价或政府指导价。

(四) 对司法解释条例的逆向推理

法律规定，如果当事人对价款约定不明，按如下情形分别处理：若是市场价，按订立时点的市场价平均价确定；若是政府定价或政府指导价，按政府定价或者政府指导价确定。同时，司法解释还规定，如果承发包双方对设计变更的工程造价不能协商一致，可以参照签订建设工程施工合同时当地建设行政主管部门发布的计价方法或者计价标准结算工程价款。

若按以上条款逆向推理，往往会错误地得出工程造价是政府指导价。事实上，概念的定性不能通过这种逆向推理得出，在明确概念定性前提下，只能通过逆相推理证明其定义的正确，相反，若按顺向推理，能够得出"当地建设行政主管部门发布的计价方法或者计价标准"属于市场价。

五、结语

对承包人而言，为建造相同的建设工程（即：相同的地理位置、相同的施工条件、相同的施工图纸、相同的建设周期）所支付的费用理论上是恒定的，其最终发生的实际费用则主要由承包人自身的管理水平和技术水准所决定。但是，从发包人取得的物化劳动的工程造价数额则是市场竞争的结果，则受供求关系和博弈技巧的影响，因此，无论是法律规定，还是价格体系，均肯定了工程造价属于市场价。

从造价属性来理解"营改增"对承包人的影响

【摘　要】　首先，本文提出区别成本造价及合同造价在当今增值税环境下的必要性，并阐述增值税情形下两者的关系和决定性因素。

其次，本文从营业税和增值税下合同造价的区别出发分析承包人在投标阶段应如何预测合同价款，并对于签约阶段合同造价的约定提出建议。同时，提醒注意成本造价与合同价款的衔接问题。

最后，从《建筑法》宗旨的角度，肯定了增值税对于《建筑法》乃至建筑行业的促进作用，并列举了《刑法》中有关增值税的四个相关罪名予以强调及警示。

【关键词】　营改增；工程造价；市场价

The Impact of "Replacing the Business Tax by Value Added Tax" Policy on Subcontractors from the Prospective of the Nature of Engineering Costs

【Abstract】　First of all, this paper proposes the significance of the cost and the contract value intoday's VAT environment, and expounds the relationship between the two and The decisive factors.
Secondly, this paper analyzes how the contractor should forecast the contract price in the bidding stage from the difference between the contract value of the business tax and the value added tax, and puts forward some suggestions on the contract cost in the contracting stage. At the same time, raises attention to the problem of cost and contract price.
Finally, from the perspective of the purpose of *architecture law*, confirms the promoting role of value-added tax had on the *architecture law* and the construction industry, and lists the four related charges related to value-added tax in the criminal law for emphasis and further warning.

【Keywords】　Replacing the Business Tax by Value Added Tax; Project Cost; Market Price

【前言】

增值税是以商品（含应税劳务）在流转过程中产生的增值额作为计税依据而征收的一

种流转税。从国家层面而言，增值税是以经济手段支撑法律架构，其对建筑法的贯彻实施具有积极影响。如对"非法转包、违法分包、低于成本价"等行为具有天然的抑制效应。

增值税的应纳税额由当期销项税和当期进项税的差额得出，其中销项税受合同造价控制，进项税受成本造价控制。而我们要做的，就是使获得的进项税额最大化。不同项目的"人、材、机"比例决定了进项税比例，能否获得进项税抵扣又与不同的供应商相关。

因此，明确合同价款、合同造价和成本造价这三个价款的概念，在营业税时代已然是工程造价领域的一个重要问题，在营改增后将更加突出。我们也应更重视对于合同价款和成本造价的约定。

一、在增税情况下更有必要区分合同造价和成本造价

笔者一直坚持认为：应当清楚区分合同造价和成本造价。**合同造价**是指承包人保质完成建设工程发包人支付的对价；而**成本造价**是指承包人为了完成保质的建设工程而支付的成本和费用。

除均受具体项目的技术参数影响外，合同造价还主要由工程发包形式、市场供求关系、承发包双方的博弈技巧等左右，并最终在建设工程合同中以计价方式、确定形式、结算方式等条款予以锁定。而成本造价则主要由承包人的管理水平、技术水准等所左右，并最终以与第三方就人工、材料、机械等签订的采购合同予以锁定。由此可见，**合同造价更取决于主观判断，而成本造价更取决于管理水平**。

虽然法律规定在签约过程中，发包人不得迫使承包人以低于成本造价竞价[①]，承包人也不得主动以低于成本造价竞价[②]。但在合同履行完后，仍然可能出现合同造价小于成本造价致使承包人亏本的情况。即：**若签约时合同造价低于成本造价则属于违法行为，若履约后合同造价大于成本造价则属于合法商业行为**。

增值税的特点之一在于按增值额纳税，具体以销项税减进项税来体现。而所谓的**销项税**是指上游企业支付的价款中所包括的增值额，所谓的**进项税**则是本企业支付给下游企业价款中包括的增值税额。由于销项税受合同造价的影响，在建设工程合同中，销项税是以不含税的造价为基数乘以11％来确定的。而因进项税受成本造价所控制，在建设工程合同中，进项税是由承包人支付价款的供应商作为纳税主体控制的。而承包人应纳税额＝销项税－进项税，因此，要使应纳税额最小化的合理途径就是使进项税最大化，而**进项税最大化则完全取决于承包人的内部管理**。

由于在营业税情况下，不管增值与否均完全是以营业额为基础纳税，因此，成本造价的概念往往被人们忽视。而增值税则不同，其进项税额直接关系到承包人实际交纳的税款。故**成本造价的概念的重要性**就凸显出来了，其不仅有理论的必要，更有实际操作上的需要，同时对理解增值税的本质亦起到了积极的作用。增值税下合同价与成本造价的关系见图1。

[①]《建设工程质量管理条例》第十条第一款规定：
"建设工程发包单位**不得迫使承包方以低于成本的价格竞标**，不得任意压缩合理工期。"
[②]《中华人民共和国招标投标法》第三十三条规定：
"**投标人不得以低于成本的报价竞标**，也不得以他人名义投标或者以其他方式弄虚作假，骗取中标。"

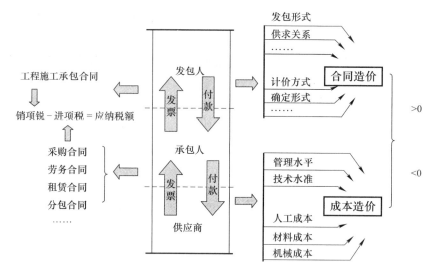

图 1 增值税下合同造价与成本造价的关系

二、承包人在合同造价报价和签约中应明确的几个问题

(一) 营业税与增值税对合同造价的区别

营业税和增值税均属于流转税,但二者的主要区别之一在于营业税是价内税,即:上游企业为其承担的营业税的计算基数中包括其为下游企业支付的营业税,因此存在一个重复征税情况;而增值税是价外税,即:上游企业为其承担的增值税额的计算基数中不包括其为下游企业支付的增值税额,故**不存在重复征税的情况**。

在营业税下的合同造价＝含税税前造价(A)＋应缴税额(B),其中含税税前造价(A)＝税前造价(A_1)＋含税部分（进项税）(A_2)。需要注意的是,所谓"含税"之税是指付款方（即:承包人）为下游企业（主要是指材料供应商、劳务分包、租赁企业等）所支付的营业税额,而"税前"之税是指上游企业（即:发包人）付款方自身（即:承包人）应缴营业税税额。

在增值税下合同造价＝税前造价(A_1)＋$A_1 \times 11\%$,此时的税前造价 A_1 是付款方（即:承包人）为下游企业（主要是指材料供应商、劳务分包、租赁企业等）所支付的不含增值税的价格。而为下游企业（主要是指材料供应商、劳务分包、租赁企业等）所支付的增值税额对承包人而言就是进项税。

承包人开具给上游企业（即:发包人）增值税发票取得相应销项税,而下游企业（主要是指材料供应商、劳务分包、租赁企业等）开具给承包人发票增值税发票可作为进项税。承包人实际应缴税额＝销项税额－进项税额。

(二) 合同造价在投标报价时应注意的问题

合同价款的确定需要经过两个阶段,即投标阶段和签约阶段。营业税情况下因无需将含税税前造价分解为税前造价和含税部分,故含税税前造价相对可测。

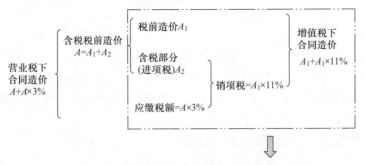

营业税和增值税合同造价构成

但增值税需要将二者分解,故有所不同。在增值税前提下,投标时进项税测定准确与否直接影响承包人中标的可能性和中标后的项目利润率。而由于税金计算方法的变化,建筑企业的工程造价体系也相应调整。故**项目计价的准确度直接影响施工企业能否承接项目**,影响其市场竞争能力。

故在投标报价时,发包人可能有以下三种态度:

(1) 发包人按营业税测算总价,增加费用由承包人消化。且不谈发包人除了房地产企业外还有相当部分非房地产企业,例如:政府、学校、部队等,这些非房地产企业并非一定需要增值税发票作为其进项税额进行抵扣。而即便是房地产企业,也可能由于其在市场供求关系处于强势地位,而要求按原营业税时的总价支付给承包人,由此增加的费用由承包人自己消化。

这种情况下,**承包人应当测算其取得的进项额来决定是否投标**。若测算结算不能消化,则原则上不予投标;反之,可以投标。

(2) 按增值税测算总价,增加费用由发包人消化。若发包人是房地产企业并对增值税的环环相扣理解深刻,同时供求关系相对平衡,则其可能按增值税测算总价且自行消化增加的费用。

这种情况下,在含税税前造价确定前提下,当**承包人对进项税测算**出大于实际取得的进项税额时,投标造价相对较小,则**中标的概率较大**,但履行过程中**亏本的风险也相对变大**;若进项测算小于实际,则相反的投标造价较大,而**中标概率变小**。

(3) 按增值税测算其报价,增加费用由双方消化。这种情况介于前两种情况之间,发包人按增值税测算后,增加费用由双方按一定比例共同消化。

这种情况下,**承包人需要测算其进项额并考虑消化比例从而决定是否投标,若测算结算后的结果仍不能消化,则原则上不予投标**;反之,可以投标。

测算进项税的过程通常包括以下三个步骤:先测算成本造价临界点;再确定未来供应商预计价格;最后测算已有供应商提供进项税额。

(三) 签订相应条款中应注意的几个问题

建设工程合同价款除了合同造价(签约时合同造价工程变更时造价)外,还可能包括索赔款、奖励款(工期奖励款和合理化建议奖励款)、总包配合费、垫资利息、赔偿款(实际损失赔偿款、延期支付利息、预期利润、违约(定)金)。

根据是否具有相应的进项税进行分类，以上款项可分为有进项税、无进项税和不一定有进项税三类。

1. 有进项税款的合同价款

合同造价和协商取得的实际损失赔偿款原则上是有进项税的合同价款。合同造价是承包人保质完成建设工程物化劳动的对价，是以成本造价为基础的合同价款的主要部分。但合同约定时还应**明确是否含税**，并且**应明确约定收款与开票时间和欠款税负赔偿等内容**。

2. 无进项税的合同价款

奖励款（工期奖励款和合理化建议奖励款）、总包配合费、垫资利息、赔偿款（延期支付利息、预期利润、违约（定）金）属于无进项税的合同价款。合同约定时**应特别明确款项是否含销项税**，并约定欠款税负赔偿条款等内容。

3. 有可能无进项税的合同价款

索赔款和判决取得的实际损失属于可能无进项税的合同价款。索赔指非因自身原因而导致工程多花费费用从而向对方要求补偿并取得对方认可的款项。**索赔款不属于工程价款，也不属于违约赔偿款，而是由于建设工程项目的不确定性而根据公平原则增加费用予以补偿的一种请求权**。因此，有可能无进项税。而判决取得的实际损失也有可能无进项税。

另外，涉及其他价款也应特别注意：（1）甲供料。尽可能将"甲供"改变"甲定乙供"或符合"合同相对性"并保证"三流合一"（即票、款、物三流合一）的真正"甲供料"。（2）指定分包。尽可能真正体现"指定分包"的本质或直接发包而支付"总包配合费"从而得到符合"合同相对性"并保证"三流合一"。（3）甲方代扣代缴费用。尽可能约定甲方必须开具增值税发票的条款；否则，在结算中应扣除能耗支出，避免减少税收风险。

合同价款示意见图2。

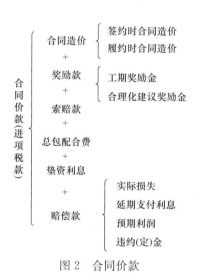

图 2 合同价款

三、承包人在成本造价及与合同价款衔接的几个问题

在营业税的前提下，承包人在管控成本造价时是追求采购成本最小化，而在增值税的前提下，承包人在管控成本造价时追求的是**"综合采购成本最低化"**。

具体应注意如下问题：

首先，供应商的选择原则应尽可能要求**投标方具备增值税一般纳税人资格**。有一般纳税人和小规模纳税人共同参加的，应选择"综合采购成本最低"的采购价格和供应商。其次，在与供应商签订材料采购、机械设备租赁、专业（劳务）分包等合同时应注意明确价款是否**含税款、开具发票的类型、付款取票的时间以及双方纳税的信息等**问题。再次，应将分包商能否**按时提供约定类型发票**作为考核标准之一。

除了与供应商签订成本造价合同应当注意以上几点外，还应当注意**与合同造价的衔接**。由于建设工程合同的性质是有履行顺序的特殊承揽合同，因此，应尤为注意成本造价涉及供应商合同时的衔接问题。

其中主要应注意以下几个方面的衔接。

首先，尽可能**避免代付的三方协议**。虽然民法中允许债权债务的转移或代为履行[①][②]，但由于增值税要求"三流合一"，因此，若出现三方协议的债权债务转移则也必须同时做到"三流合一"，否则可能出现障碍或出现一方不能取得相应的进项税款的情况。为尽量规避上述情况，应尽可能避免出现代付的三方协议。其次，应注意**款项支付的匹配**。在增值税模式下，无论款项是否实际支付，增值税专用发票的开具即意味着相应的税收承担。故除了应尽可能缩小开票时间与支付时间间隔外，**还应当尽可能做到以下几点：（1）分包进度款比例低于总包进度款比例；（2）分包进度款时点晚于总包进度款时点；（3）分包先收票再付款总包先收款再开票。**

另外，还应当注意**违约赔偿和索赔款约定与总包的匹配**等问题。

四、增值税对法律责任的影响

《建筑法》是建设领域法律法规的母法，建设领域所有相关法律法规均源于《建筑法》。而《建筑法》中的各条款又源于其宗旨——保证工程质量和工程安全。与此相对应的就是《建筑法》第五章及第六章的相关条款，为此，国务院特针对这两条宗旨专门制定了《建设工程质量管理条例》和《建设工程安全生产管理条例》两部行政法规。同时，《建筑法》分别在第二章与第三章中对资格和行为（发包和承包）的问题进行了规定。

而"营改增"对《建筑法》保证工程质量和安全的宗旨具有一定的促进作用。

（1）增值税以"增值额纳税"有利减轻为了趋利而牺牲质量的现象。不像营业税以营业额纳税，与盈利无关，亏本还要纳税。暴利原则上不影响纳税额，这不仅不科学，而且不利于减小趋利的动力；

（2）"进项税款"抵扣有利选择合格分包商。由于要取得进项税，承包人往往更希望找一个一般纳税人作为供应商。而一般纳税人通常是较为正规的企业，不像营业税情况

---

① 《中华人民共和国合同法》第六十四条规定：
"**当事人约定由债务人向第三人履行债务的**，债务人未向第三人履行债务或者履行债务不符合约定，应当向债权人承担违约责任。"

② 《中华人民共和国合同法》第六十五条规定：
"**当事人约定由第三人向债权人履行债务的**，第三人不履行债务或者履行债务不符合约定，债务人应当向债权人承担违约责任。"

下，选择供应商更主要考量的是价格而并非企业的规模。

（3）增值税的造价测定基于"不含税造价"，有利于承包人形成成本造价的概念，从而**更注重**企业的内容管理和技术水准的提高，更**有利于**保证工程质量和安全。

（4）"三流合一"有利保证承包权和禁止挂靠和违法分包。"注册地纳税"有利于提高整体管理。

（5）"增值税单独入刑"有利于承包人增强法律意识。法律责任通常分为民事责任、行政责任、刑事责任。其中，刑事责任是最严重的一种法律责任，《刑法》中就增值税的相关刑事罪名有以下四个：

1）虚开增值税专用发票罪。其中包括为他人虚开、为自己虚开、让他人为自己虚开、介绍他人虚开等行为。最低刑为三年以下有期徒刑或者拘役，最高刑可达十年以上有期徒刑或者无期徒刑。

2）伪造、出售伪造的增值税专用发票罪。最低刑为三年以下有期徒刑、拘役或者管制，最高刑可达十年以上有期徒刑或者无期徒刑。

3）非法出售增值税专用发票罪。最低刑为二年以下有期徒刑、拘役或者管制，最高刑可达十年以上有期徒刑或者无期徒刑。

4）非法购买增值税专用发票罪。指非法购买增值税专用发票或者购买伪造的增值税专用发票的行为。最低刑为五年以下有期徒刑或者拘役。若同时触犯上述其他罪名，则数罪并罚。

首先应注意的是，上述罪名存在单位犯罪，且刑法对其单位犯罪采取**双罚制**，即对单位进行处罚的同时对直接负责的主管人员和直接责任人员一并判处刑罚。其次，上述罪名的成立均无犯罪数额的要求，从理论上而已，只要存在上述行为即为**犯罪既遂**。

增值税对法律责任的影响见图3。

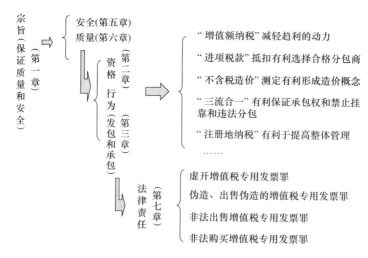

图3 增值税对法律责任的影响

公式剖析承包人利润最大化秘诀

——兼议施工承包企业管理重点的分析

【摘　要】　本文首先建立了公式：承包人利润＝合同价款－成本价款＋销项税款，从剖析公式中三个自变量影响应变量的角度分析使承包人利润最大化的三层面。

然后形成了合同价款和成本价款的组成公式，从而分析了影响合同价款最大化和成本价款最小化的因素并提出专业建议。

最后，归纳影响承包人利润最大化的15个因素。并用公式和图表形式来阐述承包人利润最大化的最终落实的关键点。

【关键词】　工程价款；合同价款

The Key to Profits Maximization of Subcontractors via Formula Analysis

——Additional Analysis on the Management Focus on Construction Subcontractor Companies

【Abstract】　This paper first establishes the formula：Contractor profit＝Contract price－Cost price＋Sales tax，and proceed with the analysis on Contractors' profit maximization from the perspective of the three variables.
Secondly，the papers introduces the price formula of the contract price and project cost，and analyzes the factors of the contract price maximization and cost price minimum and further makes professional recommendations.
Finally，the paper summarizes the fifteen factors that affect the profit maximization of the contractor. And attempts to use the formula and chart form to illustrate the key points to finally realizing the maximized profit of the contractor.

【Keywords】　Project Cost；Contract Price

一、承包人取得利润最大化的三层面

在建设工程合同中，承包人的合同目的就是追求利润最大化。在建筑业营改增完成后，施工承包人的利润与合同价款、成本价款和销项税款呈现如下函数关系：

$$承包人利润＝合同价款－成本价款＋销项税款 \quad (1)$$

由此可以看出，要使承包人的利润最大化，可以从合同价款最大化、销项税款最大化和成本价款最小化这三个层面进行展开：

第一层面是合同价款层面。该层面的法律关系由承包人与对外的发包人签订的建设工程施工合同关系而建立。

第二层面是成本造价层面。该层面由承包人与供应商的采购合同、劳务合同、租赁合同和分包合同等以对外关系以及企业管理的对内关系所建立。

第三层面是增值税层面。在建筑业"营改增"完成后，承包人应以发包人支付的合同价款为基数交纳增值款，而后可以向供应商开具的增值税发票作为销项税进行抵扣。

这三者的逻辑关系如图（1）所示。

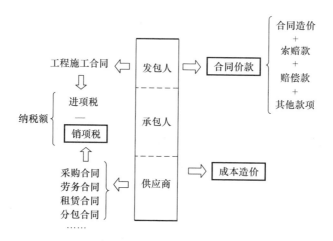

图 1　利润因素构成图

二、第一层面最大化的要点分析

合同价款指承包人保质地完成承建工程后，可根据双方签订的施工承包合同向要求发包人支付的款项。如用公式表示，则合同价款可归纳如下：

$$合同价款＝合同造价＋索赔款＋奖励款＋总包配合费＋垫资利息＋赔偿款 \quad (2)$$

其中：

$$合同造价＝签约时合同造价＋履约时合同造价 \quad (3)$$

$$奖励款＝工期奖励金＋合同化建议奖励金 \quad (4)$$

$$赔偿款＝实际损失＋延期支付利息＋预期利润 \quad (5)$$

综上，公式（2）也可表达如下：

$$\begin{aligned}合同价款＝&签约时合同造价＋履约时合同造价＋索赔款＋工期奖励金\\&＋合同化建议奖励金＋总包配合费＋垫资利息\\&＋延期支付利息＋实际损失＋预期利润\end{aligned} \quad (6)$$

由此可见，合同价款的决定因素最多不过上述 10 个（图 2）。从法律角度而言，承包人欲使合同价款最大化除了不遗漏上述 10 个因素外，还应在正确理解的基础上使其最大化。上述各因素的注意要点如下：

（1）签约时合同造价切忌通过中标备案将招标合意的签约时的合同造价降低；

（2）履约时合同造价切忌将签约时的计价方式与其混淆；

（3）索赔款切忌将其与违约赔偿和履约时合同造价混为一谈；

（4）工期奖励金应在发包人提出工期违约时一并提出；

（5）合理化建议奖励金应当主动向发包人提出以显示承包人的专业化水平；

（6）总包配合费只要不属于承包范围内的工程项目而需要承包人作出一定的配合行为，原则上就属于总包配合费；

（7）垫资利息应遵循"有约定有利息，无约定无利息"的原则[1]；

（8）延期支付利息包括进度款延期支付的利息、竣工结算余款延期支付的利息[2]；

（9）实际损失源于发包人违约造成承包人损失，承包人故有权向发包人提出赔偿，因此应当注意相关证据的收集；

（10）预期利润应在报价中明示从而使发包人事前知道其违约会使承包人利润受损的程度[3]。

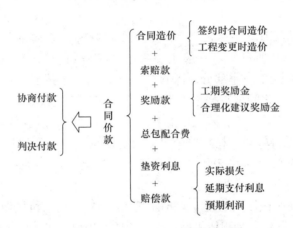

图 2　合同价款构成图

---

[1]《最高人民法院关于审理建设工程施工合同纠纷案件适用法律问题的解释》第六条规定：
"当事人对垫资和<u>垫资利息有约定</u>，承包人请求按照约定返还垫资及其利息的，<u>应予支持</u>，但是约定的利息计算标准<u>高于中国人民银行发布的同期同类贷款利率的部分除外</u>。
当事人对垫资<u>没有约定的，按照工程欠款处理</u>。
当事人对垫资利息<u>没有约定，承包人请求支付利息的，不予支持</u>。"

[2]《最高人民法院关于审理建设工程施工合同纠纷案件适用法律问题的解释》第十八条规定：
"利息从<u>应付工程价款之日计付</u>。当事人对付款时间没有约定或者约定不明的，下列时间视为应付款时间：
（一）建设工程已实际交付的，<u>为交付之日</u>；
（二）建设工程没有交付的，<u>为提交竣工结算文件之日</u>；
（三）建设工程未交付，工程价款也未结算的，<u>为当事人起诉之日</u>。"

[3]《中华人民共和国合同法》第一百一十三条规定：
"当事人一方<u>不履行合同义务或者履行合同义务不符合约定</u>，给对方造成损失的，损失赔偿额应当相当于因违约所造成的损失，<u>包括合同履行后可以获得的利益，但不得超过违反合同一方订立合同时预见到或者应当预见到的因违反合同可能造成的损失</u>。"

三、第二层面最小化的要点分析

笔者认为：发包人不应将合同造价等同于合同价款；而承包人应当区分合同价款和成本造价。

合同价款是包括合同造价的承包人有权要求发包人支付的价款总和。而合同造价指承包人保质完成建设工程后发包人支付给该物化劳动的对价；成本造价指承包人为完成保质的建设工程其支付的所有成本和费用。

通常而言，发包人只关心合同价款，即：在按时保质完成建设工程的前提下，其支付的合同价款越低越好。而承包人不仅要关心合同价款，也要关心成本造价，即：在按时保质完成建设工程的前提下，除收取的合同价款越高越好外，其支付成本造价还应越低越好。

上述所指成本造价，其主要由承包人的管理水平、技术水准等决定，并最终主要通过承包人与第三方签订的各项采购合同予以锁定。下列公式可较为清晰地体现其组成：

$$成本造价 = 人工费用 + 材料费 + 机械台班费用 + 管理费用 \qquad (7)$$

由此可见，成本造价主要由上述四因素决定，而如欲使其最小化，则应主要注意以下几点：

（1）人工费用受人工比率、人工效率和人工单价影响。通常而言，人工单价往往受当时当地的用工的供求关系所影响，一般主要由市场和政策所决定，承包人左右的空间不大。承包人应重视的是人工效率部分。因其受承包人的员工技能、总体素质和管理水平等因素影响，故不同承包人之间该数据参差不齐。而人工比率是决定人工费用最主要的因素，但只要承包人坚持"工厂化生产、装配化施工、一体化装修"等，则其自然会有所下降。

（2）材料费用受材料单耗、材料单价等因素的影响。最终的材料费用除了受承包人的技术程度、员工技能和管理水平等因素影响外，更与市场供求关系、采购渠道、博弈技巧、签约技巧等因素有关。

（3）机械台班费受机械使用的数量、折旧程度或租赁费用、机械使用效率等影响。若是自有机械，则受折旧程度；若是租赁机械，则受租赁费用以及机械使用效率等因素有关。

（4）管理费用受管理人员数量、管理效率以及管理水平等因素的影响。

综上，成本造价主要通过承包人支付给供应商的价款体现，其支付依据的合同可能是采购合同，也可能是租赁合同，分包合同或劳务合同等。

成本造价构成见图3。

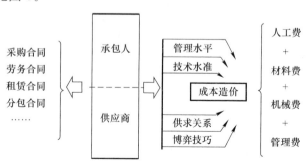

图3 成本造价构成图

四、第三层面最大化的要点分析

增值税的特点之一在于按增值额纳税,具体以销项税减进项税来体现。所谓的"销项税"是指上游企业支付的价款中所包括的增值额,而所谓的"进项税"则是指本企业支付给下游企业的价款中所包括的增值税额。

由于销项税受合同造价的影响,故在建设工程合同中,销项税通过以不含税的造价为基数乘以11%的方式予以确定。而因进项税受成本造价影响,在建设工程合同中,进项税由供应商作为纳税主体,而承包人应纳税额=销项税-进项税。

而基于公式(1),在"营改增"日渐成熟的今天,承包人欲使利润最大化,除应使合同价款最大化和成本价款最小化外,还应使进项税款最大化。而进项税最大化则取决于承包人的内部管理。

如果说,营业税的情况下,承包人管控成本造价是追求"采购成本最小化"。那么在增值税的今天,承包人管控成本造价追求的应是"综合采购成本最低化"。就与供应商签订成本造价合同部分,应注意如下几点:

首先,对于供应商的选择,应尽可能要求其具备增值税一般纳税人资格。有一般纳税人和小规模纳税人共同参加的,应选择"综合采购成本最低"的采购价格和供应商。其次,在与供应商签订材料采购、机械设备租赁、专业(劳务)分包等合同时应注意明确价款是否含税款、开具发票的类型、付款取票的时间以及双方纳税的信息等问题。再次,应将分包商能否按时提供约定类型发票作为考核标准之一。

除此之外,还应当注意与合同造价的衔接。由于建设工程合同是有履行顺序的特殊承揽合同,故应尤为注意成本造价涉及供应商合同时的衔接问题。

首先,由于增值税要求"三流合一",即:票、款、物三流合一,故应尽可能避免代付的三方协议。若实在无法避免,也应约定必须同时做到"三流合一",否则可能出现障碍或出现一方不能取得相应进项税款的情况。其次,应注意款项支付的匹配问题。在增值税模式下,无论款项是否实际支付,增值税专用发票的开具即意味着相应的税收承担。故除了应尽可能缩小开票时间与支付时间的间隔外,还应当尽可能做到以下几点:①分包进度款比例低于总包进度款比例;②分包进度款时点晚于总包进度款时点;③分包先收票再付款总包先收款再开票。

五、结语

承包人利润=合同价款-成本价款+销项税款
合同价款=合同造价+索赔款+奖励款+总包配合费+垫资利息+赔偿款
合同造价=签约时合同造价+履约时合同造价
奖励款=工期奖励金+合理化建议奖励金
赔偿款=实际损失+延期支付利息+预期利润
成本造价=人工费用+材料费+机械台班费用+管理费用

由上述公式可以得出：

承包人利润＝签约时合同造价＋履约时合同造价＋索赔款＋工期奖励金

　　　　　＋合理化建议奖励金＋总包配合费＋垫资利息＋实际损失

　　　　　＋延期支付利息＋预期利润－（人工费用＋材料费

　　　　　＋机械台班费用＋管理费用）＋销项税款　　　　　　　　（8）

综上，承包人利润最大化可从三个层面予以追求，即：合同价款最大化；销项税款最大化；成本价款最小化，并通过上述 15 个因素予以具体落实。

正确理解"固定价不予鉴定"的法律规定

——浅议《最高人民法院关于审理建设工程施工合同纠纷案件适用法律问题的解释》第二十二条的规定

【摘　要】 本文在对正确理解"固定价不予鉴定"分析的基础上,提出固定总价的三种情形的造价等式,并着重分析了在建工程固定总价的造价等式,即:在建工程价款＝固定总价款－未完工程造价±工程追加合同价款。

【关键词】 固定总价；在建工程

To Correctly Understand the Legal Regulations of "No Appraisal for Fixed-priced Construction Projects"

——Comments on the Regulations of Clause 22 in the *Interpretation of the Supreme People's Court on Issues Concerning the Application of Law for the Trial of Cases of Dispute over Contracts on Undertaking Construction Projects*

【Abstract】 Based on the correct understanding of the "No Appraisal for Fixed-priced Construction Projects", this paper puts forward the cost equation of the three scenarios of fixed total price, and analyzes the cost equation of the fixed price for in progress construction projects, namely are: In-progress project cost＝Fixed total price-Unfinished project cost±Project additional contract price.

【Keywords】 Fixed Total Price; In-progress Project

【前言】

工程价款的确定形式主要有：可调价、固定价和成本加酬金价三种。无论采取何种形式,均是承发包双方当事人的合意的结果,理应得到尊重。其中,对于工期比较短、造价比较少、图纸设计深度比较深的简单建设工程项目,可以考虑采用固定价的价款确定形式,俗称为"包死价",根据"包死"的程度不同,"包死价"可分为两种：一种是价与量作为一个整体"包死",这就是所谓的"固定总价"的价款确定形式；另一种是仅仅价格"包死",这就是所谓的"固定单价"的价款确定形式。

如果采用固定价的条件不很充分或者施工期间的建材变化较大等情形的,承包人往往会找出各种各样的理由要求对"固定价"进行"鉴定",或进行"审价",或进行所谓的"评估"等,其实质只有一个,即:使"包死价""包而不死",其目的也是明确的,即:以鉴定为手段,改变约定的固定价为可调价的价款确定形式,从而达到"包死价"变为"可调价"的结果。

一、对固定价不予鉴定的正确理解

《最高人民法院关于审理建设工程施工合同纠纷案件适用法律问题的解释》第二十二条规定:强调如果合同约定以固定价结算工程款的,建设工程施工合同中的当事人任何一方提出所谓的造价鉴定,法院均不予支持①。

首先,该规定的实质是从正面强调应当尊重承发包双方当事人对固定价的合意。因为,属于民法范畴的《建筑法》,虽然强制性规定相对较多,但是这些强制性规定主要是为了保证建设工程质量和安全,总体而言,还是主要遵循"意思自治"原则的,对承发包双方当事人的"你情我愿"的计价标准或造价确定形式的约定,《建筑法》一般不予干涉。所以,在建设工程施工合同中,承发包双方选择何种价款确定形式完全由承发包双方当事人决定。相反,法律明确规定:"当事人对建设工程的计价标准或者计价方法有约定,按照约定结算工程价款。"因此,最高院关于"固定价不予鉴定"的规定,不仅不是对当事人意思自治的干涉,恰恰是以司法解释的形式正面并具体地肯定了当事人"固定价"的约定。

其次,该规定则更充分、更全面地体现了"公平原则",通常情况下,要求打开"包死价"进行"鉴定"的动因往往是建筑材料等涨价所至。但是,提出时却往往以寻求"公平原则"为借口,名曰:因为建筑材料涨价,如果按"包死价"结算工程价款,背离了民法的"公平原则"。因此,要求进行"鉴定"以达到相对公平的结果。所谓"公平原则"是指在民事活动中以利益均衡作为价值判断标准来评判民事主体之间的利益关系是否均衡合理的原则。但是,必须强调的是评判是否公平的时间节点必须是在双方当事人确立权利和义务时,即:在当事人订立合同时②,而绝非在权利和义务履行完毕后。如果对这一点不明确的话,将会使商业风险与公平原则混为一谈,出现所谓的追求"公平"的过程,其结果是出现真正的不公平。只要在订立建设工程施工合同时,承发包双方确定的固定价是公平的,当事人就应当遵循诚实信用的原则完全、充分和适当地履行双方的各自权利和义务。履行后的结果不外于两种情形:第一种情形是按固定价确定的工程造价低于市场通常建造同样工程的工程造价,二者的差额实属商业风险,理应由承包人承担;第二种情形是按固定价确定的工程造价高于市场通常建造同样工程的工程造价,二者的差额实属超额利润。超额利润与商业风险是对应的,所以,第一种情形,相对当时市场

---

① 《最高人民法院关于审理建设工程施工合同纠纷案件适用法律问题的解释》第二十二条规定:
"当事人约定按照固定价结算工程价款,一方当事人请求对建设工程造价进行鉴定的,不予支持。"
② 《中华人民共和国合同法》第五十四条第(二)项规定:
"下列合同,当事人一方有权请求人民法院或者仲裁机构变更或者撤销:
(二)在订立合同时显失公平的。"

通常的工程造价，发包人确实是少付了一部分工程款，但是，第二种情形，则是发包人多付了一部分工程款，对发包人而言，这两者是对应的，而这两者的对应的结果对承包人而言则是超额利润与商业风险的结果。因此，作为一个整体而言是均衡的、公平的。

再次，该规定以强调"诚实信用"肯定了工程造价具有契约性的特点。诚实信用是一高度抽象的概念，其内涵和外延具有很大的伸缩性①。但是有一点是明确的，即："不违法的承诺必须遵守。"俗话说："说话算数。"又因为完全相同的一个建设工程项目，由于承发包双方对法律体系的了解程度不同，对招标文件的要约人数的不同、商业博弈结果的不同，对履行过程中的造价控制程度不同等，最终的竣工结算造价有很大的差异，这充分地说明工程造价兼有技术性和契约性。一般而言，"固定价"尤其是以"固定总价"的价款形式确定工程造价的契约性体现地更充分些。而该规定在肯定了工程造价的契约性的同时，要求承发包双方本着"诚实信用"的原则按约定结算工程价款。

二、固定价三个工程价款等式的分析

该规定只是定性地肯定了：当事人已约定按"包死价"进行结算的，则应遵循"诚实信用"原则，完全、充分和适当地履行。但是，"理论是苍白的，现实才是丰富多彩的"，由于建设工程项目的不确定性等特点，在实务过程中，固定价的表现形式也是多种多样的，现以"固定总价"为例，来具体分析不同情况下工程造价的等式。

（一）未出现工程变更的工程价款等式：竣工结算价款＝固定总价款情形

如果当事人在建设工程施工合同中约定按固定总价结算价款，在合同履行过程中并未出现工程变更的情况，当合同履行完毕后，工程竣工结算款就等于当时约定的固定总价，则存在以下等式：

$$工程竣工结算价款＝固定总价款$$

一般情况下，承发包双方当事人要求对固定总价申请鉴定，法院不予支持。

（二）出现工程变更的工程价款等式：竣工结算价款＝固定总价款±工程追加合同价款

由于建设工程项目的不确定性、在施工过程中经常会出现设计变更、进度计划变更、施工条件变更，以及发包人提出的"新增工程"②等变更。承发包双方当事人约定按固定总价作为工程价款的确定形式是基于签订合同时的承包范围等前提的。因此，超出建设工程施工合同约定幅度范围外的工程变更，理应计算工程价款，并"因设计变更导致建设工程的工程量或者质量标准发生变化"，当事人应当对该部分工程价款进行约定，因此，该

---

① 李仁玉主编.《民法》2001年全国律师资格考试指定用书. 第4页.
② 邱元拔主编.《工程造价概论》. 经济科学出版社，2002年，第355页.

部分的工程价款的计价方式和确定形式并非一定与承包范围内的计价方式和确定形式一样①。

工程变更引起的工程价款一般以工程追加合同价款的形式表现。所谓工程追加合同款是指在合同履行中发生需要增加合同价款的情况，经发包人确认后所增加的合同价款。

如果当事人在建设工程施工合同中约定按固定总价结算价款，在合同履行过程中出现了工程变更的情况，当合同履行完毕后，工程竣工结算款就等于当时约定的固定总价与工程追加合同款的之和，则存在以下等式：

工程竣工结算价款＝固定价款±工程追加合同价款

工程追加合同价款＝工程设计变更增减的工程价款±工程增减而引起的增减的工程价款±施工条件变更增减的工程价款±工程索赔的工程价款

如果承发包当事人对追加款约定不明确，申请就追加款进行鉴定，完全合情合理，法院理应支持。与整个合同约定的按固定价结算工程款的原则并不矛盾。但不应因此对固定价进行所谓的鉴定。

（三）出现工程变更的在建工程的工程造价等式：在建工程价款＝固定总价款－未完工程造价＋工程追加合同价款

建设工程施工合同终止的常态是承发包双方按约履行完毕各自义务。但是，在实际情况下，还存在施工承包合同由于各种原因而被解除的非常态的合同终止，又因为，施工承包合同的解除无溯及既往的效力，所以，法律的规定：工程质量合格的在建工程按照被解除的施工承包合同中的约定进行计价②。

在实务中，以固定总价确定工程价款的一般做法是：在招标时由投标人向招标人递交投标报价清单，招标人对工程量计算错误承担风险，招标人最终确定中标人。如果被解除的建设工程施工合同中对工程价款的确定形式是采用固定总价，往往当事人的一方需要申请工程造价鉴定以确定已完工程的工程价款。这种情况的工程价款的鉴定应该是允许的。

在计算在建工程价款时，通常情况下，存在两种计算程序：第一种计算程序就是单价按报价单中的单价，工程量则按承包人实际完成的数量，进行所谓的"按实结算"。这种结算方式存在如下等式：在建工程价款＝按实结算的价款。似乎这种结算方式"天经地义"，但笔者认为至少存在以下三个问题：

（1）"按实结算"在建工程，无形中将约定的"固定总价"改变为"可调价"。势必将工程量计算的误差风险无形中转移至发包人，这种专业的计价程序来改变当事人的合意，重新分配当事人的权利和义务显然与工程价款鉴定单位的工作性质不符。

（2）"按实结算"在建工程，无形中将承包人可能未按图施工的瑕疵责任不仅免除，而且还"按实结算"给其价款，这种做法于情于理均无法通过。

---

① 《最高人民法院关于审理建设工程施工合同纠纷案件适用法律问题的解释》第十六条第二款规定：
"因设计变更导致建设工程的工程量或者质量标准发生变化，当事人对该部分工程价款**不能协商一致的，可以参照**签订建设工程施工合同时当地建设行政主管部门发布的计价方式或者计价标准结算工程价款。"

② 《最高人民法院关于审理建设工程施工合同纠纷案件适用法律问题的解释》第十条第一款规定：
"建设工程施工**合同解除后，已经完成的建设工程质量合格的**，发包人应当**按照约定支付相应的工程价款**；已经完成的建设工程质量不合格的，参照本解释第三条规定处理。"

(3)"按实结算"在建工程，有可能将确实是实际完成的，但根据法律规定或双方约定缺乏合法要件而不应计价的而给予计价的"审代判"的做法不仅是对当事人合意的不尊重，而且也否定工程造价的契约性的特点。

为了避免"按实结算"所产生的以上问题，笔者认为：在建工程的工程价款的计算应当在固定总价的基础上扣除未完工程量所对应的工程造价再加上工程变更确认的追加工程价款，即：在建工程的工程造价＝固定价款－未完工程量的价款±工程追加合同价款。

固定总价的造价等式归纳见图1。

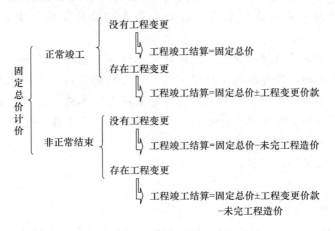

图1　固定总价的造价等式归纳图

浅议建设工期与工程造价的关系

【摘　要】　首先，通过分析法律规定和实务操作，本文认为建设工程施工合同是先由承包人"按时保质"完成建设工程，后由发包人"按时足额"支付工程价款的双务合同。

其次，本文认为由于"按时保质"完成建设工程是承包人的义务，若承包人不能证明发包人造成工期顺延的，实际工期与约定工期之差的延误工期之责由承包人承担。

最后，在简要介绍了合同造价和成本造价的基础上，本文认为工期对工程造价的影响具体是通过合同造价和成本造价来反映的，并且这种反映基于合同造价确定形式的不同而有所不同。

【关键词】　建设工期；工程造价；延误工期

An Analysis of the Relationship between Construction Period and Engineering Costs

【Abstract】　First of all, by analyzing the legal provisions and practical operations, this paper believes that the construction contract is a two-way contract, under which the contractor shall complete the construction project "timely and qualified", then, the contractor pay the project cost "on time and in full".

Secondly, this paper argues that it is the contractor's obligation to complete the construction project the "timely and qualified". If the contractor can't prove that the contractor has delayed the construction period, the contractor shall bear the delay of the actual construction period and the agreed construction period.

Finally, based on the brief introduction of contract price and cost price, this paper argues that the impact of construction period on project cost is reflected by contract price and cost price, and this reflection is based on the different forms of contract cost.

【Keywords】　Construction Period; Project Cost; Construction Period Delay

一、建设工程施工合同是有履行顺序的双务合同

《合同法》不仅在分则第十六章〈建设工程合同〉中规定："先由承包人按时保质完成

建设工程，后由发包人按时足额支付工程价款①"且在分则第十五章〈承揽合同〉中也明确规定："先由承揽人完成工作成果，在其交付成果时，定作人履行付款义务②。"因此，无论从特殊承揽合同的角度③，还是从有名的建设工程合同的角度，《合同法》都反映出建设工程合同具有"承包人先履行，发包人后履行"这一特点。

由于建设工程的周期较长，在实务中，往往会采用支付预付款和进度款的方式缓解承包人资金的压力。就上述两种款项的支付而言，其具体的常规操作是：（1）发包人先予支付"预付款"，在之后的"进度款"中抵扣相应数额；（2）发包人支付"进度款"是以承包人完成前一节点工程为前提的。由此，上述款项支付的表征也均证明：建设工程合同是一种先由承包人"按时保质"完成建设工程，后由发包人"按时足额"支付工程款的特殊承揽合同。

先由承包人完成建设工程，后由发包人支付价款的过程如图1所示。

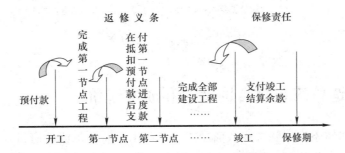

图1 承包人先建设发包人后支付过程示意图

二、承发包双方确定未按时完成建设工程的责任的方式

以建设工程施工合同而言，因工程未按时完工（即：实际工期大于约定工期）的责任主体只能是发包人或承包人。若责任主体是发包人，则实务中通常以"顺延工期"来表达；若责任主体是承包人，则实务中通常以"误延工期"来表达。因此，从理论上看，存在以下等式：实际工期－约定工期＝Σ顺延工期＋Σ延误工期。

先由承包人"按时保质"完成建设工程，后由发包人"按时足额"支付工程价款。前者的"时"是指建设工程的"节点工期"和"建设工期"，后者的"时"是指支付建设工程"进度款"和"竣工结算余款"的时间。由于"按时保质"完成建设工程的义务属于承包人，因此，当实际工期大于约定工期时，若承包人不能证明存在顺延工期的，则实际工

---

① 《中华人民共和国合同法》第二百七十九条规定：
"建设工程竣工后，发包人应当根据施工图纸及说明书、国家颁发的施工验收规范和质量检验标准及时进行验收。**验收合格的，发包人应当按照约定支付价款，并接收该建设工程**。建设工程竣工经验收合格后，方可交付使用；未经验收或者验收不合格的，不得交付使用。"

② 《中华人民共和国合同法》第二百六十三条规定：
"定作人应当按照约定的期限支付报酬。对支付报酬的期限没有约定或者约定不明确，依照本法第六十一条的规定仍不能确定的，**定作人应当在承揽人交付工作成果时支付**；工作成果部分交付的，定作人应当相应支付。"

③ 《中华人民共和国合同法》第二百八十七条规定：
"本章（合同法第十六章〈建设工程合同〉）**没有规定的，适用承揽合同的有关规定**。"

期与约定工期之差的责任均由承包人承担;若承包人能证明顺延工期之和等于实际工期与约定工期之差的,则实际工期与约定工期之差的责任均由发包人承担;若承包人仅能证明部分顺延工期的,则发包人承担顺延工期部分的责任,对于其余的工期延长由承包人承担相应责任。

未按时完工责任关系如图2所示。

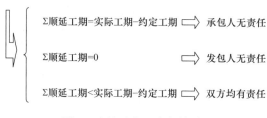

图2 未按时完工责任关系

三、工程造价应包括合同造价和成本造价

当今中国价格体系中,除极少数商品或服务采用政府定价或政府指导价外,其余绝大多数的价格均属于市场价[①]。而建设工程施工合同中的工程造价不具备属于"关系到国计民生或稀缺垄断等的商品或服务"[②] 这一必要条件,且其在程序上也未满足"被列入国家或地方的定价目录"[③] 这一充分条件。同时,由于《建筑法》已对于施工承包合同中的工程造价属于市场价予以明确[④],认定其具有明显的契约性。因此,其通常被称为"合同造价"(设用 A 表示),且最终数额主要由发包形式、供求关系、博弈技巧所决定,并需要通

---

① 《中华人民共和国价格法》第三条第一款规定:
"国家实行并逐步完善宏观经济调控下主要由市场形成价格的机制。价格的制定应当符合价值规律,大多数商品和服务价格实行市场调节价,<u>极少数商品和服务价格实行政府指导价或者政府定价</u>。"
② 《中华人民共和国价格法》第十八条规定:
"下列商品和服务价格,政府在<u>必要时可以实行政府指导价或者政府定价</u>:
(一)与国民<u>经济发展</u>和<u>人民生活关系重大</u>的极少数商品价格;
(二)<u>资源稀缺</u>的少数商品价格;
(三)自然<u>垄断经营</u>的商品价格;
(四)<u>重要的公用事业</u>价格;
(五)<u>重要的公益性服务</u>价格。"
③ 《中华人民共和国价格法》第十九条规定:
"<u>政府指导价、政府定价</u>的定价权限和具体适用范围,以中央的和地方的<u>定价目录为依据</u>。
<u>中央定价目录由国务院价格主管部门制定、修订,报国务院批准后公布</u>。
地方定价目录由省、自治区、直辖市人民政府价格主管部门按照中央定价目录规定的定价权限和具体适用范围制定,<u>经本级人民政府审核同意,报国务院价格主管部门审定后公布</u>。
省、自治区、直辖市人民政府<u>以下各级地方人民政府不得制定定价目录</u>。"
④ 《中华人民共和国建筑法》第十八条第一款规定:
"<u>建筑工程造价</u>应当按照国家有关规定,由发包单位与承包单位<u>在合同中约定</u>。公开招标发包的,其造价的约定,须遵守招标投标法律的规定。"

过工程价款的计价方式、工程价款的确定形式、竣工后的结算办法、索赔的具体程序等条款约定。

承包人为完成物化劳动所支付具有成本性质的造价往往被称为"成本造价"（设用 B 表示）。为了保证工程质量，法律不仅不允许发包人要求合同造价低于成本造价[①]，也不允许承包人以低于成本造价的合同造价报价[②]。一般而言，成本造价与某一承包人的技术水平和管理水准有关。而从理论方面来说，某一特定承包人在某一特定时期建造某一特定建设工程的成本造价是恒定的，但其合同造价则具有不确定性，主要受发包方式、供求关系以及承发包双方博弈技巧的差异所决定。若 $A-B>0$，则承包人就赢利；若 $A-B<0$，则承包人就亏本。

合同造价与成本造价关系如图（3）所示。

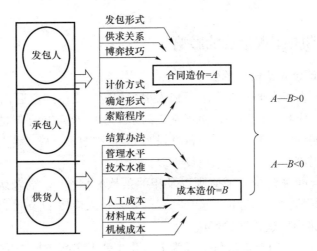

图3 合同造价与成本造价关系图

四、建设工期对工程造价的影响

约定工期与实际工期不符对工程造价的影响具体通过合同造价和成本造价来反映。这种反映基于合同造价确定形式的不同而有所不同，且根据顺延工期和延误工期的不同，承发包双方的权利和义务分配亦有所不同。

（一）顺延工期对工程造价的影响

1. 按可调价确定合同造价时的影响

以可调价方式确定合同造价时，通常其调整范围包括对原价格的调整。因此，由于顺

---

① 《建设工程质量管理条例》第十条第一款规定：
"建设工程发包单位**不得迫使承包方以低于成本的价格竞标**，不得任意压缩合理工期。"
② 《中华人民共和国招标投标法》第三十三条规定：
"**投标人不得以低于成本的报价竞标**，也不得以他人名义投标或者以其他方式弄虚作假，骗取中标。"

延工期而造成成本造价涨价的因素通常在可调范围中已予以调整完毕①。

但是，由于顺延工期所造成承包人在现场的停工、窝工、倒运、机械设备调迁、材料和构件积压等损失和实际费用②，以及由于顺延工期导致迟于约定时间支付的进度款和竣工结算余款而产生的相应利息③应当由发包人承担。

2. 按固定价确定合同造价时的影响

除非承发包双方有约定，否则在通常情况下以固定价方式确定合同造价的，其总价（或单价）是不予调整的。

但是，由于顺延工期造成的成本造价的上涨部分（＝实际工期对应的成本造价－约定工期对应的成本造价）应由发包人承担。同时，因顺延工期而造成承包人在现场的停工、窝工等损失和实际费用以及迟于约定时间支付工程款所产生的相应利息也应当由发包人承担。

（二）延误工期对工程造价的影响

1. 按可调价确定合同造价时的影响

如果延误工期，发包人通常在要求承包人承担相应工期违约金后仍按实际工期所计算出的合同造价支付相应款项，但是，由于基于约定工期所计算出的合同造价（设为 C）并非等于基于实际工期计所算出的合同造价（设为 D），则若 $D>C$，就合同造价而言，承包人会因其违约而得到该部门的利益（＝$D-C$）。

因此，根据《合同法》的公平原则以及相关条款的精神④，笔者认为：若 $D>C$，发包人应当按 C 支付相应的合同造价；若 $D<C$ 时，发包人应按 D 支付相应的合同造价。

2. 按固定价确定合同造价时的影响

虽然约定工期内完工的成本造价（设为 E）并非等于实际工期内完工的成本造价（设为 F）。但是，无论 $F<E$，还是 $F>E$，均由承包人自己承担。因此，结果是公平的。

因此，如果延误工期，发包人在要求承包人承担相应工期违约金后，按固定价款支付是合理的。

---

① 《建设工程价款结算暂行办法》第八条第（三）项规定：
"发、承包人在签订合同时对于工程价款的约定，可选用下列一种约定方式：
（三）**可调价格**。可调价格包括可调综合单价和措施费等，双方应在合同中约定综合单价和措施费的调整方法，**调整因素包括**：
1. **法律、行政法规和国家有关政策变化影响合同价款**；
2. **工程造价管理机构的价格调整**；"
② 《中华人民共和国合同法》第二百八十四条规定：
"因**发包人的原因致使工程中途停建、缓建的**，发包人应当采取措施弥补或者减少损失，赔偿承包人因此造成的停工、窝工、倒运、机械设备调迁、材料和构件积压**等损失和实际费用**。"
③ 《最高人民法院关于审理建设工程施工合同纠纷案件适用法律问题的解释》第十七条规定：
"当事人**对欠付工程价款利息计付标准有约定的，按照约定处理**；没有约定的，按照中国人民银行发布的同期同类贷款利率计息。"
④ 《中华人民共和国合同法》第六十三条规定：
"执行政府定价或者政府指导价的，在合同约定的交付期限内政府价格调整时，按照交付时的价格计价。**逾期交付标的物的，遇价格上涨时，按照原价格执行**；价格下降时，按照新价格执行。**逾期提取标的物或者逾期付款的，遇价格上涨时，按照新价格执行**；价格下降时，按照原价格执行。"

五、结语

按约定工期完成建设工程虽然是承发包双方共同追求的目标,但由于建设工程的不确定性,往往实际工期并非等同于约定工期。因此,研究工期对造价的影响就显得很有必要。事实上,人们往往更注重质量对造价的影响而忽视工期对造价的影响。本文希望能起到抛砖引玉的作用,以期引起众多人对这一问题的关注。

不同主体签署的工程签证的法律效力及应对策略

【关键词】 工程签证；法律效力

The Legal Effect on the Construction Verification Form Signed by Different Parties and Relevant Tackling Strategies

【Keywords】 Project Verification Form; Legal Effect

【前言】

建设工程的合同文件除总包合同外还有一项重要的组成部分，即工程签证。工程签证是指在施工合同实际履行过程中，承发包双方根据合同的约定，就费用补偿、工期顺延以及因各种原因造成的损失赔偿达成的补充协议。这种补充协议是工程结算、索赔以及争议解决的重要凭据。

一、工程签证的产生

工程签证的产生在实践当中具有其必然性。由于建设工程项目的"不确定性"——即由于建设工程项目具有参与主体较多、时间较长、工序较繁等客观特点，在建设工期过程中，可能是发包人的原因、也可能是承包人的原因，还可能是第三人的原因，当然也可能是自然条件的原因等，导致不得不对原拟定的工程质量、工程标准、工程进度等进行动态的变更或调整。而这种动态变化主要是通过工程变更来实现的。

根据工程变更产生主体的不同，工程变更一般可分为以下4种：（1）发包人为改变使用功能或提高建造标准或增大建造规模或基于客观条件等所提出的工程变更；（2）设计单位为了修正或完善原设计而提出的设计变更；（3）承包人鉴于现场情况的施工条件或遇到不可预见的地质情况等而提出的工程变更；（4）第三人出于相邻权或其他原因而提出的工程变更。

根据工程变更的具体内容，工程变更一般可分为以下4种：（1）因设计变化的工程变更；（2）因工程进度变化的工程变更；（3）因施工现场条件变化的工程变更；（4）因工程项目增减变化的工程变更。

由此可见，建设工程的不确定性在项目实施阶段主要是以工程变更的形式表现出来的，工程变更又往往涉及承发包双方的权利义务的重新分配，而这一切主要是通过工程签证的形式体现的。因此,建设工程项目的不确定性最终是落实到工程签证上的。又因为工程签证兼有契约性和专业性的特点,工程建设项目的不确定性,最终会影响到工程造价、工程期限等。

二、不同主体签署的法律效力分析

工程签证是建设工程合同的重要组成部分,因此,判断合同是否有效的原则与标准就是判断工程签证的原则与标准。实务中,签订建设工程施工承包合同通常使用的是住房和城乡建设部的示范文本,而在该示范文本中,履行发包人行使签证的主体主要是工程师,而该工程师包括:监理单位委派的总监理工程师或发包人指定的履行本合同的代表即现场代表。

然而,现场代表和监理工程师这二者是基于不同的法律关系取得相应的职权的。因此,如果工程师在签署工程签证时,出现超越其约定的权限签署的情况时,作为现场代表的工程师与作为监理单位的工程师其法律后果是不完全相同的。前者是基于职务行为而取得相应的职权,其越权属于职务行为越权;而后者是基于委托行为而取得相应的职权,其越权则可能构成民法理论中的表见代理。为了更好地分析不同主体签署工程签证的效力,我们首先需要对这两个概念加以界定。

职务行为通常是指工作人员行使职务的行为,是履行职责的活动,与工作人员的个人行为相对应。《民法通则》第43条规定:企业法人对它的法定代表人和其他工作人员的经营活动承担民事责任。由此我们可以得出,职务行为的认定依据即判断是否属于"经营活动"。换言之,企业法定代表人或工作人员在经营活动范围内所为的一切行为,都应视为法人的行为。职务行为又分为职务代表和职务代理。法定代表人、其他组织的负责人以法人或者其他组织的名义从事经营活动的,构成职务代表;法人或者其他组织的工作人员就其职权范围内的事项以法人或其他组织名义从事经营活动的构成职务代理。

表见代理是指行为人虽无代理权,但由于本人的行为,造成了足以使善意第三人相信其有代理权的表象,而与善意第三人进行的、由本人承担法律后果的代理行为。表见代理实质上是无权代理,若无权代理行为均由被代理人追认决定其效力的话,会给善意第三人造成损害,因此,在表见的情形之下,规定由被代理人承担表见代理行为的法律后果,更有利于保护善意第三人的利益,维护交易安全,并以此加强代理制度的可信度。

《合同法》第49条规定的:"行为人没有代理权、超越代理权或者代理权终止后以被代理人名义订立合同,相对人有理由相信行为人有代理权的,该代理行为有效。"由此可见,若要认定表见代理至少需满足以下几个要件:(1)须行为人无代理权;(2)须有使相对人相信行为人具有代理权的事实或理由;(3)须相对人为善意且无过失。其中,前两项亦可统称为具有权利外观。

(一)现场代表签署的工程签证

现场代表是基于职务行为而取得工程签证的签署权的,如果现场代表超越发包人赋予的权限而签署的工程签证,根据承包人还是发包人主张其行为有效,可以分为以下两种情况:

1. 承包人主张该签证的行为有效

这种情况又可根据承包人是否知道或应当是否知道现场代表行为已超越了其权限以及签署内容的合法性，分为以下三种情形：

（1）如果发包人有证据证明承包人知道或者应当知道其现场代表的行为超越权限，例如：承发包双方对现场代表履行施工承包合同的职权在承包合同中有专门的约定，则承包人的主张得不到法律的支持，即：该签署的工程签证行为是无效民事行为；

（2）如果发包人没有证据有效地证明承包人知道或者应当知道其现场代表超越权限的，例如：承发包双方对现场代表履行施工承包合同的职权在承包合同中没有专门的约定，则承包人的主张应当得到法律的支持，即：该签署工程签证的行为是有效的行为；

（3）如果现场代表所签署的工程签证的内容是违反国家限制经营、特许经营以及法律、行政法规禁止经营规定的，无论承包人是否知道或应当知道现场代表其行为超越权限，则承包人的主张均得不到法律的支持，即：该签署的工程签证行为是无效民事行为。这种情况在实务中是相当少见的。

2. 发包人主张该签证的行为有效

这种情况又可根据承包人是否知道或应当是否知道现场代表行为已超越了其权限以及签署内容的合法性，分为以下三种情形：

（1）如果发包人没有正式向承包人表明现场代表的权限的，即使发包人对现场代表有明确权限的，承包人也不得以此为理由抗辩其现场代表超越权限的有效性，则发包人的主张应当得到法律的支持，即：该签署的工程签证行为是有效民事行为；

（2）如果发包人已正式向承包人表明现场代表的权限的，即：承包人知道或者应当知道其现场代表已超越权限的，承包人仍然与现场代表签署的，表明以自己的行为认可现场代表的权限了，只要发包人不反对，则发包人的主张应当得到法律的支持，即：该签署工程签证的行为是有效的行为；

（3）如果现场代表所签署的工程签证的内容是违反国家限制经营、特许经营以及法律、行政法规禁止经营规定的，无论承包人是否知道或应当知道现场代表其行为超越权限，则承包人的主张均应当得到法律的支持，即：该签署的工程签证行为是无效民事行为。

（二）监理工程师签署的工程签证

监理工程师是基于委托行为而取得相应的代理权。如果监理工程师超越其约定的代理权而签署了工程签证，承包人可根据该工程签证对其是否有利而有两种选择。

1. 承包人主张该签证行为是有效

如果承包人认为该工程签证对自己有利，可以基于表见代理而主张该工程签证是合法有效的，但是，承包人负有举证责任，即：承包人要对自己为什么有理由相信这一超越代理权的行为人有代理权这一事实进行举证。具体可分为以下两种情形：

（1）如果能有效举证，则承包人主张表见代理成立，则，该工程签证的行为对发包人产生有权代理的效力，即：发包人应受监理工程师向承包人签署的该工程签证的约束，享有该工程签证所设定的权利和履行该工程签证所约定的义务。发包人不得以无权代理为抗辩，不得以监理工程师具有故意或过失为理由而拒绝承受表见代理的后果，也不得以发包人自己没有过失作为抗辩；

（2）如果不能有效举证，则承包人主张表见代理不成立，则，该工程签证的行为对发包人不产生有权代理的效力，即：发包人不受监理工程师向承包人签署的该工程签证的约束。

2. 发包人主张该签证的行为有效

如果发包人希望该签证有效，则存在一个效力待定的问题，可能因具体情况不同产生以下两种情形：

（1）如果发包人在承包人催告追认的法定的期限内予以确认或在催告之前已予追认的，则该签署工程签证的行为是有效的；

（2）如果发包人未在承包人催告追认的法定期限内予以确认或在法定期限内明确表示不予确认，则该签署工程签证的行为是无效的。

（三）项目部的法律地位

在建设工程施工承包合同中，具体履行承包人职责的，一般是具体的项目部和项目经理。所以，提出或同意工程签证内容的往往是项目部或项目经理。

项目部是由承包人委派到施工现场，代表承包人具体履行施工承包合同中承包人义务的施工管理班子，其地位相当于法人的内部组织机构，其职权范围往往局限于特定于该工程施工合同项下的权利与义务。项目部的职权范围由承包人所决定，是承包人作为法人不同职权中的一个组成部分。因此，承包人与项目部是整体与局部的关系。显然，承包人的职权范围大于项目部的职权范围，项目部的职权只是承包人一个组成部分，二者在该项目管理上是重叠的，即：在该具体项目上，项目部责权与承包人的责权上是一致，而超出该具体项目范围外，除特别授权外，项目部的行为不能代表承包人行为，所以，二者严格说是组成与包含的关系。

因此，一般认为，项目部或项目经理所提出或同意工程签证内容的行为是在代表承包人履行其管理项目职责，应该是合法有效的。

三、建议

（1）如果工程签证是合法有效的，原则上按工程签证计算相应的工程变更所对应的价款，即便该价款与承包范围内所确定的价款相差比较大，也应当遵守。如果出现显失公平等属于可撤销可变更的情形的，撤销方或变更方在除斥期间内可向有关法院（或仲裁委员会）主张撤销或变更。提出可撤销或可变更的请求的除斥期是一年，并且除斥期不适用于中止或中断的规定。

（2）为了有效控制造价，避免由于表见代理超越委托权限产生对发包人的不利的情形，因此建议：①发包人在签订的施工承包合同中最好约定：工程签证的价格确定权只能由现场单位履行，并规定现场单位签署的工程签证的价格的限额，如果超过该限额必须由发包人确认方可有效。②发包人在签订的委托监理合同中约定：涉及工程签证的价格的，必须最终由现场单位确定，并将该约定在施工承包合同中体现。

（3）在实务中，经常会出现发包人并非以正规的工程指令要求进行工程变更，因此，应提醒承包人：①只要确实是发包人要求施工的，从理论的层面而言，承包人可以要求发包人支付相应的工程价款。②这种情况下，当承包人要求发包人支付相应工程价款的，应当负有举证责任。即：证明确实是发包人要求（或同意）其施工，因此，承包人不仅要对工程签证引起重视，而且要对其他形式的证据同样引起足够的重视。

（4）虽然工程签证主要是由甲方代表和总监理工程师行使签发权利的，但是，现场代表是基于职务行为而取得相应的职权，监理单位委派的总监理工程师则是基于委托行为而取得相应的职权。因此，监理工程师和甲方现场代表超越权限所签署的工程签证，其法律后果并不完全相同。因此，发包人对现场代表或监理工程师的工程签证的权力的限制应有所差别。

关于"没有完成结算，不予产权登记"规定的评析

——解读《国务院办公厅关于促进建筑业持续健康发展的意见》

【摘　要】 笔者认为"未完成竣工结算的项目，有关部门不予办理产权登记"的观点有待商榷。

若按此办法执行，不仅不利于社会财富的有效使用，而且也是违背物权法的相关规定的，同时，也并非有利于工程价款的最终的合理确定。

事实上，当承包人完成全部工程并验收合格，发包人支付工程价款是法定义务，并且不以结算完毕为前提的，因此，法律对拖延结算的责任已有规定。故，再增加一道行政手段来防止发包人拖延竣工结算，不仅没有必要，而且缺乏合理性和科学性。况且，实践必定出现大量问题。

【关键词】 建筑业；深化改革；法律责任

An Analysis of the Regulation of "No Accounts Settlements, No Property Registration"

——An Interpretation of *Opinions of the General Office of the State Council on Promoting the Sustained and Sound Development of Construction Industry*

【Abstract】 The author clearly expresses the view of not agreeing with the "No accounts settlements, no property registration".

This approach, if implemented, will not only be harmful to the effective use of social wealth, but also contrary to the relevant provisions of the property law, meanwhile, it is not conducive to the final determination of the project cost.

In fact, when the contractor completes all the works and passed final check, it is a legal obligation for the contractor to pay the project price, and this is not based on the prerequisite of accounts settlements, so the law has specified the liabilities of delayed settlement. Therefore, it's neither necessary nor reasonable to add an additional administrative means to prevent the contractor from delaying the completion of settlement. Moreover, there must be a lot of problems in real practices.

【Keywords】 Architecture Industry; Deepened Reform; Legal Responsibility

【前言】

2017年02月08日，李克强总理主持召开的国务院常务会议部署了"深化建筑业'放管服'改革，推动产业升级发展"的相关工作。为此，国务院办公厅于2017年02月21日出台了《关于促进建筑业持续健康发展的意见》（以下简称《建筑业发展意见》）。该《建筑业发展意见》主要涉及7个方面的改革，20个具体措施。

为此，笔者先后发表了题为《"缩小必须招标的范围"，到底为什么？》、《"加快推行建设工程总承包"，到底为什么？》、《建筑业律师谈：建筑业深化改革——解读〈建筑业发展意见〉（上篇）》三篇拙作。其均是从肯定和正面角度解读《建筑业发展意见》。但对于"规范工程价款结算"中第十项措施所提出的"未完成竣工结算的项目，有关部门不予办理产权登记"的规定，笔者认为有待商榷。

一、可能不利于社会财富的有效使用

法律的本质是维护统治者的利益并保证社会财富最大化和有效使用，简而言之就是稳定和发展。而无论是政治的立法还是市民的立法都只是表明和记载经济关系的要求而已[1]。对于个体而言，财富取得的方式分为两种，原始取得和继受取得。原始取得就是直接依据法律的规定，非依他人权利和意志而取得物权，而继受取得则是指依他人的权利和意志而取得物权。社会财富总量增加的主要方式只能是原始取得中的劳动生产和孳息。

根据物权的公示原则[2]，不动产物权的设立、变更、转让和消灭，均应当依法登记。若不动产未办理产权登记，则物权设立视为未完成，也就不可能进行变更和转让，更不可能就该不动产行使抵押权[3]。

而在一般情况下，竣工结算的前提是通过竣工验收。一旦通过竣工验收则该不动产理论上方可投入使用。若竣工结算未完成，则有关部门不应予以办理产权登记，此时，该不动产的权利设立从物权角度而言属于尚未取得，则转让、变更和行使抵押等权利均不能实现。故，一个实体健全的不动产，若仅由于没有"牌照"就不能"上路"，不能销售、转让、抵押贷款，将不利于社会财富的有效利用。

二、有可能违背物权法的相关规定

物权是支配权，是对世权，是权利主体直接支配财产的权利，无须他人意思或义务人

---

[1] 中共中央马克思恩格斯列宁斯大林著作编译局. 马克思恩格斯全集（第四卷）. 北京：人民出版社，1958第1版，第121-122页.

[2] 《中华人民共和国物权法》第六条规定：
"**不动产是物权的设立、变更、转让和消灭，应当依照法律规定**登记。动产物权的设立和转让，应当依照法律规定交付。"

[3] 《中华人民共和国物权法》第一百八十七条规定：
"以本法第一百八十条第一款第一项至第三项规定的财产或者第五项规定的正在建造的建筑物抵押的，应当办理抵押登记。<u>抵押权自登记时设立。</u>"

行为的介入，是权利主体直接享受物的利益的权利。物权的内容包括所有权和他物权（即用益物权和担保物权）。债权是请求权，是相对权，是债权人请求债务人为一定给付的权利。其实现必须依赖于债务人的行为。因此，物权具有优先性质。没有法律特别规定，同一标的物上同时存在物权与债权时，物权优先于债权。

而建设工程中，竣工结算是承包人完成建筑工程并验收合格后，向发包人提出最终工程价款申请从而由发包人进行结算的过程。其是基于建设工程合同而确定发包人支付工程价款的价款清算行为，指向的是工程价款，属于债权性质。而办理不动产产权登记则是不动产物权的设立行为，是物权原始取得的方式之一，其指向的是不动产，属于物权性质。

而现在，"未完成竣工结算的项目，有关部门不予办理产权登记"，从法律层面解读就是：债权人实现债权的权利优先于债务人取得原始取得物权的权利，这存在与民法中物权优于债权的原则有可能违背的意思。

三、可能不利于工程价款的合理确定

建设工程项目竣工移交后，发包人的合同目的原则上已经实现。故，此时发包人与承包人共同追求的目的不复存在，而承包人制约发包人手段又非常有限。因此，实践中，往往会出现发包人怠于进行竣工结算以拖延支付竣工结算余款的情况。

现在，《建筑业发展意见》规定"未完成竣工结算的项目，有关部门不予办理产权登记"，其目的就是为了防止发包人以怠于竣工结算为手段拖延支付竣工结算余款。

但是，无论从专业的角度，还是对造价敏感度的角度，抑或是商业利润的角度而言，相对发包人和造价咨询人而言，承包人的专业分类更细，对造价更敏感，商业利润也更直观，这就意味着，其对取得最大化价款的能力越强，对审定价估算精准度的影响力越大，对工作的重视程度也越高。综上不难看出，对竣工结算价格把握最精准的应当是该项目的承包人。同时，出具正式竣工结算审价报告又往往需要承包人在审定单上盖章。故，某种程度上，确定竣工结算价款的节奏可以说是被承发包人把控的。因此，工程价款不能确定的原因并非都因发包人而起，还有相当部分的原因可能应归因于承包人。

如果说，以前承包人可以以《审定单》盖章与否逼迫造价咨询人牺牲审定价的准确度从而得到有利于自身的结算价款。那么，现在承包人更可以通过该手段钳制发包人产证的办理从而迫使发包人认可更有利于承包人的价款。故，该规定可能不利于竣工结算价款的合理确定。

四、法律对拖延结算的责任已有规定

承揽合同是先由承揽人完成工程成果，后由定作人支付报酬的存在履行顺序的双务合同[①]，而建设工程合同作为特殊的承揽合同，在具体实务操作中，一般先由承包人按节点

---

① 《中华人民共和国合同法》第二百六十三条规定：
"定作人应当按照约定的期限支付报酬。对支付报酬的期限没有约定或者约定不明确，依照本法第六十一条的规定仍不能确定的，<u>定作人应当在承揽人交付工作成果时支付；工作成果部分交付的，定作人应当相应支付。</u>"

完成建设工程，后由发包人按节点支付相应工程进度款。当承包人完成全部工程并验收合格，若没有特别约定，发包人应当在接受建设工程项目后支付工程竣工余款[①]。

现行法律已明确规定：建设工程验收合格并交付的，工程竣工结算余款的支付时间应当是建设工程交付之日。故，工程竣工结算余款的支付不以工程竣工结算完毕为前提，只要将建设工程移交给发包人即可。实践中，工程竣工结算可能自造价咨询单位出具竣工结算审价报告之日确定，可能根据"逾期不结算视为认可"的约定而确定[②]，可能自鉴定报告出具之日确定，也可能按承发包双方合意确定。

对于该阶段竣工结算未完成的后果，法律也已明确规定，即发包人应按照同期央行贷款利率的利息进行工程款欠付计息[③]，时间自从建设工程移交给发包人开始至承包人收到工程竣工结算余款之日为止。

五、实行可能会出现一些问题

首先，实践中，正常的工程竣工结算流程同样需要一定时间。根据《建设工程价款结算暂行办法》的相关规定[④]，若工程竣工结算报告金额大于 5000 万，发包人正常审查的结算时间也需要 60 天。同时，还不能排除承包人对审查结算结果提出异议的可能性。因此，实际完成竣工结算的时间一定大于 60 天。

若按"不结算不予办理产证"的规定予以执行，则本已验收合格且完全可以使用的建设工程均不能取得产证。更甚者，若是房地产开发企业，很可能在销售合同中根本无法与业主约定办理产证的具体日期。即便约定，也很可能出现违约情况。若双方因价款纠纷而发生诉讼或仲裁，理论上而言，直至判决生效，发包人方可进行产权登记。这无疑是不合情理也不易操作的。

---

① 《最高人民法院关于审理建设工程施工合同纠纷案件适用法律问题的解释》第十八条第一款第（一）项规定：
"利息从应付工程价款之日计付。当事人对付款时间没有约定或者约定不明的，下列时间视为应付款时间：
（一）建设工程已实际交付的，为交付之日；"
② 《最高人民法院关于审理建设工程施工合同纠纷案件适用法律问题的解释》第二十条规定：
"当事人约定，发包人收到竣工结算文件后，在约定期限内不予答复，视为认可竣工结算文件的，按照约定处理。承包人请求按照竣工结算文件结算工程价款的，应予支持。"
③ 《最高人民法院关于审理建设工程施工合同纠纷案件适用法律问题的解释》第十七条规定：
"当事人对欠付工程价款利息计付标准有约定的，按照约定处理；没有约定的，按照中国人民银行发布的同期同类贷款利率计息。"
④ 《建设工程价款结算暂行办法》第十四条第（三）项规定：
"工程竣工结算审查期限单项工程竣工后，承包人应在提交竣工验收报告的同时，向发包人递交竣工结算报告及完整的结算资料，发包人应按以下规定时限进行核对（审查）并提出审查意见。

	工程竣工结算报告金额	审查时间
1	500 万元以下	从接到竣工结算报告和完整的竣工结算资料之日起 20 天
2	500 万元－2000 万元	从接到竣工结算报告和完整的竣工结算资料之日起 30 天
3	2000 万元－5000 万元	从接到竣工结算报告和完整的竣工结算资料之日起 45 天
4	5000 万元以上	从接到竣工结算报告和完整的竣工结算资料之日起 60 天

建设项目竣工总结算在最后一个单项工程竣工结算审查确认后 15 天内汇总，送发包人后 30 天内审查完成。"

其次，若仅因发包人原因造成竣工结算未能完成，则未能及时取得产证的损失固然由发包人自己承担。但若因最终价款双方存在争议而不能及时完成结算，则会存在如何判断是承包人的责任还是发包人的责任的问题。

再次，若确实是承包人坚持高估冒算，坚决不按正确合理的竣工结算价款，从而使竣工结算不能完成，则造成发包人延期取得产权证的损失应当由承包人来承担，但是。如何定量其损失也是一个很大的问题。

最后，诚然，该规定的目的是为了更好地解决拖欠工程款的问题，但即便工程竣工结算如期完成，也并非意味着发包人一定如期支付工程款。相反，若由于该规定使得最终确定的竣工结算价款偏离合理性和科学性，则会使发包人及时支付工程结算余款的积极性将有所影响。

"将审计结论作为竣工结算依据"值得商榷

——浅评《上海市审计条例(草案)》第十二条第三款

【关键词】 审计;工程审价

It's Questionable to Consider the Audit Conclusions as the Basis of Project Completion Accounts Settlement

——Comments on the Clause 12 Term 3 in the *Auditing Regulations of Shanghai*(*Draft Version*)

【Keywords】 Auditing; Project Price Review

【前言】

《上海市审计条例(草案)》第十二条第三款规定(以下简称"该条款"):"政府投资和以政府投资为主的建设项目,按照国家和本市规定应当经审计机关审计的,建设单位或者代建单位应当在招标文件以及与施工单位签订的合同中明确以审计结果作为工程竣工结算的依据。"

该条款如同某足球职业联赛规则关于点球的主罚规定:场上点球均由主教练完成。如此规则会产生一系列的问题:谁来裁定主教练主罚的点球违例呢?场上球员先行主罚点球是否有效?若未进,主教练是否可以重罚……

一、"审价"与"审计"是不同主体在不同层面的不同法律行为

(一)"审价"与"审计"是不同的法律行为

"审价"是由发包方(或委托造价咨询单位)对承包方提交的工程结算资料进行结算审核,以确定竣工结算价款金额的一种民事法律行为。而"审计"则是审计机关代表项目投资的所有者对经营者的经营行为予以监督、评价和再审查的一种行政法律行为。

因此,二者是不同性质的法律行为,"审价"主要体现当事人一致意思,而"审计"主要体现国家行政职权意志。

（二）"审计"与"审价"由不同的主体行施

"审价"的实施主体是发包人（或委托的造价咨询单位），而承包人则是以平等民事主体的地位出现的。而"审计"的实施主体则是国家审计机关，其与被审计单位是一种行政监督关系。

因此，二者是由不同主体行使的，"审价"主体之间主要体现平等性，"审计"主体之间主要体现监督的特点。

（三）"审计"与"审价"在不同层面实施

通常，在"审价"完成后，审计机关才能在对审价过程的真实性、合法性进行调查的基础上，就被审计单位所执行的竣工决算依法予以行政审计监督。

因此，二者的实施处在两个不同层面，即先经"审价"完成后，再由"审计"在另一层面进行。

另外，"审价"与"审计"在法律后果、采用依据和行为目的等方面也是截然不同的。

二、该条款打乱了层次、混淆了概念、改变了主体

该条款的实质在于要求被审计单位主动退出"审价"过程，将"审价""委托"给审计机关完成。笔者认为：该行为至少造成以下问题。

（一）混淆了原本清晰的概念

该条款将原由发包人主导的"审价"过程变为审计机关出具"审计"结果的过程；而审计机关名曰出具"审计"结果，实为发布"审价"结论。

因此，其将导致原本清晰的"审价"和"审计"两概念彻底予以混淆。

（二）改变了原本明确的主体

该条款还会造成如下后果：对承包人而言，此时的审计机关的主体性质是民事主体，而对被审计单位而言，仍为行政主体。故审计机关在此过程中表明身份与实际身份的主体性质是完全不相符的。

因此，其将导致原本明确并纯粹的审计机关的主体性质变得多重和复杂。

（三）打乱了原本分明的层次

该条款将使得审计机关代为"审价"的过程不存在相应的"审计"监督环节，将原本"审价先行对外""审计事后对内"的两个清晰层面变成只存在"审价"单一层面的格局。

因此，其打乱了原本分明的层次，使两层面变为了单层面的格局。

若该条款被通过，原本"各行其是""层次分明"的局面将被"层次混乱""角色错位"的局面所取代，从而难以达到"审计监督审价"目的。

三、该条款的施行在法律上存在明显的障碍

由于该条款存在"概念不清""层次混乱""角色错位"等问题，笔者认为：其在施行

过程中至少存在以下法律障碍。

(一) 限制了被审计单位的经营权

审计机关进行审计监督应在尊重被审计单位自主经营权前提下进行①。该条款企图通过"代劳"取代"监督"以便更好"促进廉政建设"。故其是建立在审计机关的"勤政廉政"一定优于被审计单位，审计机关的"专业能力"一定高于被审计单位的基础上，这种不尊重被审计单位的"代劳"行为是对被审计单位的经营权的限制和干涉。

这如同足球职业联赛为了防止场上球员"踢假球"而规定所有的点球均由主教练主罚一样。

(二) 改变了审计机关的行政职权

法律赋予审计机关职权时仅为内部的行政监督权，被审计单位应符合审计法的要求，不允许直接代替被审计单位对第三人行为进行所谓的审核。

因此，该条款在事实上改变了审计机关的部分职权。况且，审计机关还存在单位资质和个人资格的问题。

这如同足球职业联赛的主教练兼有主教练员和运动员身份一样。

(三) 取消了相应的行政审计监督

如果以审计机关的"审计结果作为工程竣工结算的依据"就势必使得名曰"审计"实为"审价"的民事行为缺乏行政监督。凭什么说审计机关的"勤政廉政"一定比被审计单位好呢？若不能有效地证明这一点，又凭什么取消对该行为的行政监督呢？

这如同主教练在主罚点时没有人来判断其是否违例一样。

(四) 既无上位法也不符合立法要求

立法法规定：省级人大及其常委会可以制定与上位法不抵触的地方性法规②，也可以就除只能制定法律事项外的事项制定地方性法规③。因此，首先，作为上位法的《审计法》

---

① 《中华人民共和国宪法》第十六条第一款规定：
"国有企业在法律规定的范围内有权自主经营。"
② 《中华人民共和国立法法》第六十三条第一款规定：
"省、自治区、直辖市的人民代表大会及其常务委员会根据本行政区域的具体情况和实际需要，在不同宪法、法律、行政法规相抵触的前提下，可以制定地方性法规。"
③ 《中华人民共和国立法法》第六十四条规定：
"地方性法规可以就下列事项作出规定：
（一）为执行法律、行政法规的规定，需要根据本行政区域的实际情况作具体规定的事项；
（二）属于地方性事务需要制定地方性法规的事项。
除本法第八条规定的事项外，其他事项国家尚未制定法律或者行政法规的，省、自治区、直辖市和较大的市根据本地方的具体情况和实际需要，可以先制定地方性法规。在国家制定的法律或者行政法规生效后，地方性法规同法律或者行政法规相抵触的规定无效，制定机关应当及时予以修改或者废止。"

和《审计实施条例》均没有该条款的相应内容①②；其次，该条款的内容的实质是限制被审计单位经营权并且削弱审计机关行政监督权，应当属于只能制定法律事项的范畴。

因此，该条款既无上位法依据，也不符合立法要求，即便被通过，也可能被撤销。

四、该条款在操作上存在极大的困难

暂且不论该条款作为草案被讨论的必要性，也不讨论即便被通过可能被撤销的可能性。笔者认为：该条款在操作上至少存在以下问题。

（一）审计机关不具备实施的条件

除了审计机关进行审价存在单位资质和个人资格问题外，仅就本市审计机关中相应人员的数量和专业素养，在未参与前期工作情况下，是不可能完成本市所有符合要求的建设项目"以审计结果作为工程竣工结算的依据"这项工作的③。

因此，审计机关是不具备实施该条款的客观条件的。

（二）审计机关将承担巨大法律风险

该条款以"应当"这一法律模态词规定了审计机关履行"以审计结果作为工程竣工结算的依据"这一法定义务的。因此，不执行就势必承担行政"不作为"的法律风险，而执行则势必面临：期限和质量的问题。前者解决不好，势必引起"工程欠款纠纷"等巨大民事法律风险，后者解决不好，势必会承担使"国有资产流失"而引起的相应的刑事责任。

因此，该条款可能导致民事纠纷或刑事责任，甚至存在行政不作为的可能，这些均会造成审计机关巨大的法律风险。

（三）审计机关也可能承担巨额委托费用

审计机关为了避免上述巨大法律风险，可能委托有相应资质的工程造价咨询单位来完

---

① 《中华人民共和国审计法》第二十二条规定：
"审计机关对政府投资和以政府投资为主的建设项目的预算执行情况和决算，进行审计监督。"
② 《中华人民共和国审计法实施条例》第二十条规定：
"审计法第二十二条所称政府投资和以政府投资为主的建设项目，包括：
（一）全部使用预算内投资资金、专项建设基金、政府举借债务筹措的资金等财政资金的；
（二）未全部使用财政资金，财政资金占项目总投资的比例超过50%，或者占项目总投资的比例在50%以下，但政府拥有项目建设、运营实际控制权的。
审计机关对前款规定的建设项目的总预算或者概算的执行情况、年度预算的执行情况和年度决算、单项工程结算、项目竣工决算，依法进行审计监督；对前款规定的建设项目进行审计时，可以对直接有关的设计、施工、供货等单位取得建设项目资金的真实性、合法性进行调查。"
③ 《工程造价咨询企业管理办法》第三十八条规定：
"未取得工程造价咨询企业资质从事工程造价咨询活动或者超越资质等级承接工程造价咨询业务的，出具的工程造价成果文件无效，由县级以上地方人民政府建设主管部门或者有关专业部门给予警告，责令限期改正，并处以1万元以下的罚款。"

成此项工作。除了这种委托存在合法性问题外，审计机关还必须解决委托费用的问题。因为该费用既不属于专项经费申请范畴，也不允许由被审计单位承担。故必须增加审计费用，由此会增加审计机关相应的压力和风险。

因此，该条款除了合法性外，还存在增加财政压力等一系列问题。

（四）造价咨询行业发展将面临萎缩的可能

工程造价咨询业经过脱钩改制的十几年的发展，业已形成年营业收入超过 600 亿元的行业。而在上海，该行业无论业务水准，还是营业收入均处在全国领先地位。若审计机关委托造价咨询单位是有效的，则对本市该行业的影响相对微弱，若无效，则影响肯定巨大。

因此，该条款不仅会影响本市该行业的发展，甚至会使该行业面临几近倒退至脱钩改制前的状态。

若表决，会通过；若通过，难撤销

——再评《上海市审计条例（草案）》第十二条第三款

【摘　要】　首先，分析了最高人民法院否定"审计结论作为竣工结算依据"的司法解释的法理内含。

其次，介绍了"财政审核结论作为竣工结算依据"也不被高级人民法院的指导意见所支持的现状。

最后，认为该条款如果被表决，通过的可能性很大，而一旦被通过，则被撤销将会很困难，因此，建议在表决前对草案中的该条款内容予以删除。

【关键词】　司法解释；指导意见

If Voting, All Passed; If Passed, Difficult to Revoke

—— Second Comments on the Clause 12 Term 3 in the *Auditing Regulations of Shanghai* (*Draft Version*)

【Abstract】　First of all, the paper analyzes the legal implications denied by the Supreme People's Court in the judicial interpretation of "audit conclusion works as the basis for the completion".

Secondly, the paper introduces the status quo of "financial audit conclusion works as the basis for settlement completion" and not supported by the guidance of the Higher People's Court.

Finally, it is recommended that the content of the clause be deleted before the vote, the reason is, once it's voted, it's highly probably to pass. Once passed, it is difficult to revoke.

【Keywords】　Judicial Interpretation; Guiding Advice

【前言】

笔者曾在 2012 年 8 月 23 日的《建筑时报》上发表了《层次混乱、角色错位、依据不足》文章，对《上海市审计条例（草案）》第十二条第三款进行评述。

虽然该条款存在将打乱"审计"和"审价"应有的层次，混淆"行政行为"和"民事行为"明晰的概念，并将使得"行政主体"和"民事主体"间形成错位的后果。但即便如此，如果该条款被表决，则通过的可能性极大，而结合《建筑工程施工发包与承包计价管理办法》（建设部令第 107 号，简称"107 号文"）和《建设工程价款结算暂行办法》（财建 [2004] 369 号文，简称"369 号文"）现状，再被撤销将会显得很困难。

笔者建议：**本着理性的态度，遵循立法原则，秉承实事求是的精神，在表决前将该条款予以删除。**

一、"审计结论作为竣工结算依据"已被司法解释所否定

早在 2001 年 04 月，最高人民法院在《关于建设工程承包合同案件中双方当事人已确认的工程决算价与审计部门审计的工程决算价款不一致如何适用法律问题的电话答复意见》中对以具体审计结论作为竣工结算依据的情形明确予以否定。该答复意见主要包含了两层含义[①]：

第一层：**审计属于行政监督行为的性质，因此，原则上，不能以审计结论作为民事行为的竣工结算依据；**

第二层：除外情形，仅在双方约定、约定不明、合同无效情形中，可以以审计结果作为审价结论。

对第二层的除外情形，笔者认为：

（1）**除外情形应当仅适用"双方约定"，而不应当适用约定不明、合同无效情形；**

（2）而"双方约定"也应当主要适用于发包人和承包人均属于可能成为"被审计单位"的情形，例如：发包人是国有单位，承包人也是国有单位的情形。

因此，总体而言，**以具体行政监督的审计结论作为具体民事竣工结算依据原则上是不被最高人民法院所认可的。**

二、"财政审核结论作为竣工结算依据"也不被指导意见所支持

除了以具体审计结论来作为竣工结算依据情形外，现有还存在以财政评审结论作为竣工结算依据的情况，为此，一些高级人民法院通过出台相应的指导意见予以明确否定。

在 2006 年 10 月，广东省高级人民法院在《关于审理建设工程施工合同纠纷案件若干问题的意见》（粤高法发 [2006] 37 号）的第三条中对以财政部门未审核完毕为由拒付工程款或以财政部门审核结论作为竣工结算依据的主张明确不予支持。其中包括两层意思：

第一层：**财政部门或审计部门对工程款的审核，是监控财政拨款与使用的行政措施，对民事合同当事人不具有法律的约束力；**

第二层：**双方约定或双方恶意串通损害国家利益的除外。**

笔者认为：

[①] 《最高人民法院关于建设工程承包合同案件中双方当事人已确认的工程决算价与审计部门审计的工程决算价款不一致如何适用法律问题的电话答复意见》

"审计是国家对建设单位的一种行政监督，不影响建设单位与承建单位的合同效力。建设工程承包合同案件应以当事人的约定作为法院判决的依据。只有在合同明确约定以审计结论作为结算依据或者合同约定不明确、合同约定无效的情况下，才能将审计结论作为判决的依据。"

（1）双方约定以财政部门的审核结论作双方竣工结算的依据**主要是适用于发包人与承包人均是国有单位的情形，并且，也仅对具体约定有效**；

（2）如果在施工承包合同中双方约定的竣工结算存在**恶意串通损害国家利益的，根据法律规定属于无效条款，则应以签订合同时点的市场平均价确定工程价款**。

另外，在2008年12月21日，江苏省高院在《江苏省高级人民法院关于审理建设工程施工合同纠纷案件若干问题的意见》（苏高法审委（2008）26号）中的第十三条也有相关规定。

因此，**以具体财政审核结论作为竣工结算依据原则上是被某些高级人民法院予以否定的**。

三、使"审计结论作为竣工结算依据"成为抽象行为很是隐蔽

企图以具体行政结论（例如：审计结论、财政评审结论）作为竣工结算依据的情况以往已经多次发生，事实上已被最高人民法院的司法解释所否定，某些省级高级人民法院也在指导意见中也不予支持。

而《**上海市审计条例（草案）**》第十二条第三款的本质是"提高审计效果，促进廉政建设"为目的，在迫使被审计单位主动退出"审价"过程同时，要求其"自愿"将"审价""委托"给审计机关完成所谓的"双方合意"，从而以地方性法规的形式上升为抽象行为。如此，使得审判机构所否定的具体行为均"合法有效"，达到避免被否定的后果。

笔者认为，首先，该条款所基于的前提——"审计机关的勤政廉政和专业素养一定优于被审计单位"，其本身存在一定的问题，况且，**该条款在无上位法的基础上，"限制了被审计单位的经营权、改变了审计机关的行政职权、取消了相应的行政审计监督"**，从而混淆了原本清晰的"审计"与"审价"的概念、改变了原本明确的行政主体和民事主体的地位、**打乱了原来"审价先行对外""审计事后对内"的两个清晰层次**。并且，也没有实际损操作的可能。

但是，在冠以了"提高审计效果，促进廉政建设"这一光环的情况下，上述问题往往被忽视。

四、若被通过，被撤销的过程将是艰难的

笔者注意到：作为部门规章的107号文、369号文中关于"逾期不结算视为认可"的条款是违背上位法的相关规定，尽管法律也规定了相应的救济程序[①]，并且，最高院的司

---

① 《**中华人民共和国立法法**》第八十条第（二）（三）项规定：
"改变或者撤销法律、行政法规、地方性法规、自治条例和单行条例、规章的权限是：
（二）**全国人民代表大会常务委员会**有权撤销同宪法和法律相抵触的行政法规，**有权撤销同宪法、法律和行政法规相抵触的地方性法规**，有权撤销省、自治区、直辖市的人民代表大会常务委员会批准的违背宪法和本法第六十六条第二款规定的自治条例和单行条例；
（三）**国务院有权改变或者撤销不适当的部门规章和地方政府规章**；"

法解释对此也作了明确的表态。但是，自今还未被撤销，仍在继续影响着行业运作思路，引起不必要的纠纷。

若《上海市审计条例（草案）》第十二条第三款被表决通过，完全有可能像107号文、369号文中关于"逾期不结算视为认可"条款的现状一样，甚至情况更为严重。首先，撤销不合适的地方性法规的主体是全国人大常委会，而撤销不合适的部门规章的是国务院，因此，第三款被通过后而被撤销的过程，其耗时会很长、其程序更复杂。其次，地方性法规是审判机构应当依据的法律渊源，而部门规章则是审判机构参考的依据，因此，若第三款被通过将会使审判机构处于被动的境地。况且，以现有本市审计机关中相应人员的数量和专业素养，并不具备实施该条款的客观条件的。该条款以"应当"这一法律模态词规定了审计机关履行"以审计结果作为工程竣工结算的依据"的法定义务。由此，若不执行就势必承担行政不作为的法律风险，若执行，势必面临期限和质量的问题。前者解决不好，势必引起"工程欠款纠纷"等巨大民事法律风险；后者解决不好，势必会承担因"国有资产流失"而引起的相应的刑事责任。

为了避免期限和审计质量引起的法律风险，审计机关势必会将"应当""审计"行为委托给工程造价咨询单位，这一做法势必会增加一笔相应的财政投入，但也未必能避免审计机关面临的法律风险。

五、结语

立法是将一定阶级意志上升为国家意志，是对社会资源、社会利益进行的第一次分配活动。因此，应本着理性态度、科学精神及遵循合法原则进行。仅凭"一腔热血"的感性态度，达到"一厢情愿"的"善良目的"，而不顾上位法的规定和基本法律原则的做法与当今社会文明是不匹配的。

笔者认为：该条款"若表决，会通过；若通过，难撤销"这种状况的可能性极大，因此，建议在权力机关表决前予以删除。

造价鉴定干涉诉讼权利的情形分析

——工程造价司法鉴定问题论文系列之一

【摘 要】 本文首先从工程造价鉴定单位代替法庭法律定性从而干涉法庭行使审判权,代替法庭进行质证从而干涉法庭行使质证权;改变一方诉讼请求从而干涉当事人诉讼权利;代替一方进行举证从而干涉当事人举证责任的具体情况进行归纳和分析。

然后,进行产生这种情况的主要关键原因进行了分析,最后,从避免这种情况的发生,提出了专业律师的建议。

【关键词】 造价鉴定;权利

Scenario Analysis of Construction Costs Appraisal Interfering Litigation Rights

——A Series of Papers of Construction Costs Judicial Authentication Issues (Paper No. 1)

【Abstract】 This article does analysis and summary by starting from the project cost appraisal unit replacing the court legal and interfering with the court to exercise the trial jurisdiction, so as to replace the court to cross-examine and further interfere with the court to exercise the right of confrontation; Change a party to the request to interfere with the parties litigation rights; Replace a party to prove so as to interfere with the party's responsibility.
Then, the main reasons for the occurrence of this situation are analyzed, and finally, the author puts forward the advice of professional lawyers in order to avoid this situation from happening.

【Keywords】 Construction Cost Appraisal; Rights

【前言】

建设工程合同中定性的权利义务最终一定通过定量的工程价款来体现。实践中,由于工程价款的专业性和诉讼参与者的非工程专业背景,工程价款往往只能通过司法鉴定予以最终确定,而进行司法鉴定的相关人员又往往不具有法律背景。因此,**其常常会以"客观**

事实"代替"法律事实",例如:自行决定"鉴定范围"、擅自选取"鉴定依据"、随意取舍"鉴定证据"、主动积极"采取证据"等。

同时,对于鉴定报告的质证由于时间和场地等限制,**往往不能做到"开封查验"**。就某些专业性问题进行质证时,提出的问题往往在"形式审查"的质证程序后以鉴定报告"打包封箱",最终经由判决书"打包入库"。至此,当事人的权益就会随着这些冷冻的数款封存。

导致上述问题最重要的原因在于:法律思维和专业考量无法融合。

解决上述问题最有效的方式在于:全面跟踪造价司法鉴定全过程。

本文在对具体情形作出列举的前提下,通过对其简要的法理解读以及关键原因的分析,提出专业的律师建议,希望可供读者在以后处理相关纠纷中予以参考。

一、代替法庭法律定性,干涉法庭行使审判权

(一)具体情形

实践中甚至可能出现基础证据材料尚未质证就开始的工程造价鉴定。此时,**若出现数份合同或同一事项数张变更签证的情况,往往由鉴定单位的造价工程师予以选定从而适用于鉴定报告**。

而对于证据材料的法律判定,实属法庭对于案件的定性行为。鉴定单位行为无形中代替了法庭行使其审判权,是对法庭审判权的干涉。

(二)简要分析

鉴定应仅就专业性问题得出结论,而不应对法律性问题作出判断。法律性问题是法庭行使审判权来解决的范畴,因此,应先由法庭作出法律判断后,再由鉴定单位作出专业结论。例如:经过招标发包的建设工程,可能存在数份合同,**以哪份合同作为计价依据进行鉴定,应是由法庭行使审判权完成的,鉴定单位无权也无能力进行判断**。

(三)关键原因

首先,绝大多数建设工程发包是招标发包的,而**基于《建筑法》中强制规定繁多,且建设工程项目的不确定性及工程造价的专业性等特点,往往会出现阴合同和阳合同、挂靠合同和实际履行合同、工程签证和会议纪要如何适用的问题**,甚至纠纷产生就来之于此。

其次,在审理建设工程合同纠纷案时,会出现先进行造价鉴定再进行法庭审理的情况。因此,哪份合同应当作为计价的依据,哪张签证可以计价往往由造价工程师来决定,以便进行具体的造价鉴定,否则鉴定工作将被中止而无法进行。**这些将导致鉴定单位代替法庭做出法律定性工作,即行业通常所说的"以审代判"**。

最后,造价鉴定过程中,若一方律师对鉴定单位的选择提出异议,则鉴定单位也要作出一个判断,或坚持自己的选择,或接受一方律师的异议,或确定不了。对第三种情况,鉴定单位往往会出具两份合同计算出来的结果,对这种情况鉴定单位往往会提出增加鉴定费的要求;但是,**鉴定单位对一方律师的异议的判断也没有改变由造价鉴定单位代替法官审判法律问题的性质**。

（四）律师建议

律师在鉴定开始前就应当将属于法律定性的问题予以列明，并要求法庭予以明确，例如：哪份合同应作为鉴定的依据、哪份签证作为工程变更价款的计算依据。从而有效地解决法律判断与专业问题混淆的情况，也不会妨碍鉴定单位的鉴定活动。即便法庭判断错误，当事人也可以有效的法定途径进行救济[①]。

当事人首先应当将法律问题与专业问题明确区分。法律问题由法庭解决，专业问题由鉴定单位解决。更重要的是，**当事人应当明确，必须先解决定性的法律问题才可能解决定量的专业问题**。

二、代替法庭进行质证，干涉法庭行使质证权

（一）具体情形

涉及工程造价鉴定的案件，当事人除了需向法庭提交基本证据材料外，就鉴定行为往往还需要提交由鉴定单位开列目录的延伸证据材料。而该部分延伸证据材料往往不经由法庭而由当事人直接提交给鉴定单位。**这也意味着，鉴定单位收到的延伸证据材料并未经过法庭质证。而实践中，甚至存在基本证据材料未经质证直接移交给鉴定单位的情况**。

而对于这些证据材料，鉴定单位往往会直接自行决定是否作为鉴定结论所需依据进行适用，其本质是鉴定单位行使了本应由法庭行使的质证权，是鉴定单位的越权行为。

（二）简要分析

首先应当明确的是，当事人初步提供给法庭的仅能称为"证据材料"。只有经过法庭就三性（真实性、合法性和关联性）进行的质证后，其方可成为法律意义上的"证据"，才能作为判定法律事实的依据。

因此，无论是当事人提供给法庭的，还是直接由鉴定单位接收的，其在未经法庭质证前均不可能成为"证据"对案件的法律事实产生影响，而**质证必须在法庭的主持下方可进行。故，作为鉴定报告的依据，该证据材料只有进行质证后，方可予以适用**。

（三）关键原因

首先，**对于涉及工程造价鉴定的案件，先把定量的工程造价确定后再进行最终定性的判决是一般法官的通常做法**。并且，因鉴定期限不算入审限，故鉴定报告与其他证据材料可以一并质证，效率性更好。因此，很多法官第一次开庭的主要任务就是确定工程造价的鉴定。往往此时，很有可能连案件的基础证据材料都未经质证。

其次，立案时通常仅提出基础证据材料，例如：施工合同、竣工验收报告等。当决定

[①] 《最高人民法院关于审理建设工程施工合同纠纷案件适用法律问题的解释》第二十一条规定："当事人就同一建设工程<u>另行订立的建设工程施工合同</u>与经过备案的中标合同实质性内容不一致的，应当<u>以备案的中标合同作为结算工程价款的根据</u>。"

进入工程造价鉴定程序后，法庭才会要求当事人提供与鉴定有关的延伸证据材料，例如：竣工图、竣工报告、工程签证、变更指令以及过程中往来函件，甚至可能还包括招标文件、招标图纸、投标文件、投标报价清单等。因此，**工程造价鉴定所需证据材料的提供具有一定的滞后性**。

另外，延伸证据资料往往具有以下特点：(1) 专业性强；(2) 不同项目的种类相差大；(3) 通常会随鉴定进程逐渐提供。而鉴于这些特点，延伸证据资料往往直接由鉴定单位进行选择。若对其进行质证，会打断鉴定节奏。同时，对法官而言，因证据资料的专业性太强，其"三性"的质证确实存在一定难度。况且，最终的鉴定报告还是需要经过质证的。

(四) 律师建议

若有可能，律师应尽可能在立案时将需要的证据材料全部提供。若确有困难，也应当将延伸证据目录在诉状中明确并坚持要求法庭先就证据材料进行质证再进入鉴定程序。若出现鉴定过程中需要其他延伸证据材料的情况，原则上应向法庭提交并要求质证后再转交鉴定单位。

当事人**在准备起诉材料时，应提醒律师考虑造价鉴定所需的延伸证据，并尽可能一次性提供完毕，避免多次质证影响鉴定效力**。

三、改变一方诉讼请求，干涉当事人讼诉权利

(一) 具体情形

当一方当事人的诉讼请求中未包含工程索赔款，并且委托的鉴定范围也未包含工程索赔款，但是，若鉴定报告中包括工程索赔款，则意味着鉴定行为在无形中为一方增加了诉讼请求。

当一方当事人的诉讼请求中包含工程索赔款，并且委托的鉴定范围也包括工程索赔款，但是，若鉴定报告中未包括工程索赔款，则意味着鉴定行为无形中减少了一方的诉讼请求。

(二) 简要分析

诉讼请求的提出是当事人在诉讼中最基本的权利。诉请的具体确定应由当事人自行决定，**法庭主要遵循"不诉不理，诉什么，审什么"的原则**。

鉴定过程中，草率地增加或缩小鉴定范围其实意味着增加或减少一方的诉讼请求，是对当事人诉讼权利的侵犯。无论是工程造价鉴定单位还是法庭均无权侵犯当事人应有的权利，故**鉴定单位应当严格遵循"委托什么，鉴定什么"的原则，以便维护当事人权利的正常行使**。

(三) 关键原因

首先，无论是**工程建筑业**，还是法学界，对于工程合同价款、工程造价、**索赔款**和赔

偿款的概念区分都不够明确。因此，实践中常常会出现将工程合同价款与工程造价相等同、混淆工程造价与工程索赔的概念、不太区分违约赔偿与工程索赔等情况。

其次，除了需要鉴定活动的相关参与人员均对上述概念有着清晰的理解外，还需彼此达成一致。若当事人提出的申请鉴定书中的表达是正确的，但法官向鉴定单位出具的委托鉴定书中未正确表达，则鉴定报告中的结果也不可能正确；若申请鉴定书和委托鉴定书中的表达均是正确的，也经常出现不被进行具体鉴定的造价工程师所理解，甚至会出现，虽然被进行具体鉴定的造价工程师所理解，但是，也不一定能在专业计价后的最终数据中所体现。

另外，当事人的律师往往不会对具体的鉴定工作进行全过程的跟踪，经办法官也往往将委托事宜交由由法庭相关具体鉴定部门负责，而鉴定单位也是由具体造价工程师办理的。可以说，三者均未对鉴定活动进行直接接触，这种情形也是造成鉴定范围改变从而影响当事人诉请的原因之一①。

（四）律师建议

律师应尽可能从法律角度理解专业问题，从专业层面表达法律要求。正确适当地提出诉讼请求和鉴定申请并及时审核委托鉴定书。若发现问题，应当第一时间向法庭和鉴定单位提出异议。同时，应对鉴定活动进行全面跟踪，确保在发现委托范围出现偏离时能及时提出，若仍不能纠正，则要善于利用鉴定报告质证时的提问，通过鉴定造价工程的回答来自认改变鉴定范围的事实，从而达到对鉴定报告重新鉴定或补充鉴定的目的。

当事人涉及工程造价案件时应尽可能聘请专业律师。若涉案标的较大、案情较复杂，则还可以聘请专业律师就工程造价鉴定活动专门提供相关的非诉法律服务。

四、代替一方进行举证，干涉当事人举证责任

（一）具体情形

实践中，即便当事人提供的证据中不能反映其申请鉴定的内容，鉴定单位往往仍会本着"实事求是"的精神进行"现场勘察，具体丈量"，并将取得的现场数据作为鉴定依据反映在正式的鉴定报告中。

但其实，这种"实事求是"的行为本质上越过鉴定单位的中立立场代替一方当事人进行举证，从而打破了双方当事人法定的举证责任分配。

（二）简要分析

法律界有句俗语："打官司就是打证据。"从中不难看出，当事人诉请是否能够得到法庭支持与其能够提供的证据具有非常密切的关联。因此，举证责任的分配在诉讼中是至关

---

① 《司法鉴定程序通则》第十四条规定：
"司法鉴定机构收到委托，应当对委托的鉴定事项进行审查，对属于本机构司法鉴定业务范围、委托鉴定事项的用途及鉴定要求合法，提供的鉴定材料真实、完整、充分的鉴定委托，应当予以受理。
对提供的鉴定材料不完整、不充分的，司法鉴定机构可以要求委托人补充；委托人补充齐全的，可以受理。"

重要的。

法律原则规定"谁主张谁举证①",**除了法庭在法律特别规定的情形下可以收集证据外,非诉讼当事人的其他个人、团体、组织均无权擅自向法庭提供证据**。同时,法律规定,负有举证责任的一方应当主动按时地提交相关证据。若不能提供或未按时提供,将承担举证不能的不利后果②。

由此,鉴定单位无权为诉讼当事人中的任何一方进行举证。而是应当仅以当事人提供的证据进行专业的鉴定,从而使法庭的审判得到"法律事实"的结果,而不得主动为一方进行举证从而企图得到所谓的"客观事实"。

(三) 关键原因

首先,现今工程造价鉴定的专业主要由各地的造价协会或工程造价定额站负责,且对工程造价鉴定起很大作用的《建设工程造价鉴定规程》中有单独一章对"现场勘察"进行了规定。故,一味以法学界的法律思维来要求造价工程师显然过于苛求,现阶段也不太可能。

其次,进行具体鉴定活动的造价工程师大多是理工毕业生。应当说,**不受系统法律教育的理工科对于"法律事实"的概念还不太理解,更倾向于对于"实事求是"的认知意识**,往往具有倾向性地认为"人家做应当给予人家",从而影响了鉴定单位的中立立场。

另外,法官和律师虽然本着职业素养对相关问题较为敏感,但由于其对建设工程的相关行业的专业问题熟悉程度有限。因此,绝大多数情况下,其在委托后并不参与鉴定过程。由此也导致了最终实际控制造价鉴定进程及结果的是造价工程师。

(四) 律师建议

律师应当适时地向鉴定单位的造价工程师说明证据的相关规则。若鉴定单位需要进行现场勘察,律师应第一时间明确己方观点。若鉴定单位坚持要去现场勘察,则应尽可能随同前往,争取在其现场勘测过程中明确表达己方观点。适当的情况下,律师也可以通过书面形式向法庭阐明观点③。

---

① 《中华人民共和国民事诉讼法》第六十四条规定:
"当事人<u>对自己提出的主张</u>,有责任提供证据。
当事人及其诉讼代理人因客观原因不能自行收集的证据,或者<u>人民法院认为审理案件需要的证据,人民法院应当调查收集</u>。
人民法院应当<u>按照法定程序</u>,全面地、客观地审查核实证据。"
② 《中华人民共和国民事诉讼法》第六十五条规定:
"当事人对自己提出的主张<u>应当及时提供证据</u>。
人民法院根据当事人的主张和案件审理情况,确定当事人应当提供的证据及其期限。当事人在该期限内提供证据确有困难的,可以向人民法院申请延长期限,人民法院根据当事人的申请适当延长。<u>当事人逾期提供证据的,人民法院应当责令其说明理由;拒不说明理由或者理由不成立的,人民法院根据不同情形可以不予采纳该证据,或者采纳该证据但予以训诫、罚款</u>。"
③ 《最高人民法院关于民事诉讼证据的若干规定》第十五条规定:
"《民事诉讼法》第六十四条规定的'人民法院认为审理案件需要的证据',<u>是指以下情形</u>:
(一) 涉及<u>可能有损国家利益、社会公共利益或者他人合法权益的事实</u>;
(二) 涉及<u>依职权追加当事人、中止诉讼、终结诉讼、回避等与实体争议无关的程序事项</u>。"

当事人无论在聘请的诉讼律师合同中，还是在聘请专业律师就工程造价鉴定提供非诉法律服务的合同中，均应明确若出现鉴定单位"现场勘察"的情况，律师有义务提出异议并随同前往。

五、后记

在建设工程合同纠纷中，法庭主要行使审判权来解决定性的法律问题，造价鉴定单位主要解决定量的专业问题。并且，应先由法庭解决定性的法律问题，再由造价鉴定单位解决定量的专业问题，即：法庭先解决证据材料的质证和证据的定性后才将该证据移交给造价鉴定单位处理，而鉴定单位应仅在委托范围内根据法院移交的证据进行专业的定量鉴定，否则很难保证鉴定的正确性。

现实生活中出现的某些错误，往往来自于主体定位和行为顺序的错误。只要大家都能"做我现在该做的事"，那么，错误发生的概率就会小很多。而就建设工程合同纠纷而言，法庭行使审判权解决定性的法律问题，造价鉴定单位运用专业知识解决定量的专业问题，这样，错误发生的概率就会小很多。

应当鉴定"发包人应付"的"合同造价"，而非鉴定"承包人已完"的"成本造价"

——工程造价司法鉴定问题论文系列之二

【摘　要】　首先，笔者认为：鉴定单位应依据"真实合意"鉴定，而非以"按实结算"思想进行鉴定，应鉴定的是"合同造价"，而非"成本造价"；即：应鉴定竣工时发包人"应付"合同造价的数额，而非鉴定承包人"已做"成本造价的数额。

其次，在具体分析了固定价的在建工程如何"按真实合意鉴定"前提下，提出如下公式：在建工程的工程造价＝固定价款－未完工程量的价款±工程追加合同价款。

然后，分析了已完工程造价、实际损失中的措施费、预期利润等的鉴定如何体现可调价鉴定中费率的取定应"遵从本意"的思想。

最后，对如何鉴定超标施工子目的价款提出了应"遵循法理"的理念。

【关键词】　造价鉴定；合同造价；成本造价

"Construction Costs" Judicial Authentication shall refer to the "Contract Price" payable of the Contractor Rather than the "Engineering Costs" Already Occurred by the Subcontractor

——A Series of Papers of Construction Costs Judicial Authentication Issues (Paper No. 2)

【Abstract】　First of all, the author argues that: the appraisal unit work based on "true consensual", rather than "settlement according to actuals", "contract price" should be appraised rather than "cost price", which is to appraise the amount payable of contract costs of the contractor, rather than cost price the contractor "has done".

Secondly, the author proposes the below formula: Construction in the project cost＝Fixed price-the amount of unfinished project±additional contract price, after analyzing how the ongoing projects complete the appraisal under the premise of "pricing a construction project according to the agreement upon tendering".

Then, the author analyzes the idea how the finished project costs, the actual measure cost of the actual loss, and the expected profit can have an impact on the commission rate level in the adjustable price appraisal which shall "follow the intention".

Finally, the concept of how to appraise the cost of substandard project should "follow the principle of law".

【Keywords】 Construction Cost Appraisal; Contract Price; Cost Price

【前言】

笔者在2017年5月29日发表了《造价鉴定干涉诉讼权利的情形分析》，旨在分析因工程造价司法鉴定程序存在的瑕疵而影响的权利行使。拙作如笔者所望地起到了抛砖引玉的作用，在此，谢谢各位的关注，也特别感谢各位提出意见和观点。

为了将工程造价司法鉴定的相关问题讨论得更透彻，笔者以自己承办的工程造价司法鉴定案件为基础，结合法律和建筑的理论写出了本篇拙作。若是上篇拙作是从程序角度对造价司法鉴定存在的问题进行探讨的话，那么本篇则是从实体上对造价司法鉴定存在的问题斗胆提出自己的观点和建议。

笔者认为：

因为，应依据"真实合意"鉴定，而非"按实结算"鉴定；

所以，应鉴定"合同造价"，而非"成本造价"；

即：应鉴定竣工时发包人"应付"合同造价的数额，而非鉴定承包人"已做"成本造价的数额。

但是，在工程造价鉴定中，鉴定单位往往本着"实事求是"的原则，秉承着"做了就给"朴素思想，造成一系列本不应存在的错误，例如：用"成本造价"代替"合同造价"、用"发包人应付"代替"承包人已做"、用"鉴定时的现场状况"代替"竣工时的实际情况"、用"按实鉴定"代替"按真实合意鉴定"、用"教条理解"代替"本意主旨"等。

本文首先阐述了按"应当鉴定'发包人应付'的'合同造价'而非鉴定承包人已完"的"成本造价"理由和依据，然后在具体列举了三种常见的鉴定案例的前提下，通过对其简要的法理解读以及关键原因的分析，最后提出了专业律师的建议。希望可供读者在以后处理相关纠纷中予以参考，也恳请各位予以斧正。

一、造价鉴定应鉴定"发包人""应付"的"合同造价"

笔者一直坚持认为：工程造价可分为合同造价和成本造价。 所谓的"合同造价"是指承包人保质完成建设工程发包人应付的对价；而"成本造价"则是指承包人为了取得合同造价而保质完成建设工程所花费的成本和费用。

除均受具体项目的技术参数影响外，相比较而言，合同造价更主要受工程发包形式、市场供求关系、承发包双方的博弈技巧等左右，并最终在建设工程合同中以计价方式、确定形式、结算方式等条款方式予以锁定。而成本造价则更主要受承包人的管理水平、技术水准等所制约，并最终以其与第三方就人工、材料、机械等签订的采购合同以及内部管理的成本所反映。

综上，合同造价是双方合意的结果，约束承发包双方；而成本造价则是一方内部成本和费用花费的结果，原则上，只能影响承包方。从理论上而言，二者彼此独立，互不干涉，<u>就建设工程合同而言，发包人支付的，承包人要求的只能是合同造价，不可能是成本造价</u>。

若未涉及判断合同造价是否低于成本造价的诉讼，通常的建设工程合同纠纷中的<u>造价鉴定对象是基于双方合意的合同造价，而不可能是基于一方管理水平和技术水准的成本造价</u>。

二、造价鉴定并非鉴定"承包人已做"的"成本造价"

既然建设工程合同纠纷中的造价鉴定通常鉴定的对象是合同造价，不难看出，<u>建设工程合同纠纷中的造价鉴定所鉴定的是发包人应付多少</u>。必须明确，<u>发包人应付的数额与承包人已做的数额并不完全等同</u>。

首先，这其中存在计量风险承担的问题。例如：在双方合意的建设工程合同中约定：固定价固定在施工图纸中而清单报价的计量的风险由承包人承担。则就有可能存在某一子项承包人已做而发包人不应支付的情形。

其次，存在适当履行的问题。例如：承包人提高技术参数的规格或尺寸，虽然实际已做，但从法律角度而言，该行为就是一个违约行为。发包人不仅不应支付超规格或超尺寸部分的价格，而且有权要求承包人承担违约责任。

另外，若按建设工程合同发包人应支付给承包人某一版号的钢筋每吨 3400 元，则无论承包人实际采购成本造价是每吨 3200 元还是 3600 元，均不会也不应影响发包人支付的 3400 元的合同造价。

通常情况下，合同造价应当大于成本造价的，但也有可能存在合同造价小于成本造价的情况。对于后者，只要约定时的合同造价不低于承包人当时的成本造价，就应当认定是一个正常商业风险。

综上，<u>工程造价的鉴定对象是发包人应付的合同造价而非承包人实际的成本造价</u>。

三、固定价在建工程应"按真实合意鉴定"

（一）情况概述

如果合同造价以固定总价形式确定，当建设工程合同解除，若质量无异议的，已完工程合同造价应当支付[①]。因此，一方要求鉴定已完工程合同造价应当被允许。

而由于固定总价的计价方式并不常被强调，并且工程量清单与施工图纸的对应也可能存在差异等原因，鉴定固定总价的在建工程鉴定单位往往本着"实事求是"的精神，"价按定额、量按实际"进行"按实结算"。

---

① 《最高人民法院关于审理建设工程施工合同纠纷案件适用法律问题的解释》第十条第一款规定："<u>建设工程施工合同解除后，已经完成的建设工程质量合格的，发包人应当按照约定支付相应的工程价款</u>；已经完成的建设工程质量不合格的，参照本解释第三条规定处理。"

（二）建议方式

笔者认为： 在建工程的工程造价的鉴定应在固定总价的基础上扣除未完工程量所对应的工程造价再加上工程变更确认的追加工程价款，即：

在建工程的工程造价＝固定价款－未完工程量的价款±工程追加合同价款

（三）主要理由

固定价在签约时已通过具体数据的方式将风险分配完毕，即：无论承包人为取得该工程造价花费多少成本造价，发包人支付的工程价都是不变的。而可调价则是在签约时主要通过一定计量规则和抽象的费率将风险分配完毕，即：承包人取得合同造价是以成本造价为基础的，且计价方式与价额确定方式在某种意义上是统一的。

因此，可调价的在建工程鉴定容易做到尊重合意，反映法律事实；而固定价的在建工程鉴定往往会"天经地义"地通过"按实结算"的方式进行。若固定价的在建工程"按实结算"思路进行鉴定，笔者认为这其中至少存在以下三个问题：

（1）无形中将约定的"固定总价"改变为"可调价"，也势必将投标时工程量计算误差的风险在无形中进行转移；

（2）无形中将承包人可能未按图施工的瑕疵责任予以免除且给予合法化；

（3）有可能将确实实际完成的，但根据法律规定或双方约定缺乏合法要件而不应计价的部分予以计价。

综上，最高院为了防止这种所谓的"按实结算"打破双方合意，使得客观事实代替法律事实的情况，故明确规定：一方要求对固定价申请鉴定的，法庭不予准许[①]。

但由于固定价的在建工程必须鉴定，因此，笔者认为：**应当鉴定未完工程价款，然后在固定总价的前提下予以扣除的方式才是真正体现"按"当时真"实"的合意"结算"。**

（四）律师提醒

在约定以固定价（尤其固定总价）确定合同价款时，尽可能同时明确计价方式、计量误差风险的承担主体以及同时引入进度款与应付款的概念。

四、可调价鉴定中费率的取定应"遵从本意"

（一）情况概述

当合同中约定造价以当地工程造价管理部门出具的定额确定时，如果由于发包人的违约而承包人要求解除合同，则造价鉴定中往往包括：已完工程造价、实际损失中临时设施费和预期利润。

通常情况下，鉴定单位往往是以双方签订的建设工程合同中约定的承包范围内的工程规模来确定工程类别，从而决定其费率而进行已完工程造价鉴定。而临时设施费则以提供

[①] 《最高人民法院关于审理建设工程施工合同纠纷案件适用法律问题的解释》第二十二条规定："当事人<u>约定按照固定价结算工程价款</u>，一方当事人请求对建设工程造价进行鉴定的，<u>不予支持</u>。"

的证据"按实鉴定",预期利润往往会认为承包人没有实际发生则不予鉴定。

(二) 建议方式

笔者认为:在建工程的合同造价应当以已完工程规模相应的工程类别来取定费率;临时措施费和预期利润则以合同约定的承包范围所对应的工程规模相应的工程类别取定费率予以计算。

(三) 主要理由

1. 已完工程造价的鉴定

根据法律相关规定,无论何种原因解除建设工程合同,对于承包人已完成且符合质量要求的工程,发包人仍应约定支付相应的工程价款。

定额费率是以工程规模大小将建设工程分为不同类别而设定不同比率从而使工程规模与造价费率相匹配而达到实际公平的社会效果。而承包范围工程规模对应的类别是以全部完成的建设工程为前提的。但是,合同解除的情况下,通常仅仅完成部分工程,可能存在承包范围的工程规模与已完工程规模对应的工程类别是不一致的情况。

故,在鉴定已完工程造价时,若教条地按建设工程合同中的承包范围所对应的工程规模套用相应费率是不合适,也不科学的,更是与设定工程类别的宗旨相违背的。只有根据已完工程的规模取得工程类别,才能将工程施工过程中直接耗费的构成工程实体规模与定额费率相匹配。

2. 实际损失中的措施费的鉴定

按照行为惯例,通常承包人进场施工前是按建设工程合同承包范围的规模和要求建设临时设施的,因此,若由于发包人的违约致使合同解除,承包人往往会要求发包人承担除已完工程造价中已包含之外的临时设施费。

若双方约定按定额结算合同造价时,只要承包人完成符合约定要求建设工程时,发包人就应当支付按定额结算的合同造价,不存在以承包人要求发生定额相应的费用为前提,因此,笔者认为:临时设施措施费的鉴定原则上是不存在"按实结算"的,即:承包人无须承担举证证明已完成临时设施费用花费情况的义务。在合同中,双方已经约定按相应定额进行结算,就意味着双方均同意该部分的费用由发包人支付,故不存在以承包人是否实际支出为前提。

综上,**鉴定的对象应是发包人按约定应当支付的费用而非承包人实际花费的费用。**

3. 预期利润的鉴定

根据法律的相关规定[①]:因一方违约导致合同解除的,违约方应当赔偿因此给对方造成的损失。该损失包括:预期利润和实际损失[②]。

---

① 《最高人民法院关于审理建设工程施工合同纠纷案件适用法律问题的解释》第十条第二款规定:
"**因一方违约导致合同解除的,违约方应当赔偿因此而给对方造成的损失。**"
② 《中华人民共和国合同法》第一百一十三条第一款规定:
"**当事人一方不履行合同义务或者履行合同义务不符合约定,给对方造成损失的,**损失赔偿额应当相当于因违约所造成的损失,**包括合同履行后可以获得的利益,**但不得超过违反合同一方订立合同时预见到或者应当预见到的因违反合同可能造成的损失。"

应当鉴定"发包人应付"的"合同造价",而非鉴定"承包人已完"的"成本造价"

发包人违约被承包人解除的建设工程合同将造成承包人的预期利润不能取得。而由于双方约定按定额计价的,在定额的费率表有相应的利润率。因此,发包人应当承担赔偿承包人预期利润的损失,这是对契约精神的尊重,也是守信原则的体现。

(四) 律师提醒

<u>当合同中约定以定额计算合同造价时,应明确只要建设工程符合要求,定额中包括的所有内容均是发包人应当支付的,原则上,承包人对此无需举证证明是否实际发生。</u>

五、鉴定超标施工子目的价款首先应"遵循法理"

(一) 现状概述

若在工程竣工结算时,双方对结算价款存在纠纷从而进行诉讼的,在鉴定过程中,往往会出现超规格或超尺寸的情况,在鉴定中发现,鉴定单位往往本着"实事求是"的精神对超标施工的子目进行"按实结算"。

例如:施工图和预算书等技术资料中的某种钢筋的规格是22mm,而竣工图和结算书等技术资料中为25mm的钢筋,且承包人确实按25mm的标准施工,并且也没有发包人的工程变更单,则通常鉴定机构会以18mm"按实鉴定"。

(二) 建议方式

笔者认为:若没有发包人签发的工程变更的合法证据,鉴定机构应按照施工图和预算书等技术资料中所标示的 **22mm** 进行鉴定,而不应按照竣工图和结算书等技术资料所显示的 **25mm** 进行鉴定。

(三) 主要理由

首先,从鉴定目的而言,竣工结算纠纷的本质是"发包人应付承包人多少合同造价"的纠纷,故其造价鉴定寻求的是"根据双方合同约定,发包人应付承包人多少合同造价"而非"承包人实际完成的成本造价"。

其次,从建筑学的角度而言,钢筋从22mm变为25mm并非一定有利于建设工程质量。相反,结构设计需要考量诸多因素从而达到整体平衡。每一细微数据的取定均是在其他诸多数据的前提下进行的;每一数据的改变会影响其他数据,从而影响整个体系。

最后,从法律的角度而言,将22mm变为25mm其本质是违约行为。所谓的"违约"包括未履行约定义务,也包括虽履行约定义务,但不符合约定要求[①],例如:22mm变为25mm。也因此,建筑法明确要求,施工承包人的主要义务是按图施工。

若鉴定时按22mm计算已可视为不予追求承包人违约责任。若进一步按25mm进行鉴

[①] 《中华人民共和国合同法》第一百零七条规定:
"当事人一方**不履行合同义务**或者**履行合同义务不符合约定**的,应当承担继续履行、采取补救措施或者赔偿损失等违约责任。"

定计算，则等同于将违约行为合法化。

（四）律师提醒

出现这种超规格或超标准的施工，首先应当向鉴定单位和法官明确其行为属于违约行为。若发包人未反诉也不等同于认可该行为的合法。应坚决要求按施工图规格或标准进行鉴定。

六、结语

若将提交给鉴定单位的证据定义为"检材"，则首先应在法庭质证确认其符合"真实性、合法性和关联性"后方可转交鉴定单位。而鉴定单位应当（也必须）仅按这些"检材"进行鉴定。就像烹饪，应先要对食材进行挑选清洗后方可进行烹煮，否则这道菜很难保证是干净的。不仅如此，若在烹饪过程中不加思考地随意放入食材，随意改变烹饪方式，往往会出现"串味"的"大杂烩"，而非真正美味的"盛宴"。

论造价司法鉴定非诉法律服务的必要性

——工程造价司法鉴定问题论文系列之三

【摘　要】 首先，笔者认为：大多数建设工程案件的诉讼质量都与司法鉴定报告的质量息息相关。一般情况下律师不参与造价鉴定全过程，而且，鉴定报告的质证常受时间和场地限制，要求"补充（或重新）鉴定"程序很难启动。

其次，为了保证建设工程案件的诉讼质量，关键在于全过程跟踪造价鉴定，努力将瑕疵消灭在出报告之前。

最后，笔者从收集证据并测算结果、审核鉴定范围、确定鉴定所需资料、提交司法鉴定法律意见书和单方测定工程造价结果、全面跟踪造价鉴定全过程、对初稿提出可能的异议以及法庭质证等八个方面介绍了上海东方环发律师事务所工程司法鉴定研究中心造价鉴定非诉法律服务的要点。

【关键词】 非诉法律服务；司法鉴定

It is Essential to have Non-Litigation Legal Service in Construction Judicial Authentication

——Construction Costs Judicial Authentication Issues (Paper No. 3)

【Abstract】 First of all, the author argues that: the litigation quality in most construction projects are closely related to the quality of forensic reporting. In general, lawyers do not participate in the whole process of cost appraisal, and the certification of the identification report is often limited by time and space, so it is difficult to start the "supplementary appraisal (or reappraisal)" procedure.

Second, in order to ensure the quality of litigation in the construction project, the key is to track the whole process of project cost appraisal, and strive to eliminate the flaws before the report is done.

Finally, the author introduced the project cost appraisal non-litigation services of the Engineering Forensic Research Center of Shanghai Oriental Development Law Firm, from in total 8 aspects: collecting evidence and calculating results, reviewing the scope of identification, determining required information for appraisal, submitting to the forensic legal advice, submitting unilateral project cost appraisal results, tracking comprehensively the entire process of cost appraisal, proposing questions on preliminary drafts and cross-examination at court.

【Keywords】 Non-Litigation Legal Service, Judicial Appraisal

【前言】

2017 年 5 月 29 日、6 月 13 日，笔者先后发表了造价司法鉴定问题论文系列之一《造价鉴定干涉诉讼权利的情形分析》和论文系列之二《应当鉴定"发包人应付"的"合同造价"，而非鉴定"承包人已完"的"成本造价"》。上述两篇拙作旨在分析实践中因工程造价司法鉴定程序可能存在的瑕疵而影响的权利行使以及如何建立"应鉴定的是发包人竣工时点应付的合同造价"的理念。

通常情况下，建设工程案件的诉讼均会涉及司法鉴定，尤其是工程造价司法鉴定。而基于上述提及的逻辑路径，笔者认为：

（1）建设工程案件的诉讼质量可由两部分组成：一部分是司法鉴定报告的质量，另一部分则是除此之外的庭审质量。**而大多数建设工程案件的诉讼质量都与司法鉴定报告的质量息息相关。**

（2）由于"一般情况律师不参与造价鉴定全过程"且"鉴定报告的质证常受时间和场地限制"，故很难做到"开封查验"，即：**对报告中的具体专业问题（例如：量、价、费等）当庭核实和对账式的质证。**

（3）**质证后启动"补充（或重新）鉴定"程序通常是在报告存在明显瑕疵，且需申请方的律师不但敬业，而且专业为前提的。** 否则，将很难启动该程序。若无法启动，原则上鉴定报告的瑕疵再无其他救济途径。

（4）为了保证建设工程案件的诉讼质量，维护当事人合法权益，重视和提高司法鉴定报告的质量是诉讼过程中的重中之重，**而其关键在于：全过程跟踪造价鉴定，努力将瑕疵消灭在出报告之前。**

（5）**"努力将瑕疵消灭在出具鉴定报告之前"的关键是司法鉴定环节必须有律师跟进。** 跟进方式主要有两种：第一种，由同一律师同时承担司法鉴定和诉讼过程的相关工作；第二种，由不同律师分别承担司法鉴定和诉讼过程的相关工作。前者有利于对案件进行整体把握，而后者也不失为一种亡羊补牢的办法。

为了将工程造价司法鉴定的相关问题讨论得更为透彻，笔者以上海东方环发律师事务所工程司法鉴定研究中心（以下简称"工程司法鉴定研究中心"）承办的工程造价司法鉴定案件为基础，结合工程司法鉴定研究中心的操作规程，撰写本篇论文作为造价司法鉴定问题论文系列之三。希望可供读者在以后处理相关纠纷中予以参考，也恳请各位予以斧正。

以下是"工程司法鉴定研究中心"全面跟踪造价司法鉴定操作规程的主要环节。

一、收集证据并测算结果后分析诉讼风险

若律师接受案件被告委托的建设工程案件时，应判断诉讼相对方，即原告是否存在质量瑕疵和工期违约的情况，并测算对应的造价和损失，从而分析是否需要提出反诉？若需

要，何时提出鉴定？

若律师接受案件原告委托的建设工程案件时，在注意相关证据搜集齐全的前提下，应判断诉讼相对方，即被告是否存在提出反诉的可能性，并测算不同情况下的结算结果①。

这一阶段工作的主要目的在于：**收集与本案有关的所有证据并定量测算，本着降低诉讼风险的目的，客观理性地分析各种诉讼策略存在的风险**。

二、审核鉴定范围，使诉讼请求与鉴定范围相匹配

当律师仅接受关于造价鉴定的非诉法律服务时，无论是接受原告委托，还是接受被告委托，首先需要做的是阅卷。律师应阅览诉讼中原告和被告提交给法庭的所有材料及庭审时的所有笔录。而后，应在巩固之前工作成果的前提下，重点分析申请鉴定的鉴定范围是否与委托人的诉请相一致。

这一阶段工作的主要目的在于：**在了解之前工作成果的前提下，审核鉴定范围是否与鉴定目的一致，是否与诉讼请求一致，若发现偏差时及时向法院提出**。

三、确定提交鉴定所需资料并使其符合证据要件

当法庭决定工程造价鉴定后，若作为申请人的代理人，应当从专业角度提供司法鉴定所需要的相关证据材料，并向鉴定单位解释其对鉴定造价的作用。若作为被申请人的代理人，应就申请人提交的证据材料要求法庭组织质证，对不符合证据要件的证据材料向法庭请求不予提交鉴定单位作为鉴定依据②。

这一阶段工作的主要目的在于：**申请人提供的鉴定所需证据材料应尽可能穷尽且努力使鉴定单位理解其作用；而被申请人应当避免非证据的材料作为鉴定依据纳入鉴定结论**。

四、提交法律意见书并单方测定工程造价结果

当双方就造价鉴定向法庭提交完毕证据材料后，应就工程造价鉴定的相关问题拟定法律意见书，在向当事人的专业人员进行解读后要求当事人的专业人员在理解法律意见的前提下，根据鉴定单位具有的证据材料进行单方的专业测算，即：单方模拟出一份"造价鉴定报告"，从而做到自己心里有数，也便于后续鉴定过程的跟进更有理有据。

---

① 《中华人民共和国合同法》第一百一十三条第一款规定：
"**当事人一方不履行合同义务或者履行合同义务不符合约定，给对方造成损失的**，损失赔偿额应当相当于因违约所造成的损失，**包括合同履行后可以获得的利益**，但不得超过违反合同一方订立合同时预见到或者应当预见到的因违反合同可能造成的损失。"

② 《中华人民共和国民事诉讼法》第六十四条规定：
"**当事人对自己提出的主张，有责任提供证据**。
当事人及其诉讼代理人因客观原因不能自行收集的证据，或者**人民法院认为审理案件需要的证据，人民法院应当调查收集**。
人民法院应当按照**法定程序，全面地、客观地审查核实证据**。"

这一阶段工作的主要目的在于：<u>对造价鉴定中可能碰到的定性问题予以明确表态并准备充分依据；对造价鉴定中的定量问题先进行测算，以便心中有数，为造价鉴定的后续跟进作好准备。</u>

五、全面跟踪造价鉴定全过程并及时提出意见

全面跟踪造价鉴定全过程，参与由鉴定单位组织的鉴定资料核实碰头会。对于未经过质证的证据资料和超过举证期限的证据材料，应及时向鉴定单位和法院提出不予采纳。同时，对于由鉴定单位组织的现场勘查应积极参加，并明确鉴定时点应当是竣工时点。若出现以现场状态和勘查时点为鉴定依据的情况时，应及时向鉴定单位和法院提出意见。

这一阶段工作的主要目的在于：<u>保证造价鉴定中采用的证据材料符合证据要件，并保证造价鉴定的时点是竣工时点，并向鉴定单位和法庭提交就鉴定中的代理意见书，从而影响鉴定机构和法庭使鉴定过程中已发现的问题及可能不要出现在鉴定初稿中</u>。

六、从法律和专业角度对初稿提出可能的异议

对于鉴定单位出具的初稿意见，应及时组织当事人的专业人员进行核对。对于其中的疏漏和错误分别从定性的法律角度和定量的专业角度以异议书的形式向鉴定单位和法院提出，并尽可能与鉴定人员进行当面沟通交流。

这一阶段工作的主要目的在于：<u>努力使初稿中的瑕疵在出具正式报告前予以消除，降低其后质证过程的对抗性</u>[①]。

七、法庭质证中就实体、程序作出提问

<u>在收到正式报告后，首先应从定性的法律问题和定量的专业问题进行分析。若存在瑕疵，则组织当事人的相关人员进行讨论，统一认识，归纳总结，然后提出质证的策略：质证顺序如何，如何提问等，并模拟质证时可能出现的情况进行准备。</u>

这一阶段工作的主要目的在于：<u>发挥质证技巧，提高质证效果。在法庭上通过质证使报告的瑕疵迅速凸显出来，让法庭能明确认识，从而达到补充（或重新）鉴定的目的。</u>

八、根据质证情况就报告存在的问题提交代理意见

质证完毕后，应及时、理性地分析质证效果，确定质证过程中哪些问题已经明确，哪些问题明确不够以及哪些问题没有明确。就上述分析，应及时向法庭提交一份就质证问题为主要内容的代理意见。该代理意见应当做到简洁、周延、明确，同时提交申请补充（或

---

① 《司法鉴定程序通则》第十四条规定：
"司法鉴定机构收到委托，应当对委托的鉴定事项<u>进行审查</u>，对属于本机构司法鉴定业务范围，委托鉴定事项的用<u>途及鉴定要求合法，提供的鉴定材料真实、完整、充分的鉴定委托，应当予以受理。</u>
对提供的鉴定材料不完整、不充分的，司法鉴定机构<u>可以要求委托人补充；委托人补充齐全的，可以受理。</u>"

重新）鉴定申请书。

这一阶段工作的主要目的在于：**在锁定质证成果的前提下，补正质证中的不足或缺陷，并尝试再次影响法庭。同时，以书面形式正式向法庭提出补充（或重新）鉴定的申请。**

九、结语

综上，笔者认为，工程造价鉴定非诉法律服务的主要原则在于：以造价鉴定的原则性遵守职业操守；以工程造价的契约性尊重双方的合意；以工程计价的提前性遵守法律规定；以基础资料的证据性把握规则精髓；以工程造价的专业性遵从取舍原则。

本篇拙作已是笔者就造价司法鉴定撰写的第三篇论文。之前的两篇拙作，如笔者所望，均起到了抛砖引玉的作用。在此，谢谢各位的关注，也特别感谢各位提出的意见和观点。无论是建设工程领域内还是法律界的同仁，笔者诚挚地希望这三篇文章能够为诸位在实践中可能会或者已经遇到的相关问题提供些许微不足道的帮助，也希望能够为建设工程行业的司法鉴定事业的完善和提高尽些许绵薄之力。同时，若文章中存在任何不足或瑕疵，也恳请各位予以斧正，不吝赐教。

浅析当代中国建筑法体系中的几个问题

【摘　要】　首先，本文建议尽快以部门规章形式设立建设工程总承包人资质。

其次，本文认为招标投标法中规定的必须招标的建设工程项目过于宽泛，建议适当缩小必须招标的范围。

再次，本文认为允许施工总承包人在承包范围内的专业工程可以没有相应资质，不仅与上位法相关规定相违背，而且与分包规定形成逻辑上的悖论，也是产生"指定分包"和"总包管理费"的主要根源。本文还认为107号文、369号文中的"逾期不结算视为认可"超越部门规章的立法权限，并与上位法的相关规定不符。

最后，建议应强调示范文本非强制符合这一特点的同时，允许当事人对通用条款予以修改。

【关键词】　建筑法；部门规章；示范文本

An Analysis of Several Issues in the Contemporary Architecture Law System of China

【Abstract】　First of all, It is urgently recommended that to establish the construction general contractor qualification in the form of departmental rules and regulations.
Secondly, this paper argues that the construction project scope specified in the bidding law that is required for tender is too broad. It is suggested that the scope of the tender must be reduced appropriately.
Thirdly, this paper argues that it's not mandatory for the general contractor to have related qualifications within the scope of the professional projects. This not only goes against the relevant regulations of the superior legislation, but also contradicts with the sub-rules to form a logical paradox; moreover, this is the cause of "designated subcontracting" and "general contractor management fee". This article also believes that the "overdue settlement as recognized" in the "107" and "369" texts have gone beyond the rules and regulations of the legislative authority and also gone against the relevant regulations of the superior legislation. Finally, this author suggests emphasizing that the sample text should not be abided compulsorily, Meanwhile, it's allowed to modify the general terms.

【Keywords】　Architecture Law; Departmental Rules and Regulations; Sample Text

【前言】

当代中国建筑法体系由作为专业法的《建筑法》和作为基本法的《合同法》《招标投标法》等法律中相关条款为根本；辅以《建设工程质量管理条例》、《建设工程安全生产管理条例》和《建设工程勘察设计管理条例》三个行政法规，以及部门规章和其法律渊源所构成的一个完整体系。

由于最高人民法院所制定的相关司法解释对具体案例的审判起到的作用往往类似于法律，因此，通常也将其作为当今中国建筑法体系中的一部分。

另外，住房城乡建设部所制定的各类建设工程合同（示范文本），一般被认为具有准法律的性质，将其作为当今中国建筑法体系中的一部分也是理论上的一种说法。

由于法律本身的滞后性，以及中国立法的特点，再加上建筑法具有明显的专业性，笔者认为，当今中国建筑法体系中至少存在以下几个问题。

一、以政府文件规定建设工程总承包资质

工程总承包不仅被法律所肯定，并且是被法律所提倡的。同时其也被政府所鼓励，而工程总承包管理规范已被认定为国家标准的技术地位。但是，工程总承包资质被废除后，至今未恢复。因此，当今中国建筑企业资质体系中唯独缺少建设工程总承包资质（图1）。

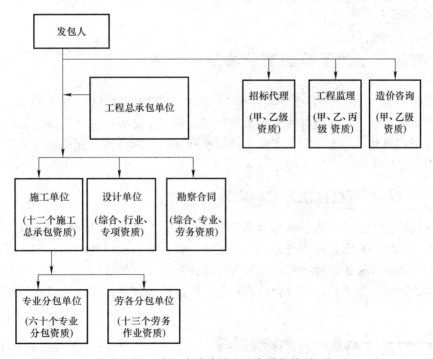

图1　中国当代建筑企业资质归纳图

在具体工程总承包中,当今主要以建设部发布的《关于培育发展工程总承包和工程项目管理企业的指导意见》(建市 [2003] 30 号)作为依据进行操作,该文件允许其他资质的单位或联合体承接 EPC 工程[①],笔者认为这种做法至少存在以下三个问题:

(一) 存在合法性问题

以政府文件取代部门规章则存在形式上合法性的问题,而允许不同资质简单拼凑的联合体承包则在实体上存在违反联合体同类资质按"孰低原则"处理的相关规定之嫌,因此,存在合法性问题。

(二) 存在科学性问题

该文件所允许的操作不能体现工程总承包将勘察、设计、施工和设备采购作为一个整体进行"统揽全局、统筹安排、统一管理",达到"多(方得利)、(工期)快、(质量)好、(造价)省"的最终目的,因此,存在科学性问题。

(三) 存在操作性问题

联合体成员中若无施工总承包资质,则联合体势必将施工部分进行分包,由于施工总承包企业在承包范围内的专业工程施工可以不必申请相应的专业资质,而事实上,绝大部分施工总承包企业并非具有相应的专业资质,因此,该施工分包企业势必将专业工程进行再次分包,这就涉及无效的"违法分包",因此,存在操作性问题。

若将此现象继续下去,不利于当代建筑业自身能力的提升,不利于建筑行业的国际化,也不利于理顺建筑业资质的管理体系。因此,笔者建议:尽快以部门规章形式建立建设工程总承包资质。

二、与经济规律不符的滞后法条

必须承认,从 2000 年 1 月 1 日实施近 12 年来,《招标投标法》实施的具体状态并不乐观,虽然新颁布的《招标投标法实施条例》对《招标投标法》具体实施起到一定的操作上的细化作用,但是,笔者认为:产生《招标投标法》实际操作不允乐观的主要原因是来之于实体上规定,主要存在以下问题:

(一) 首先,招标投标法追求的宗旨过于繁杂

民事合意的方式主要由直接磋商和程序磋商(即:招标程序和拍卖程序),作为规范招标程序的招标法,其宗旨应当与合同法的宗旨一样,应当相对纯粹些,即:应当主要就规范招标投标活动,保护招标投标活动当事人的合法权益为其宗旨。

笔者认为:保护国家利益、社会公共利益、提高经济效益,保证项目质量应当主要是

---

① 《关于培育发展工程总承包和工程项目管理企业的指导意见》(建市 [2003] 30 号)第四条第(一)项规定:"在其勘察、设计或施工总承包**资质等级许可的工程项目范围内开展工程总承包业务**。工程勘察、设计、施工企业也**可以组成联合体对工程项目进行联合总承包**。"

由其他法律的宗旨,因此,招标投标法追求的宗旨过于繁杂[①]。

(二)随之,必须招标工程项目规定过于宽泛

为了兼顾繁杂的宗旨,随之就出现必须招标的工程项目规定的过于宽泛,若按《工程建设项目招标范围和规模标准规定》,三类必须招标的工程项目几乎囊括了绝大多数工程建设项目,并且,还必须是从勘察到设计、从施工到采购,甚至包括工程监理的全过程。

笔者认为:民事合意的前提是双方意思自治,而这种意思自治首先应当体现在选择磋商方式上。这事实上,就干涉当事人选择磋商方式的权利,不仅使当事人意思自治体现的不充分,也与当前中国经济发展规律不太匹配。

(三)相应责任执行不力

实务过程中,完全自愿并完全遵循招标程序进行工程招标的工程项目并非一定占多数,法律不仅赋予相关行政单位对"阴阳合同"的处罚权,而且要求司法机关对严重的"串标行为"应当追究其刑事责任。可能是法不责众的原因,虽然违规情况不允乐观,但无奈,相应责任出现执行不力现象。

法是客观见之于主观的东西,其内容是由一定的社会物质生活条件所决定的,正如马克思说:"无论是政治的立法或市民的立法,都只是表明和记载经济关系的要求而已",因此,笔者认为:《招标投标法》第三条与现阶段的经济发展规律不完全吻合,建议应作适当的调整。

三、违背上位法中"从业资格"的规定

作为部门规章的《建筑业企业资质管理规定》第十三条明确允许施工总承包人在承包范围内的专业工程可以没有相应资质。为了更明确这一规定,《建筑业企业资质管理规定实施意见》第七条规定作了更为直接和更为明了的阐述[②]。但是,笔者认为至少存在以下问题:

(一)与上位法"从业资质"规定相违背

施工总承包资质与专业承包资质分属于施工承包企业资质的二个不同序列,仅就承包范围内该专业工程而言,总承包人确实没有相应的专业资质,若按该条款的规定,就出现由于取得其他工程的承包权,而自然取得承包范围内的其他专业工程的资质的结论,显然

[①] 《中华人民共和国招标投标法》第三条第一款规定:
"在中华人民共和国境内进行下列工程建设项目包括项目的勘察、设计、施工、监理以及与工程建设有关的重要设备、材料等的采购,**必须进行招标**:
(一)大型基础设施、公用事业等**关系社会公共利益、公众安全的项目**;
(二)全部或者部分**使用国有资金投资或者国家融资的项目**;
(三)使用国际组织或者**外国政府贷款、援助资金的项目**。"
[②] 《建筑业企业资质管理规定》第十三条规定:
"施工总承包企业承担**总承包项目范围内的专业工程可以不再申请相应专业承包资质**。"

这一结论是不成立。

笔者认为：该条款本质上是与作为上位法的《建筑法》要求承包人"在其资质等级许可的范围内从事建筑活动"等相关规定相违背的。

（二）与分包规定形成逻辑上的悖论

合法分包的条件之一是需要发包人同意，但是，法律并未规定同意与否的具体条件，因此，若结合该条款的规定，则就会出现"总包人必须分包才是合法""发包人就是否定也并违法"的悖论。实务中，往往就以发包人指定分包单位的"指定分包"或由发包人直接与分包人结算而支付给总包人所谓的"总包管理费"作为妥协的结果。

笔者认为：这种逻辑上的悖论而在实务中产生的所谓"指定分包"和"总包管理费"等情形，从本质上就是干涉承包权，不利于工程质量和安全有效管理，也是大量纠纷产生的原因之一。

（三）要求承担连带责任勉为其难

总包人就分包工程与分包人共同承担连带责任的前提是总包人有义务对分包进行管理，则按该条款可能产生总包人没有能力对该专业工程进行有效的管理，若再出现该分包是所谓的"指定分包"以及总包人仅收取所谓的"总包管理费"的情形，不仅要求总包人履行总包管理也勉为其难，而且要求总包人承担连带责任更是偏离公平。

笔者认为：该条款产生的后果就是总包人对该专业工程没能力，也没有积极性、事实上也不完全进行总包管理。事实上，不利于工程质量的保证，也不利于建筑市场的健康发展。

四、违背立法法相关规定的条款

107号文和369号文中的"逾期不结算视为认可"规定①，笔者认为：至少存在以下问题：

（一）超越部门规章的立法权限

国务院各部委可以根据法律和行政法规制定相应的规章，但是，仅限于该部委的权限范围之内，关于民事权益的作为基本民事制定只能由法律制定，因此，该条款规定的内容违背了立法法关于部门规章立法的权限。

（二）违背上位法的相关规定

法律明确规定"不作为的默示只能由狭义的法律规定或当事人双方约定才有效力"。

---

① 《建筑工程施工发包与承包计价管理办法》第十六条规定：
"工程竣工<u>验收合格</u>，应当按照下列规定<u>进行竣工结算</u>：
（一）承包方应当在工程竣工验收合格后的约定期限内<u>提交竣工结算文件</u>。
（二）发包方应当在收到竣工结算文件后的约定期限内予以答复。<u>逾期未答复的，竣工结算文件视为已被认可</u>。
发承包双方在合同中对上述事项的期限<u>没有明确约定的</u>，可认为其约定期限均为<u>28日</u>。"

并且，最高人民法院以司法解释的形式予以了强调，因此，该条款规定的内容违背了上位法的相关规定。

笔者认为：该条款会造成当事人的误解，从而产生不必要的纠纷和诉讼，既不利安定团结，也不利于司法资源的有效利用。

五、示范文本存在的问题

虽然示范文本仅作为当事人参考使用，但是，由于建设工程合同的示范文本是由住房城乡建设部和工商总局联合颁布的，并且相应地方建设行政主管部门要求按示范文本签订合同，否则不予备案，因此，对建筑业影响很大，但是，笔者认为，现阶段的示范文本至少存在以下问题。

（一）公平程度不充分

例如在《建设工程设计合同（示范文本）》中和《建设工程造价咨询合同（示范文本）》中均有"赔偿额限止"条款，该条款明显与民法违约"赔偿额填补"原则不符，违背了公平原则，况且，不允许修改的通用条款具有格式条款的属性，则可能存在由于不按公平原则确定当事人之间的权利和义务之嫌而不被法律所认可[①]。

（二）意思自治不充分

例如在《建设工程施工合同（示范文本）》通常条款和《建设工程施工专业分包合同（示范文本）》通用条款中，均存在"默示认可"的相关规定，由于通用条款篇幅过长，并且相应地方建设行政主管部门不得对其修改，因此，其意思自治是不充分的，出现名曰"双方约定"，实为"未作合意"的结果，因此，这些所谓的约定通常不被法院所认可。

（三）体现法律不充分

例如在《建设工程施工合同（示范文本）》和最新的《建设项目工程总承包合同（示范文本）》中关于合同组成及解释的约定未充分体现已有法律的相关规定，由于约定有效前提是合法，而大多数建设工程项目是需要经过招标发包的，因此，对招标发包的合同解释顺序首先应遵循招标法相关规定，否则，法律是不予认可的。

笔者认为：首先，应强调示范文本非强制符合这一特点，其次，通常条款篇幅不宜过长的前提下，允许当事人予以修改，另外，要防止利益的袒护，避免法律的冲突、脱离现实的状态等。

---

① 《建设工程监理合同（示范文本）》（GF-2000-0202）通用条件第二十六条规定：
"监理人在责任期内，应当履行约定的义务。如果**因监理人过失而造成了委托人的经济损失**，应当向委托人赔偿（除本合同第二十四条规定的以外）。**累计赔偿总额不应超过监理报酬总额（除去税金）**。"

2013版《建设工程施工合同（示范文本）》八项新制度初探

【摘　要】　首先，分析介绍《建设工程施工合同（示范文本）》（GF—2013—0201）中的双向担保、合理调价、缺陷责任期、索赔过期、争议评审、双倍赔偿、物权证书和系列保险等八项新度的主要条款以及条款本意。

然后，在对八项制度分别提出二个异议的基础，提出了两项建议。

最后，本本认为：示范文本应当去行政化和法定化的痕迹，还原民事合同的本质。

【关键词】　条款；制度；法定

An Initial Analysis of the Eight New Regulations in the *Construction and Engineering Contracts* (*Sample Text*) 2013 Version

【Abstract】　First of all, the article analyses the major terms of the original intention in the two-way guarantee, reasonable price adjustment, defect liability period, expired claims, dispute review, double compensation, property certificates and series of Insurance and other eight new terms written in the *Construction Project Construction Contract* (*Sample Text*) (GF—2013—0201).

Then, the article proposes two different bases for the eight systems, and puts forward two proposals, and finally, the books that: the model should be to the administrative and legalized traces, to restore the nature of civil contracts.

【Keywords】　Terms；System；Statutory

【前言】

笔者认为示范文本应当遵循以下原则：非常态不能作为前提；法律规定不必作为内容；行政规定不得影响意思自治；经典理论不该打破。

所以，示范文本应当"去行政化、去法定化。"

2013版的《建设工程施工合同（示范文本）》是在1999版的基础上进行了大量的删除和修改后形成的。其中，最有特色的是推出八项制度。在此，笔者对该八项内容作出简要的评析。

一、双向担保制度

(一) 主要条款

双向担保制度中最主要的条款是《通用合同条款》第二节 2.5 条"资金来源证明及支付担保"条款。该条款规定：

"除专用合同条款另有约定外，发包人要求承包人提供履约担保的，发包人应当向承包人提供支付担保。支付担保可以采用银行保函或担保公司担保等形式，具体由合同当事人在专用合同条款中约定。"

(二) 条款本意

该制度设置目的在于希望通过双向担保的制度来减少违约，解决拖欠工程款的难题。这也是《合同协议书》第七条"承诺"条款在《通用合同条款》中的具体实施条款之一，即：通过双方担保的方式来保证承包人"按时保质完成建设工程"和发包人"按时足额支付工程价款"。

(三) 两个问题

(1) 由于支付工程价款的前提是承包人按时保质完成建设。因此，发包人具有法定的先履行抗辩权。而支付担保的主要形式是银行向承包人开具的无条件支付保函，故可能存在发包人的法定抗辩权因承包人行使银行支付保函而抵消[1]。

(2) 发包人履行"支付担保"的主要方式是承包人取得一份银行"无条件保函"，而承包人履行"履约担保"的主要方式是发包人取得一份银行"无条件保函"。因此，无论是哪一方行使担保，对方均可同样行使"担保"，其结果可以是无担保或差额担保。

(四) 两个建议

(1) 原则上**不同时设定双向保函形式的担保**，尽可能使承包人和发包人的担保是**不同的形式**。如果确实需要设定双向保函形式担保的，则**必须约定恶意行使保函的违约责任**。

(2) 双方应充分理解和使用法定的抗辩权，并**在专用条款中予以明确**。尽可能将合同约定得周全明确。加强对违约责任的明确，尽可能对与义务相对应和相匹配，从而真正起到防止违约，警戒违约的作用。

---

[1] 《中华人民共和国合同法》第六十七条规定：
"当事人互负债务，有先后履行顺序，<u>先履行一方未履行的，后履行一方有权拒绝其履行要求</u>。
先履行一方履行债务不符合约定的，后履行一方<u>有权拒绝其相应的履行要求</u>。"

二、合理调价制度

（一）主要条款

合同调价保制度中最主要的条款是《通用合同条款》第十一节 11.1 条"市场价格波动引起的调整"条款。该条款规定：

"除专用合同条款另有约定外，市场价格波动超过合同当事人约定的范围，合同价格应当调整。合同当事人可以在专用合同条款中约定选择以下一种方式对合同价格进行调整：第1种方式：采用价格指数进行价格调整……"

（二）条款本意

该制度的主要目的在于当市场价格波动超过合同当事人约定的范围时，合同价格可以进行调整，从而起到平衡双方利益的作用。但其实质是企图通过具体的价款调整为情势变更原则在合同中的运用提供依据[①]。

（三）两个问题

（1）情势变更既不属于不可抗力，也不属于商业风险，是在签订合同时无法预见的，若继续履行明显不公平或者不能实现合同目的情形。由此可见，一般的市场价格波动不属于情势变更情形。为此，最高院对适用情势变更原则是持慎重态度的。

（2）将"价格调整"单独作为第十一条与"合同价格、计量与支付"的第十二条平列，则将会出现如何解释可调价的问题，也可能造成理解经典造价理论困难的问题。

（四）两个建议

（1）**该条款的适用前提有四**：①"约定的合同形式是固定价"；②"未约定不适用该条款"；③"约定价格波动的范围"；④"约定具体调价的方式"。因此，若约定可调价则应在专用条款中明确不适用该制度。

（2）为了体现建设工程施工合同中工程造价的市场价的属性，尊重经典的造价理论，同时也是为了弘扬诚信原则，若采用固定价，因其工期较短，设计深度较深，并无必要适用该制度。只有在工期较长，设计深度较浅的情况下，可以考虑保留。

三、缺陷责任期制度

（一）主要条款

缺陷责任期制度中最主要的条款是《通用合同条款》第十五节 15.2 条"缺陷责任期"

[①] 《最高人民法院关于适用〈中华人民共和国合同法〉若干问题的解释（二）》第二十六条规定：

"合同成立以后<u>客观情况发生了当事人在订立合同时无法预见的</u>、非不可抗力造成的不属于商业风险的重大变化，<u>继续履行合同对于一方当事人明显不公平或者不能实现合同目的</u>，当事人请求人民法院变更或者解除合同的，人民法院应当根据公平原则，并结合案件的实际情况<u>确定是否变更或者解除</u>。"

条款。该条款规定：

"缺陷责任期自实际竣工日期起计算，合同当事人应在专用合同条款约定缺陷责任期的具体期限，但该期限最长不超过 24 个月……发包人应在收到缺陷责任期届满通知后 14 天内，向承包人颁发缺陷责任期终止证书。"

（二）条款本意

该制度设置目的在于在"工程保修期"的前提下设定一个"缺陷责任期"，以达到相对提前释放工程质量保修金的目的，从而起到缓解拖欠工程款的作用。

（三）两个问题

（1）"缺陷责任期"通常的文意理解是承包人对质量缺陷承担保修责任的期限。而同时引入"缺陷责任期届满通知"和"缺陷责任期终止证书"这两个概念，则更可能加强对"缺陷责任期"的文意理解。这一切均可能造成法定保修的困难。

（2）现有的"竣工验收备案制"往往会造成竣工验收成为"形式性验收"，而对承包人保修责任的不同意见，往往使保修制度的目的难以实现。在此情况下，设置"缺陷责任期"制度显然不利于"工程质量优先"的宗旨。

（四）两个建议

（1）实务中，保修期结束后保修金往往无息退还。而从所有权的角度而言，法定孳息应当归属于所有权人，故无息退款无疑与物权法相悖。因此，当事人完全**可以约定有息退还保修金**的方式来达到设定"缺陷责任期"的目的。

（2）由于 2013 版对质量缺陷责任期未定义，故可能与法定的保修期混淆。因此，可以将通用条款中相应的条款予以删除。若不能删除，则可在专用条款中**对质量缺陷责任期进行定义**，明确其为保证金释放期的最长时间。

四、索赔过期制度

（一）主要条款

索赔过期制度中最主要的条款是《通用合同条款》第十九节第 19.1 条"承包人的索赔"条款和 19.5 条"提出索赔的期限"条款。第 19.1 条规定：

"根据合同约定，承包人认为有权得到追加付款和（或）延长工期的，应按以下程序向发包人提出索赔：

承包人应在知道或应当知道索赔事件发生后 28 天内，向监理人递交索赔意向通知书，并说明发生索赔事件的事由；承包人未在前述 28 天内发出索赔意向通知书的，丧失要求追加付款和（或）延长工期的权利……"

（二）条款本意

该制度设置目的在于通过"索赔过期"制度来催促承包人（或者发包人）在索赔事件

发生时及时主张权利，以便锁定证据，从而提高索赔效力。

（三）两个问题

（1）索赔是基于工程项目的不确定性而提出的，其本质是根据行业惯例而赋予当事人（主要是承包人）可以提出要求调整权益从而达到动态公平的请求权。因此，索赔人未按约定时间提出索赔而直接剥夺其索赔权的约定是值得商榷的。

（2）2013版将索赔另列一节（1999版将索赔与违约和争议作为一节），却又设定了四个索赔过期的约定（其中有三个是针对承包人的）。这不仅存在形式（或内容）顺畅一致的问题，也不利保障承包人的利益。

（四）两个建议

（1）由于工程索赔经常会与违约混淆，且2013版删除了1999版中的索赔定义。因此，笔者建议当事人在专用条款中**就索赔进行定义**，明确索赔性质，从而防止其与违约混淆。

（2）尽可能**对索赔过期作废的约定予以删除**。如果不能予以删除，则承发包双方应对索赔期限予以重视。尤其是承包人，应制定相应的管理制度，做到专人负责，及时收集证据，及时提出索赔，避免索赔过期作废的后果。

五、争议评审制度

（一）主要条款

争议评审制度中最主要的条款是《通用合同条款》第二十节第20.3条"争议评审"条款。第20.3条规定：

"合同当事人在专用合同条款中约定采取争议评审方式解决争议以及评审规则，并按下列约定执行：20.3.1 争议评审小组的确定 20.3.2 争议评审小组的决定……"

（二）条款本意

该制度设置的目的在于尽可能使双方的纠纷在诉讼前终止，使合同在解决纠纷的同时仍能继续履行，同时减轻法院诉讼压力，提高整个社会效率，加强社会和谐。

（三）两个问题

（1）除诉讼或仲裁外，其他争议解决方式（例如：和解、调解、包括争议评审）均以双方"合意"为前提。因此，争议评审制度与和解、调解等无本质的区别。若双方"合意"不成，最终还是需要通过诉讼（或仲裁）解决，这无疑存在增加争议解决的时间成本和资金成本的风险。

（2）在实际操作层面还存在一系列问题，例如：相关争议评审机构尚未完全建立；若选择争议评审但不执行而直接诉讼是否需要承担责任；若示范文本中的争议评审程序与具体选择的争议评审机构的规则矛盾如何处理等。

（四）两个建议

（1）选择争议评审和评审结果均**以双方合意为前提**。因此是否予以选择，双方应充分考虑争议解决的效率，尽量防止在耗用大量时间后最终仍诉讼解决的情况发生。

（2）若选择争议评审解决，则可以从评审规则、评审人员的素质、评审费用等**对待选的评审机构进行"评审"**，作出理性的选择。当事人还可以考虑仅就技术或事实争议予以评审。

六、双倍赔偿制度

（一）主要条款

双倍赔偿制度中最主要的条款是《通用合同条款》第十四节第 14.2 "竣工结算审核"条款和 14.4 "最终结清"条款。该条款规定如下：

"除专用合同条款另有约定外，发包人应在签发竣工付款证书后的 14 天内，完成对承包人的竣工付款。发包人逾期支付的，按照中国人民银行发布的同期同类贷款基准利率支付违约金；逾期支付超过 56 天的，按照中国人民银行发布的同期同类贷款基准利率的两倍支付违约金……"

（二）条款本意

该制度设置目的在于防止发包人在签发"竣工付款证书"和"最终结清证书"后，拒绝支付工程竣工结算余款和退还相应保修金的情况。

（三）两个问题

（1）工程结算余款的支付时间有约定按约定，未约定则按建设工程交付之日、提交竣工结算文件之日和起诉之日依次确定①。按照本合同规定，工程竣工结算余款的支付时间是工程交付之日后 56 天，提交竣工结算文件之日至少 42 天，这可能导致约定支付竣工结算余款时间晚于法定支付结算余款时间。

（2）法院一般不干涉承发包双方约定工程欠款的利率。若未约定，则按法定的央银贷款利率。故本制度的"两段两倍"的规定对于第一段时间内的利息规定没有太大意义，而第二段时间内将利息两倍化又不利于双方意思自治。

（四）两个建议

（1）由于"二段两倍"规定所约定的支付竣工结算余款时间晚于法定支付竣工结算余

---

① 《最高人民法院关于审理建设工程施工合同纠纷案件适用法律问题的解释》第十八条规定：
"<u>利息从应付工程价款之日计付</u>。当事人对付款时间没有约定或者约定不明的，下列时间视为应付款时间：
（一）建设工程已实际交付的，<u>为交付之日</u>；
（二）建设工程没有交付的，<u>为提交竣工结算文件之日</u>；
（三）建设工程未交付，工程价款也未结算的，<u>为当事人起诉之日</u>。"

款时间。因此，承包人可以要求在专用条款中**重新约定支付竣工结算余款的时间**，甚至可以将法定的支付竣工结算时间作为双方约定的时间。

（2）由于工程欠款的利息是可以约定的，故承发包双方可以在专用条款**约定超过两倍的利息**。但必须注意，两倍计息与两倍利息是两个不同的概念，前者是 $F=2\times\sum\{P\times[(1+i)_n-1]\}$，而后者是 $F=\sum\{P\times[(1+2\times i)n-1]\}$。其中 F 为利息，P 为工程欠款总额；i 为各期央行贷款利率；n 为欠款时间（即计息期）。

七、物权证书制度

（一）主要条款

物权证书制度中最主要的条款是《通用合同条款》第十三节第13.2"竣工验收程序"条款和第十五节第15.2"缺陷责任期"条款。该条款规定如下：

"竣工验收合格的，发包人应在验收合格后14天内向承包人签发工程接收证书。发包人无正当理由逾期不颁发工程接收证书的，自验收合格后第15天起视为已颁发工程接收证书……"

（二）条款本意

该制度设置目的在于通过"工程接受证书"和"缺陷责任定期满证书"组成的"物权证书制度"来解决工程何时竣工、何时通过验收、何时交付发包人，何时结清保修金这四个法律问题。

（三）两个问题

（1）物权的法定包括其设立。签发工程接受证书时建筑物的物权尚未设立，将工程接受证书归入"物权证书制度"无疑存在法律依据的问题。

（2）在"工程接受证书"的前提下，同时设定"逾期不签发视为签发"和"逾期不签发工程接收证书，需支付违约金"规定，存在必要性和合理性问题。

（四）两个建议

（1）在专用条款中对**"逾期不签发视为签发"**和**"逾期不签发工程接收证书"**，应予以明确或重新约定。

（2）除了两个物权证书外，2013版合同还设置了**"进度款支付证书"**、**"竣工付款证书"**及**"最终结清证书"**。承发包双方对于以上五个证书所对应的程序和法律后果均应予以重视，必要时可以重新约定。

八、系列保险制度

（一）主要条款

系列保险制度主要在《通用合同条款》第十八节"保险"条款中。该条款规定如下：

"除专用合同条款另有约定外,发包人应投保建筑工程一切险或安装工程一切险;发包人委托承包人投保的,因投保产生的保险费和其他相关费用由发包人承担。"

(二)条款本意

工程保险具体为建筑工程一切险或安装工程一切险,增加发包人需在施工现场为全部员工办理工伤保险、发包人可为其施工现场的工作人员办理意外伤害等规定以组成较为完善的"系列保险制度"。

(三)主要问题

(1)根据《建筑法》规定,建设工程的保险均是非强制性的。这不仅是对市场主体的尊重,也是去除行政化的必然。因此,"除专用合同条款另有约定以外",建立所谓的"系列保险制度"是否必要性值得商榷。

(2)工伤保险具有行政法定性,在民事合同中重复设定是否必要。且要求合同的相对方对其第三方提出要求,更值得商榷。

(四)两个建议

(1)建议将"除专用合同条款另有约定以外"修改为"**可以在专用合同条款中约定……**"。

(2)建议在专用条款中要求**监理人及由发包人为履行合同聘请的第三方依法参加工伤保险**,以及要求分包人及由承包人为履行合同聘请的第三方依法参加工伤保险的表达**予以删除**。

理解"顶层设计",适应"深化改革"

【摘 要】 本文对建立统一建筑市场、行政审批制度改革、招标投标监管改革、推进诚信体系建设、工程监理制度改革、强化业主行为监管、建立市场造价体系七个方面从关键措施、现状概述、主要理由三个角度进行解析,从而理解"顶层设计"的战略意图,明晰改革"路线图"中的"关键线路"。

最后,从行政单位、建设单位、承包单位和专业单位等不同主体的角度提出适应建筑业"深化改革"的律师建议,供大家参考,以期得到抛砖引玉的作用。

【关键词】 建筑业;深化改革;法律责任

Understanding the "Upper Layer Design" and Adapting to the "Deepene-d Reform"

【Abstract】 On the establishment of a unified construction market, the administrative examination and approval system reform, tender supervision and reform, promote the construction of credit system, project supervision system reform, strengthen the owners of behavior regulation, the establishment of market cost system seven aspects from the key measures, To understand the strategic intent of the "top-level design" and to clarify the "key lines" in the "road map".

Finally, from the prospective of administrative units, construction units, contractors and professional units and other different entities, the article proposes legal advice on how to adapt to the "deepening reform" in the construction industry, in order to introduce more thoughts and comments.

【Keywords】 Architecture Industry; Deepened Reform; Legal Responsibilities

【前言】

市场决定资源配置是市场经济的一般规律,健全社会主义市场经济体制必须遵循这条规律,当前应当着力解决市场体系不完善、政府干预过多和监管不到位的问题。因此,在2013年11月12日,十八届三中全会作出的《全面深化改革若干重大问题的决定》中认为:经济体制改革是全面深化改革的重点,核心问题是处理好政府和市场的关系,因此,在确立市场在资源配置中起决定性作用,从广度和深度上推进市场化改革的同时,明确政府职责和主要作用在保持宏观经济稳定,加强和优化公共服务,保障公平竞争,加强市场监管，维护市场秩序，从而大幅度减少政府对资源的直接配置。

正确处理改革发展稳定关系，应当加强"顶层设计"和"摸着石头过河"相结合，"坚持依法治国、依法执政、依法行政共同推进，坚持法治国家、法治政府、法治社会一体建设"。为此，中央决定在2014年10月召开十八届四中全会，研究"全面推进依法治国重大问题"，从而到2020年，在重要领域和关键环节改革上取得决定性成果，完成十八届三中全会提出的改革任务，形成系统完备、科学规范、运行有效的制度体系，使各方面制度更加成熟更加定型。

为深入贯彻落实十八届三中全会精神，推进建筑业发展和改革，针对当前建筑市场和工程建设管理中存在的突出问题，住房城乡建设部在2014年7月1日出台《关于推进建筑业发展和改革的若干意见》（建市〔2014〕92号，以下简称《若干意见》）。该《若干意见》主要涉及四个方面的改革：（1）建立统一开放的建筑市场体系；（2）强化工程质量安全管理；（3）促进建筑业发展方式转变；（4）加强建筑业发展和改革工作的组织和实施，具体涉及21个具体问题，这些问题涉及建筑业的全方位全过程。因此，《若干意见》具有"顶层设计"的性质，是今后建筑业改革的纲领性文件。

笔者就学习《若干意见》后的体会，并结合实务，提出如下观点，供大家参考，以期达到抛砖引玉的作用。

一、建立统一建筑市场

（一）措施之一

不得设置不合理的准入条件。

1. 现状概述

部分省市就其他省市企业进入本省市的建筑业市场设置了不合理的准入条件，其主要目的是通过排斥外地企业从而保护本地企业。

2. 主要理由

首先，不合理的准入条件不利于整个全国建筑市场的统一开放，不利于市场经济的充分发挥。其次，通过排斥外地企业从而保护本地企业的做法是短视的，从长远而言，对本地企业并非必然能够起到其预想的保护作用。最后，不同地区有不同的特点，原则上应当允许其结合自身情况设置准入条件，但前提是该准入条件须为合理，而判断准入条件是否"合理"的标准即看其是否旨在排斥外省市建筑企业进入本地建筑市场，是否具有地方保护的作用。

（二）措施之二

不得强制要求设立子公司。

1. 现状概述

部分省市规定了其他省市企业进入本省市的建筑业市场必须在当地设立子公司，其主要目的是为了使当地企业在市场竞争中处于有利地位。

2. 主要理由

首先，从主体资格而言，要求一个合法有效存在的中国法人在进入中国境内其他省市建筑市场开展业务时需设立子公司欠缺法律依据。其次，当代中国建设法体系规定"单位要求资质[①]"、"个人要求资格[②]"，并要求注册地统一的要求，若需要成立子公司，则存在子公司与母公司资质与资格分离的问题，况且，住建部颁发的资质和资格应原则上在全国有效，毋需在另一省市重新注册。最后，子公司的法人资格的获得必须以工商登记为前提，这就存在成本无谓增加的问题。

因此，要求其他省市企业进入本地市场需要设立子公司，不仅存在法律依据的问题，而且还存在必要性、合理性及可行性的问题。

（三）措施之三

不得强制参加所谓的培训。

1. 现状概述

部分省市规定了其他省市企业进入本省市的建筑业市场必须要参加当地建设主管部门或协会组织的所谓培训。

2. 主要理由

首先，相当部分的所谓培训属于行政管理部门提供服务的范畴，将法定义务变相成所谓的培训敛财存在合法性问题；其次，除了行政管理部门应尽的告知义务以外的培训，皆应当是自愿的，而不是强制的，强制培训在某种意义上带有一定的商业行为的色彩，这样就会造成经营成本过高。因此，这一点显然也是属于消除壁垒所需要做的。再次，通常能进入外省市承揽业务的企业技术水准和管理水平一般均高，除需了解当地具体规定外，对培训的需求一般也不大。

（四）措施之四

不得收受不合理的保证金。

1. 现状概述

部分省市要求其他省市企业进入本省市的建筑业市场需要提交无法律依据的保证金，或虽有法律依据但重复收取或过高比例收取等。

2. 主要理由

首先，收取保证金必须有合法的依据；其次，有合法依据收取的保证金应当是合理比例的，从法律角度而言，保证金是担保的一种形式，原则上不得超过主要价款的20％；再次，对同一行为不得重复收取保证金，违背法律收取保证金使外省市企业进入当地建筑市场的财务成本提高，客观上造成了不平等的竞争环境。

（五）措施之五

公开异地业务管理办法。

---

① 《中华人民共和国建筑法》第十三条规定：

"从事建筑活动的建筑**施工企业、勘察单位、设计单位和工程监理单位**，按照其拥有的注册资本、专业技术人员、技术装备和已完成的建筑工程业绩等资质条件，划分为不同的资质等级，**经资质审查合格，取得相应等级的资质证书后**，方可在其资质等级许可的范围内从事建筑活动。"

② 《中华人民共和国建筑法》第十四条规定：

"**从事建筑活动的专业技术人员**，应当依法**取得相应的执业资格证书**，并在执业资格证书许可的范围内从事建筑活动。"

1. 现状概述

很多省市对异地业务管理办法是不公开的或不完全公开的，亦可能存在很大的主观性。

2. 主要理由

首先，从行政法的角度而言，任何行政管理制度均应当是公开的，即被管理人是可以事前知道的，如此被管理者才能得以对自己的行为进行预判，故此，原则上不公开的行政管理制度对被管理人是无效的；其次，异地业务管理办法不公开则会使得政策的一致性、连贯性、固定性产生问题，从而增加了企业运营中的不确定因素，加大了其业务开展时的各种风险。最后，不公开即意味着见不了阳光，缺少阳光往往容易滋生腐败。

（六）措施之六

规范各类备案制度。

1. 现状概述

各地行政机关对于建设工程合同的备案存在"无法律依据而要求备案"、"误将行政备案理解为生效备案"或"对本应当实质性审查的备案合同进行形式性审查"等问题。

2. 主要理由

首先，就备案而言，存在两种类型：一种是生效备案，另一种是行政备案，建筑领域的合同备案均是行政备案；其次，无论是生效备案还是行政备案均必须有法律依据，并在法律规定范围内进行备案；最后，法律要求行政单位在部分行政备案中进行实质性审查，例如：招标合同的备案要求行政单位就备案的合同中的实质性内容是否与招标合意相一致进行实质性审查[1]，从而起到规范招标行为的目的。

（七）措施之七

建立异地承揽业务违规处理协调机制。

1. 现状概述

异地违规的处置中往往存在违规行为地与资质和资格注册地未能形成联动的情形，使违规处罚不能达到其真正的目的。

2. 主要理由

首先，违规处置的真正目的并非在于行政罚款，而是旨在匡正不规范的行为，只有建立异地承揽业务违规处理协调机制才能解决现在异地违规处罚脱节现状。其次，改革强调整体打开全国建筑市场，异地承办业务的情况势必增多，当这些企业在异地承揽业务存在违规情形时，当地行政机关的管理应当更为直接，因此建立异地承揽业务违规处理协调机制作为对全国市场打开的补充显得尤为重要。最后，这也是建立统一开放的建筑市场体系中的一个关键环节。

---

[1]《中华人民共和国招标投标法》第五十九条规定：
"招标人与中标人不按照招标文件和中标人的投标文件订立合同的，或者招标人、中标人<u>订立背离合同实质性内容的协议的，责令改正</u>；可以处中标项目<u>金额千分之五以上千分之十以下的罚款</u>。"

二、行政审批制度改革

(一) 措施之一

重新制定资质体系,合理确定资质标准。

1. 现状概述

在过分强调企业资质的前提下,资质类别设置过于细化,太强调资质标准而不注重过程监督。

2. 主要理由

首先,不应当过分强调企业资质,而弱化个人资格;其次,在建立"淡化企业资质强化个人资格"的理念下,就很有必要对原资质设置本身的必要性进行考量,对资质范围的合理性进行考量,合并业务范围相近的企业资质类别,甚至取消部分类别的设置,这完全是淡化企业资质的必然举措;最后,淡化准入机制,强化过程监管,加大事后处罚,这是符合市场规律的方式。

(二) 措施之二

淡化建设企业资质、强化个人执业资格。

1. 现状概述

主要依靠资质管理等行政手段实施市场准入,并且不注重动态的监督,从而使得市场优胜劣汰竞争机制未能得以充分发挥。

2. 主要理由

首先,过于强调企业资质淡化个人资格的做法违背了行业的本质,容易造成不注重质量,只关心业绩的不良现象,尤其是设计、造价等专业企业,其提供的是专业成果,更应注重个人的人身性;其次,过分强制企业资质淡化个人资格会使专业人员游离于这个企业,并且出现所得收益与付出不相匹配的情况,从而不利于质量的保证和提高;最后,由具体付出智力劳动的人承担相应的责任,并且获得与此相匹配的报酬,这样才能有利于行业的发展。由承担有限责任的企业来承担责任未必比主要由执业人员承担责任更为可靠。

(三) 措施之三

简化改革审批方式并下放权限。

1. 现状概述

现有审批权限过于集中,审批程序过于复杂,并且审批或审查结果公开度存在一定的问题。

2. 主要理由

首先,过去的审批容易产生"权生钱"的腐败源,如今的改革把权缩小,则其生钱的可能性就减少了,从而减少腐败。其次,改革要求降低整个市场的门槛,减少壁垒,在重新制定资质体系,合理确定资质标准的前提下,势必要求简化审批方式,下放审批权限,将政府的权力限制在正确的范围内也是政府改革的要求;最后,通过改进审批方式,推进电子化审查，此举能够加大公开公示力度，只有公开才有可能公平，只有公平才能达到公正。可见，电子化审查方式的推进其本质目的仍然是为了加大公开力度，从而建立更有利于市场公平的条件。

三、招标投标监管改革

（一）措施之一

缩小强制招标范围并加强管理。

1. 现状概述

存在招标条件设置缺乏理性的情况，串标投标普遍存在，专家评标制度需要完善，阴阳合同经常出现。

2. 主要理由

首先，工程发包其本质就是一个双方合意的过程，应当更加体现意思自治原则，而强制招标发包的工程项目规定得过于宽泛，几乎囊括了所有的项目，不利于意思自治原则的体现；其次，《招标投标法》作为一个更加偏向于程序的法律，如此限制强烈地体现实体问题，不仅不合适，而且存在与其他实体法的吻合度的问题；最后，招投标法颁布施行已有15年了，虽然在此过程中制定了招投标法实施细则等一系行政法规和规章，但其本身存在的问题并未解决，随着中国经济的迅速发展其规定更显得僵硬迟滞，另加上执法不足，势必造成现有问题。

（二）措施之二

加强国有投资招标的科学管理。

1. 现状概述

国有投资的招标普遍存在招标条件设置不理性、不科学的情况，并将国有投资管理规定的内容植入主要以平等为前提的市场竞争中。

2. 主要理由

首先，虽然国有投资项目必须招标其主观目的是保证国有资产合理支出，但是，具体招标条件则应当是客观的，因此，需要根据招标时当地的供求关系等因素来综合确定；其次，我国现有的经济形态中，国有经济是主导力量，国家应当制定一系列法律法规和制度来保障国有经济的巩固和发展，但是，原则上不得以这些法律法规和制度来否定市场竞争主体的平等性；再次，行政首长负责制和国有经济人事任命制可能助长长官意志在招标中的体现，例如：设置明显高于招标项目实际需要和脱离市场实际的不合理条件，以各种形式排斥或限制潜在投标人投标等。

（三）措施之三

规范招标程序使其更公平科学。

1. 现状概述

招标代理机构的工程质量、专家评标制度合理性、行政管理的适当性、参与主体责任明确性等均存在一定程度的问题。

2. 主要理由

首先，必须招标的范围规定得过于宽泛造成违法违规行为出现的概率较高，再加上参与人员的法治观念不够到位，往往会产生一连串的问题；其次，招标制度设置合理性以及招标手段的单调而使招标活动公开透明性等方面仍需提高，因此，我们需要加快推进电子招标投标，健全中标候选人公示制度，促进招标投标活动公开透明，加大社会监督力度，同时，总结招投标经验，探索开展标后评估，完善招标制度。

四、推进诚信体系建设

（一）措施之一

建立建筑市场监管信息化体系。

1. 现状概述

对建筑市场与工程的监管基本是静态的和分离的，并对其监管后的信息公开力度是存在问题的，尚未形成有效的社会监督机制。

2. 主要理由

首先，由于尚未完全建立全国范围的工程建设企业、注册人员、工程项目数据库，通过全国统一信息平台发布建筑市场和质量安全监管信息，及时向社会公布行政审批、工程建设过程监管、执法处罚等信息存在一定难度。因此，应加快推进全国工程建设企业、注册人员、工程项目数据库建设；其次，只有对建筑市场和工程监管动态联动的监督才是更富有效力的监督，因此，建立动态联动的监管一体化工作平台显得很有必要；再次，将监管中发现的各种不良行为及时公开曝光，有利于形成有效的社会监督机制。

（二）措施之二

制定完善法规和信用评价制度。

1. 现状概述

对建筑市场和质量安全行为的评价办法还需完善，社会信用评价体系还未完全建立，因此，建筑市场信用环境还未完全建立。

2. 主要理由

首先，市场经济的本质是法治经济，因此，各地应当结合本地实际，制定完善相关法规制度；其次，市场经济应当是诚信为本的经济，诚信贯彻在双方的合意过程、履约过程中，甚至履行完毕后的后合同义务也是来自于诚信原则，因此，在建立对工程建设企业和从业人员的建筑市场和质量安全行为评价办法的基础上，逐步建立"守信激励、失信惩戒"的建筑市场信用环境是很有必要的；最后，通过开展社会信用评价，可以将信用评价结果公平化，从而使市场各方主体自觉提高守法诚信的理念。

五、工程监理制度改革

（一）措施之一

调整监理范围，缩小强制监理的范围。

1. 现状概述

绝大多数的工程项目是必须进行监理的[①],并且必须招标的项目包括监理[②],因此,出现当今大多数的建设工程项目既必须监理又必须招标的情形。

2. 主要理由

首先,虽然"保证工程质量和安全"是建筑法宗旨之一,但是,作为一个民事行为过度采用强制性规定则会存在对民事合意的冲击,不利于充分发挥市场在资源配置中的决定性作用;其次,法定的监理职责至少包括"三控制",但是,在绝大多数的情况下监理是不控制并且也无法控制造价的,其对工期和质量的控制力度和效果亦是有待提高的;再次,由于必须监理的费用收取是按照政府指导价的,而造价则往往需要委托造价工程师进行全过程造价控制,因此,对业主而言,必须监理则存在必要性、合理性问题。

(二) 措施之二

改变监理单纯委托监理的服务模式从而做优做强。

1. 现状概述

现阶段主要存在监理单位提供的服务单一而不能满足相当部分的业主根据项目的特点需要提供的项目管理服务的矛盾。

2. 主要理由

首先,过多的行政限制不利于市场活力的激发,既不利于需要方的实际要求,也不利于供求能力的提高,因此,应当将过度的限制进行松绑,才能真正充分发挥市场在资源配置中的决定性作用,政府的作用亦能得到更好的发挥;其次,当将监理的三个必须——"必须委托、必须招标、必须按政府指导价收费"的范围进行缩小,市场中丰富多彩的需求就可实现,这就要求监理单位提供不同的服务模式以适应市场需求;最后,当打破不必要的"框框"后,能够顺应市场的监理单位愈发能够做强做大。

六、强化业主行为监管

(一) 措施之一

强化和落实建设单位质量责任。

---

① 《建设工程监理范围和规模标准规定》第二条规定:

"下列建设工程**必须实行监理**:

(一) 国家**重点建设工程**;

(二) **大中型公用事业工程**;

(三) **成片开发**建设的**住宅小区工程**;

(四) **利用外国政府或者国际组织贷款**、援助资金的工程;

(五) 国家规定必须实行监理的**其他工程**。"

② 《中华人民共和国招标投标法》第三条第一款规定:

"在中华人民共和国境内进行下列工程建设项目包括项目的勘察、设计、施工、**监理**以及与工程建设有关的重要设备、材料等的采购,**必须进行招标**:

(一) 大型基础设施、公用事业等**关系社会公共利益、公众安全的项目**;

(二) 全部或者部分**使用国有资金投资或者国家融资的项目**;

(三) 使用国际组织或者**外国政府贷款、援助资金的项目**。"

1. 现状概述

现有规定是建设单位不承担技术风险只承担商业风险，只有当建设单位主动参与承包人的某种承包行为，例如甲供料或指定分包，才有可能就主动参与承包人某种承包行为的错误所造成的质量问题承担责任[①]。

2. 主要理由

首先，建设单位项目法人责任制要求强化建设单位的质量责任；其次，建设单位主动参与承包人某种承包行为的错误造成的质量问题应承担责任；最后，建设单位对其违反基本建设程序而造成的质量问题也应承担相应的责任。例如：将未经审查的施工图要求承包人进行施工，尚未取得施工许可证而要求承包人进行施工，任意压缩合理工期和签订低于成本价的施工合同，要求设计、施工，监理及其他技术咨询单位违反工程建设强制性标准等，只有这样，才能全面真正落实建设单位项目法人责任制。

（二）措施之二

加大建设单位监管制约或处罚。

1. 现状概述

对建设单位主动参与承包人某种承包行为的错误而造成质量问题以及建设单位违反基本建设程序的处罚，无论在法律法规规定上，还是实际操作上均不到位。

2. 主要理由

首先，由于绝大部分建设单位可能来自不同行业或领域，对其进行统一监管存在一定难度，而承包人或建筑业专业企业无论其单位资质还是个人资格均由建设主管部门颁发和管理，因此，相对易于监管；其次，对建设单位项目法人责任制的认识和落实程度还有待提高，尤其对建设单位因违反基本建设程序对工程质量造成影响认识不足，导致处罚力度不够；最后，只有从认识上有所改变，并且在法律法规规定上进一步完善，才可能加强对建设单位市场行为和质量安全行为的监督管理，才可能依法加大对建设单位违法违规行为的处罚力度。

七、建立市场造价体系

（一）措施之一

建立有效保证市场决定造价体系。

1. 现状概述

无论是从理论上，还是实务中，均存在对工程造价是市场价的坚定性不足的问题，因此，计价规则中往往会出现定量的干涉，各行业和各地区的计价规则不统一，不利于建立与市场相适应的造价管理体系。

---

① 《最高人民法院关于审理建设工程施工合同纠纷案件适用法律问题的解释》第一款规定：
"发包人具有下列情形之一，<u>造成建设工程质量缺陷，应当承担过错责任</u>：
（一）提供的<u>设计有缺陷</u>；
（二）提供或者指定购买的建筑材料、建筑构配件、设备<u>不符合强制性标准</u>；
（三）<u>直接指定分包</u>人分包专业工程。"

2. 主要理由

首先，当今中国的经济形态是社会主义市场经济①，而市场经济的本质之一是由市场竞争来决定价格的。因此，当今中国的价格体系中，除极少数的商品或服务是采用政府定价或政府指导价外，其余绝大多数的价格均属于市场价②。

其次，工程造价既不具备政府定价或政府指导价所需要的必要条件，也不满足其充分条件，况且，鉴于工程项目建设及供求状态的不确定性，工程造价也很难制定统一的政府价或政府指导价，因此，工程造价不属于政府定价或政府指导价，而属于价格体系中的市场价。再次，只有逐步统一各行业、各地区的工程计价规则，才能建立与市场相应的造价体系，从而满足建设工程全过程不同设计深度、不同复杂程度、多种承包方式的计价需要。

（二）措施之二

提升造价信息服务质量，强化国有造价监管。

1. 现状概述

尚存在与市场不符的各类计价依据，提供的造价信息质量还有提高的空间，还可进一步发挥造价咨询企业等第三方专业服务的作用，为市场决定工程造价提供保障。

2. 主要理由

首先，应当清理和调整一批与市场不符的各类计价依据，只有这样才能保障工程造价的市场价属性；其次，在建立国家工程造价数据库的前提下，定期限发布具有市场性的各类指标指数，从而提升造价信息服务质量；最后，充分发挥造价咨询企业等第三方专业服务在市场中的作用，推行工程造价全过程咨询服务，强化国有投资工程造价监管。

八、律师建议

（1）妥善处理好"改革试点和法律完善"的关系，对重大事项，可以先进行试点，后总结经验，再完善制度，最后全面改革。

（2）若只涉及管理规定，则各地行政单位应当根据《若干意见》废除不利于全国建筑市场统一开放、妨碍企业公平竞争的各种规定和做法。重新制定有利于建立统一开放的建筑市场体系规定和程序。

（3）原存在妨碍企业公平竞争所在地的建筑业企业，应当充分认识到建立全国建筑业统一市场是时间问题，应当及时练好内功，做足准备，扬长避短，建成特色。

（4）有一定实力的企业要调整战略方向，从人员、组织结构等方面做好"跳出"相对饱和的市场，"挺进"相对竞争不太激烈的地区。

（5）改革可能会影响到建筑业企业的管理模式以及人员流动，因此，应当在深刻领会《若干意见》的基础上，在人员培训、内部结构、经营战略等各方面作出积极改革的准备，适应"深化改革"。

---

① 《中华人民共和国宪法》第十五条第一款规定：
"国家实行社会主义市场经济。"

② 《中华人民共和国价格法》第三条第一款规定：
"国家实行并逐步完善宏观经济调控下主要由市场形成价格的机制。价格的制定应当符合价值规律，大多数商品和服务价格实行市场调节价，极少数商品和服务价格实行政府指导价或者政府定价。"

浅析"缩小必须招标的范围"的客观必要性

—— 兼论正确理解"阴阳"合同及减少"逃标"合意的几个建议

【摘　要】　首先，本文对当今中国建筑法体系中有关建设工程项目必须招标的相关主要法律规定进行归纳并予以简要解读。

然后，从招标合意过程中的各节点分析法律规定对承发包双方意思自治的影响，从而明确就招标发包与直接发包的意思自治予以区分。

其次，对实务操作中通过合同书、施工图、结算书、承包范围等方式逃避招标合意的情形及其主观意图进行分析归纳。

最后，明确笔者认为"缩小必须招标的范围"的必须性，并就"缩小必须招标的范围"涉及的相关问题提出建议。

【关键词】　必须招标；意思自治；阴阳合同

An Analysis of the Objective Necessity "To Reduce the Mandatory Bidding Scope"

——Several Suggestions on How to Correctly Understand the "Black and White" Contracts and Minimize the Risks of "Changed Bidding Result After Awarded"

【Abstract】　First of all, this paper summarizes and gives a brief explanation of the relevant major legal provisions of construction projects shall have mandatory bidding in the construction law system of China today.

Then, the paper analyzes the impact of the law on the autonomy of both parties, so as to distinguish between the autonomy of will between the bidding and contracting and the spontaneous outsourcing.

Thirdly, it analyzes and summarizes the situation and its subjective intention in the practice operations by means of contract, construction drawing, settlement book, contract scope and so on.

Finally, the author further clarifies the necessity of "to reduce mandatory bidding scope"; and believes that recommendations shall be made on the related issues.

【Keywords】　Mandatory bidding; Autonomy of Will; Black and White Contract

【前言】

建设工程项目发包有直接发包和招标发包之分，多数情况下，第一手的发包（即：业主作为发包人的发包）按照相关法律规定均必须通过招标形式予以发包。

为了规范招标发包的行为，相关部门不仅从行政角度上设立了招标办，还从资质角度上限制了招标代理资质，更从民法、行政法，乃至刑法等法律角度对违反招标发包的行为作出了不同程度的否定评价。

招标发包虽然因此对承发包双方达成的合意受到限制，但由于现阶段法律规定的必须招标发包的范围过于宽泛。实践中，仍存在一部分招投标参与者在招投标各阶段通过不同形式达成直接合意并逃避行政监督和刑事处罚。行业中甚至有这么一种夸张的说法："十标九串"，对此，**笔者近几年在不同场合均曾提出："应适当缩小必须招标的范围，切实落实法律责任的追究"**。

现国务院在部署"建筑业""放管服"的改革中业已正式提出"缩小必须招标的范围"，这对于现今建筑业是一个相当及时且正确的做法，笔者非常高兴。

一、"必须招标"相关的法律规定

根据《建筑法》第十九条规定，我国建设工程发包行为具有两种方式，即"招标发包"与"直接发包"[①]。

其中，"招标发包"又分为"必须招标"和"自愿招标"两种。而"必须招标"的项目主要从项目性质、项目规模和招标内容上予以规定。

首先，若项目涉及公共安全、国有资金、使用外资的三类性质，则属于必须招标发包的项目[②]。但对于某些特殊情形的项目，例如：国家投资建设的国库等可能影响国家安全，泄露国家机密等项目，法律又设立了"必须招标制度"的例外情形。其次，在《招标范围和规模标准规定》中对于必须招标的项目规模予以规定。同时，还对必须招标项目中应当招标的内容予以规定，其中包括项目的勘察、设计、施工、监理以及与工程建设有关的重要设备、材料等的采购。综上可以看出，如果该项目属于必须招标的范围，则其中几乎所有的发包行为均应招标发包。

如果发包人违反《招标投标法》及《招标投标法实施条例》的相关规定，以化整为零、划分标段或其他方式规避上述招标发包的强制性规定的，根据相关法律法规及最高院司法解释，行为人均应承担不同程度的不利法律后果。例如，根据《招标投标法》规定，应责令限期改正，可处合同金额 5‰～10‰ 罚款；对其中全部或部分使用国有资金的项目，可暂停项

---

① 《中华人民共和国建筑法》第十九条规定：
"建筑工程依法实行**招标发包**，对不适于招标发包的可以**直接发包**。"
② 《中华人民共和国招标投标法》第三条第一款规定：
"在中华人民共和国境内进行下列工程建设项目包括项目的勘察、设计、施工、监理以及与工程建设有关的重要设备、材料等的采购，**必须进行招标**：
（一）大型基础设施、公用事业等**关系社会公共利益、公众安全的项目**；
（二）全部或者部分使用**国有资金投资或者国家融资的项目**；
（三）使用国际组织或者**外国政府贷款、援助资金的项目**。"

目执行或资金拨付;对其直接负责人员给予处分①;而根据《最高人民法院关于审理建设工程施工合同纠纷案件适用法律问题的解释》规定,对因此签订的施工合同,依无效处理②;对其施工许可证申领条件中的"已经确定施工企业",应作无效认定等规定(图1)。

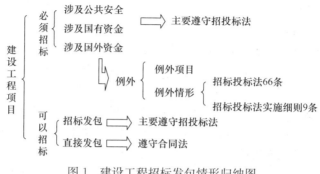

图1　建设工程招标发包情形归纳图

二、招标合意对意思自治的影响

理论上而言,建设工程项目的发包行为属于承发包双方就特定工程项目的建设内容建立相关合同关系的过程,该过程的完成通过合同的订立予以体现。而合同订立的过程,无论是招标发包,还是直接发包,其实都是双方形成合意的过程。区别仅在于方式不同,其本质是一样的。

由此可以看出,在法律层面而言,其行为应归于司法中民商事领域的范畴中。民事法律关系的特点就在于民事主体在诚信合法的前提下充分"意思自治"从而达到合意。反映到建设工程项目的发包行为上,就是直接发包的直接磋商形成合意和招标发包的程序磋商形成合意。其中,直接合意的效率较差,但"意思自治"的程度较高;而程序合意的效率较高,但因为种种行为均必须按程序进行,且存在对当事人合意对象的限制条件,故招标发包中的"意思自治"受到一定程度的限制。

招标发包主要经过四个阶段,即:招标、投标、中标和签约。首先,虽然招标的法律性质属于要约邀请,但不同于一般的要约邀请,招标发包的"要约邀请"除存在要约意思外,还必须存在要约的实质性内容。其次,虽然投标的法律性质属于要约,但在招标发包中,该"要约"的内容不能完全由要约人自己决定,而必须对招标的实质性内容作出积极响应。再次,虽然中标的法律性质属于承诺,一般而言,承诺生效合同就成立,但在招标发包中却并非如此。若一方此时反悔,按相关法律规定,其承担的是缔约过失责任,而非违约责任。不仅如此,其合同的成立必须满足两个要求,即签订书面合同且合同实质性内容与招标投标中的实质性内容一致。综上可以看出,招标发包的意思表示是受到一定限制的(图2)。

---

① 《中华人民共和国招标投标法》第四十九条规定:
"违反本法规定,必须进行招标的项目而不招标的,将必须进行招标的项目化整为零或者以其他任何方式规避招标的,责令限期改正,可以处项目合同金额千分之五以上千分之十以下的罚款;对全部或者部分使用国有资金的项目,可以暂停项目执行或者暂停资金拨付;对单位直接负责的主管人员和其他直接责任人员依法给予处分。"
② 《最高人民法院关于审理建设工程施工合同纠纷案件适用法律问题的解释》第一条第(三)项规定:
"建设工程施工合同具有下列情形之一的,应当根据合同法第五十二条第(五)项的规定,认定无效:
(五)建设工程必须进行招标而未招标或者中标无效的。"

[合意方式及意思限制归纳图]

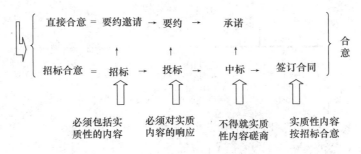

图 2　合意方式及意思限制归纳图

归根结底，民事合意最重要的特点即双方的意思自治，而这种意思自治首先就体现在磋商方式的选择上。若双方自愿选择程序磋商，那么在享受其效率的同时理应接受其过程中受到的一定限制。但若法律从根本上排除了当事人选择磋商方式的可能性，在法律意义上，其实是对意思自治权利的最大干涉。

因此，法律在规定必须招标的目的和范围时应当是理性且科学的，应当充分考虑现况而与经济发展的状态相匹配。

三、招标发包现状及逃标方式分析

鉴于招标发包存在如上程序上的限制要求，故招标发包的当事人往往会出于各种目的和理由予以逃避限制，行业中通常将这一行为称为"逃避招标合同"（以下简称"逃标"）。根据法律的相关规定，逃标所签订的建设工程合同中实质性内容与招标合意不一致的部分是不被法律所认可的，甚至存在整个合同被认定为无效的情形。不仅如此，相关行为人还可能受到行政处罚，乃至刑事处罚。

而就司法角度而言，基于合同法归责原则主要以过错责任原则为主的法律理念，若合同被认定无效，则当事人以其过错为承担责任的依据，故笔者通过分析逃标方式以明确其主观意图，望对理清逃标责任，防止逃标行为起到一定的积极作用。

（一）通过合同书方式进行逃标

现实生活中，当事人逃标通常通过合同书、施工图、结算书、承包范围等方式进行。而最常见的方式就是通过合同书予以逃标。

以这种方式进行逃标的，在招标的不同阶段可能至少存在以下四种合同：
(1) 中标之前签订的合同，设其为 $W1$；
(2) 中标之后不符招标合意签订的备案合同，设其为 $W2$；
(3) 中标之后按招标合意签订的合同，设其为 $W3$；
(4) 签约后而履行中不按招标合意签订的合同，设其为 $W4$。

具体如图 3 所示。

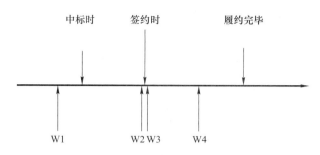

图 3　合同方式逃避招标合意示意图

实务中，以上 4 份合同可能存在以下几种组合：

1. 中标前后签订的两份合同（即：W1×W3）

中标之前所签订的合同 W1，从民法层面而言，属于"中标无效"致使所签订合同无效的情形；从行政法层面而言，属于应受到行政处罚的串标行为；从刑法层面而言，属于涉及串通投标犯罪的行为。

W1 所体现的串标行为并不属于民事法律行为，甚至可能成为犯罪证据。故从严格意义上讲，其并不属于"阴阳合同"的范畴。通常情况下，双方仍必须按 W3 履行各自的权利和义务。

以这种方式逃标的，招标人和中标人均应是明知的。就刑法的主观方面而言，通常属于故意且是共同故意。一般情况，主要是以招标人的意图为主。

2. 仅有一份不符招标合意的备案合同（即：W2）

建设工程合同的备案属于行政备案，即备案与否与合同生效与否无关。所以，备案合同中的违法条款不因备案的行为而合法，未备案的合同也不会因未履行备案手续而无效。

虽然法律要求行政备案进行实质性审查，但在实务中，多数对于行政备案的审查都是形式性审查。因此，往往会出现未按招标合意的建设工程予以备案的情形。而这份不符招标合意的合同即使因未经实质性审查而逃脱责令改正的处罚，其依旧不会因备案这一行为而变得合法。故双方不能就 W2 中的实质性内容履行合同。若承包人进行施工，发包人也支付工程款，双方应当根据招标合意的实质性内容予以履行。

以这种方式逃标的，一般情况下，招标人和中标人均是明知，当然也不排除招标人、中标人是过失为之。但即使如此，从刑法的主观方面而言，行政单位人员对这种逃标行为必定存在过于自信的过失心态（但是，对进行形式性审查的行为通常是直接故意的）。

3. 先按招标合意签一份合同 W3，后又签订了一份违背招标合意的合同 W4（即：W3×W4）

这就是最典型的"阴阳合同"。通常所称的"阴阳合同"是指在存在有"阳合同"（通常指实质性内容按招标合意所签订的合同）的前提下，合同双方当事人又签订了一份实质性内容违背招标合意的合同，该合同即为"阴合同"。而由于备案行为属于行政备案，严格来说，这两份合同均是有效的。

若在没有情势变更事由的情况下，实质性内容应按 W3 执行。而非实质性内容，若 W4 中未涉及，按 W3 执行；若 W4 中涉及，按 W4 执行。

以这种方式逃标的，通常发包人和承包人均是明知且故意的，区别仅在于发包人和承包人主观故意的程度有所不同而已。

(二）通过施工图方式进行逃标

在招标发包时，按某一套施工图进行招标，根据招标合意签订合同并予以备案。但在施工过程中，却依照另一套施工图确定双方的权利和义务。

这种方式是通过改变招标的前提条件从而演绎一场所谓"合法招标"的行为。但因其本质是以直接磋商的方式形成的直接合意，故不存在所谓的"阳合同"。而不存在"阳合同"，则双方直接合意的合同也不可能是"阴合同"。这种行为其实就是"必须招标而未招标"的逃标行为。

以这种方式逃标的，通常招标人和中标人事前是明知且故意的；当然更不排除存在共同直接故意的可能，区别仅在于发包人和承包人的主观程度有所不同而已。

（三）通过结算书方式进行逃标

整个招标过程完全按照规定进行，合同实质性内容也完全按招标合意签订并予以备案。但在承包人提交的竣工结算书中全部或部分改变了计价方式，而发包人按递交的结算报告进行审价并支付结算余款。

这种方式是通过结算书的方式来改变双方对工程价款计价的合意，具有很大的欺骗性，尤其当仅改变部分子项目的计价方式时其欺骗性更大。从实质上而言，这种方式可以说不存在书面形式的"阴合同"。但当发包人按该结算书进行审价（或造价咨询单位按此结算书进行审价）时，客观上双方已通过行为改变招标合意，故形成了事实上的"阴合同"。

以这种方式逃标的，通常承包人是明知且故意的，而发包人通常是未知且过失的。而若存在工程造价审价环节时，工程造价咨询单位的造价工程师可能会被认为存在疏忽大意过失。

（四）通过承包范围方式进行逃标

由于工程项目的不确定性，施工过程中往往会产生一部分的工程变更，而该变更发生于工程合同履行过程中，故通常不存在招标的可能性。因此，招标人往往以改变后的承包范围或工程内容（通常是缩小招标范围或将量大价高的子项目设为暂定价等方式）进行招标，后在合同履行过程中，以工程变更为借口进行大量的直接合意，从而达到部分逃标的目的。

由于对工程变更进行招标合意的操作性存在一定困难，除了政府采购法对工程变更占整个工程项目的比例作了限制外，其他法律均未就此类问题进行规定。这也导致了对以该方式进行逃标的认定存在一定难度。

以这种方式逃标的，通常招标人是明知且故意的，中标人也可能存在共同直接故意的可能性，仅二者主观故意的程度有所不同。当然也不能排除承包人不知情的可能性。

四、"缩小必须招标范围"的几个建议

现国务院在部署"建筑业""放管服"改革中，提出"缩小必须招标的范围"行为，无

异是从实际出发的尊重法治之举,对减少逃避招标行为的主客观成因均有着积极的作用。

为此将此工作落到实处,笔者提出如下三点不成熟的建议:

(一)尽快修改《招标投标法》,切实确定招标发包行为的目的

必须承认,从 2000 年 1 月 1 日实施的近 17 年来,《招标投标法》实施的具体状态并不乐观。笔者认为主要存在如下原因:

《招标投标法》希望通过招标发包这一法定行为得到的目的过于宽泛。其实,保证工程质量和公共安全这一宗旨已在《建筑法》中充分体现且有专门的两部行政规章予以细化。至于国有资产的保质增值,更有《审计法》等法律予以规范。因此,由一部更偏向于程序法的《招标投标法》来实现本应由《建筑法》和《审计法》所追求的主要宗旨实在有些"越俎代庖"。

因此,笔者认为,《招标投标法》的宗旨可以更加纯粹些,例如,主要就规范招标投标活动,保护招标投标活动当事人的合法权益为其宗旨。而当一个行为的目的不够纯粹往往会适得其反,各司其职方能事半功倍。

(二)适当缩小必须招标发包的范围

三类必须招标的工程项目几乎囊括了绝大多数的工程建设项目,且包括从勘察到设计、从施工到采购,甚至包括工程监理的全过程。

法是客观见之于主观的东西,其内容是由一定的社会物质生活条件所决定的。正如马克思所说:"无论是政治的立法或市民的立法,都只是表明和记载经济关系的要求而已。"相对直接磋商形成合意,招标程序所形成合意的"意思自治"的自由度相对较差,规定绝大多数工程项目的发包必须通过招标发包,不仅使当事人意思自治的权利不能得到充分实现,也与当前中国经济发展规律存在差距。因此,往往造成不规范的行为充斥在招标投标过程中,甚至发生当事人在招标完成后以"阴合同"等方式来逃避这种不自由。

因此,笔者认为,《招标投标法》的第三条与现阶段的经济发展规律不完全吻合,建议应作适当的调整。

(三)杜绝"越位""缺位"以还原法律本意

若将工程合同的行政备案视为生效备案是一种"越位"理解,那么对工程合同的备案仅进行形式性审查也可以看作是一种"缺位"的失责行为。

法律要求行政备案单位对备案的合同进行实质性审查,并赋予了一定的行政处罚权,同时还对严重的"串标行为"设置了相应的刑事责任。但事实上,对工程合同备案不正确的"越位"理解和对工程合同备案不进行实质审查的"缺位"行为,造成"逃标"、"串标"行为若非当事人"内讧"很难被揭露,这可能是"逃标"、"串标"愈演愈烈的原因之一。

因此,笔者认为,应明确建设工程合同的备案是行政备案,杜绝"越位"的定位,同时对建设工程合同的备案进行实质性审查以"补位",防止"缺位"行为的产生,从而还原立法本意。

按最低价格评标的动因及评标方式的选择分析

【关键词】 合同价；成本价

An Analysis of the Reason to "Select the Lowest Price Offer" and Way to Tender Evaluation

【Keywords】 Contract price; Cost price

一、直接磋商与程序磋商特点的分析

在诚信合法的前提下，双方当事人充分"意思自治"，从而形成意思一致（即：双方形成合意）是合同成立的本质。而形成合意的途径主要有直接磋商和程序磋商两种。

直接磋商，即双方当事人直接通过要约与新要约的反复沟通进行。若最终止步于新要约，则双方未达成意思一致，即磋商失败；若最终止步于承诺，则双方达成意思一致，即磋商成功，合同成立。多数情况下，当事人为形成合意采用的方式就是直接磋商，其主要适用于《合同法》。在建设工程领域中，无须招标的工程项目或工程项目的分包通常采用的直接发包方式就是"直接磋商"。

程序磋商，即双方当事人通过某种事先约定的"程序或规则"进行。若最终止步于中标或成交，则双方未达成意思一致而流标或流拍，即程序磋商失败；若最终止步于签订合同或签订确定书，则双方达成意思一致，即磋商成功，合同成立。程序磋商主要包括"招标"和"拍卖"两种方式。前者优先适用《招标投标法》，在建设工程领域中体现为必须招标发包的工程项目；后者优先适用《拍卖法》，在建设工程领域中体现为国有土地使用权的出让（图1）。

上述两种磋商方式比较而言，前者的效率相对较差，但对双方的意思自治有着较高程度的体现；而后者，虽然形成合意的效率相对较高，但因意思表示的时间、方式和内容等均必须按程序进行，故当事人的意思自治受到一定的限制。

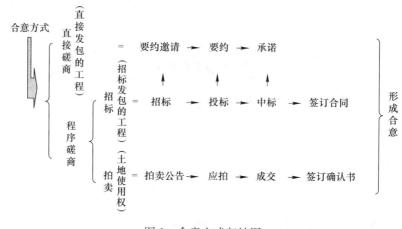

图 1　合意方式归纳图

二、双务有偿合同价格反相追求是人性使然

所谓双务合同，指的是双方当事人都享有权利和承担义务的合同，例如买卖合同。而有偿合同指的是当事人因取得权利须偿付一定代价的合同，即双方当事人互为给付。其中，有偿合同大多数是双务合同，对于通常的商务活动而言，双务有偿合同是常态。

一般情况下，双务有偿合同的一方取得相应的权利，而一方支付相应的价款。其中，根据一方取得的不同权利，双务有偿合同可分为买卖合同、租赁合同或建设工程合同等。

对此，若当事人通过直接磋商方式订立合同的，在其他相应权利不变的前提下，双方主要就价款进行磋商。此时，双方止步于承诺则意味双方就价款达成一致且合同成立。

若当事人通过程序磋商方式订立合同的，在其他相应权利不变的前提下，支付价款一方通过招标程序希望在合同目的得到最佳保证的前提下达到支付款项最小化的目的，或者是接受价款一方通过拍卖程序希望在其合同目的得到最佳保证的前提下达到接受款项最大化的目的。

故，在取得相应权利的前提下，对于应支付的价款追求通常是反向的，即：取得价款的一方希望越多越好；而支付价款的一方希望越少越好。不可否认，这种反向追求是符合人性所需的。同时，这种反向追求与供求关系通常呈现反比例递进，即：若支付价款的一方是供方，供大于求的程度越高，其支付的价格就会越大；反之，其支付的价款数额就越小。

具体而言，对于双务有偿合同的付款方，其合同目的是取得相应权利，而付款是手段；对于收款方，其合同目的是取得相应价款，提供约定要求的标的物是手段。因此，对收款方而言，最理想的状态是以最小的代价取得最大的合同价款。这符合人性也符合自然规律，但前提是必须守信合法，必须履行其合同义务。

三、评标方式的理性分析

招标磋商通常主要有四个阶段。第一阶段为招标，法律意义上而言即为要约邀请；第二阶段为投标,法律意义上而言即为要约;第三阶段为评标后的中标,法律意义上而言处于承诺生效但合同尚未成立的状态;第四阶段为签约,即合同成立。上述四个阶段中,最关键的是第三阶段,其他阶段本质上是对第三阶段的准备或配合。

《招标投标法》中规定了两种评标方式,即"综合指数评标"和"最低价格评标"[①],现就上述两种办法分析如下:

(一)"综合指数评标"方式的分析

评标的本质是在投标人中选择一个最能满足招标人意图的中标人,而保证评标结果最大限度满足招标人意图的关键在于"评标标准"和"评标质量"。

想要通过"最大限度地满足招标文件中规定的各项综合评价标准"进行评标,需要将各投标人的各项指标定量化。否则,没有客观标准将经不起质疑,容易出现长官意思或腐败现象,也不符合当代"数据化、网络化、科学化"的要求。但量化操作在实践操作层面很难实现,故实践中往往很少直接采用。

通常情况下,若采用"综合指数评标",指标定量化最频繁的体现在商务标中,而在商务标中,毫无疑问,价款的权重是最大的。但究其本质,其实已从第一种评标方式经过具体定量化而接近于第二种评标方式,即"能够满足招标文件的实质性要求,并且经评审的投标价格最低"。

综上,由于"综合指标评标"的方式过于理论化、道德化,在实务中只有两个结果:弃而不用,或在定量化后变相化为"最低价格评标"方式使用。

(二)"最低价格评标"方式的分析

第二种评标方式,即"能够满足招标文件的实质性要求,并且经评审的投标价格最低,但是投标价格低于成本的除外",就是通常所说的"最低价格评标"方式,但其实,若从字面理解这种简称很容易会对该评标方式产生误解。

1. 该评标方式的前提条件在于:"能够满足招标文件的实质性要求"

所谓"实质性要求",通常认为是影响合同双方当事人主要权利和义务的内容,例如:建设工程合同的"工期、质量和价款"。对于实质性内容,《招标投标法》不仅要求招标文件必须明确,且要求投标文件必须响应。

故,对于该评标方式,评标委员会在评定价格之前,首先应当评定其是否"能够满足招标文件的实质性要求"。若结论是否定的,应按"废标"处理[②],根本不应进入"按最低价决定中标人"这一环节;若结论是肯定的,方可进入"按最低价决定中标人"这一环节。

---

① 《中华人民共和国招标投标法》第四十一条规定:
"中标人的投标应当**符合下列条件之一**:
(一)能够最大限度地满足招标文件中规定的各项综合评价标准;
(二)能够**满足招标文件的实质性要求**,并且经评审的**投标价格最低**;但是投标价格**低于成本的除外**。"
② 《招标投标法实施条例》第五十一条第(六)项规定:
"有下列情形之一的,评标委员会应当**否决其投标**:
(六)投标文件**没有对招标文件的实质性要求和条件作出响应**;"

因此，对"除价款之外的其他主要内容"的评定是价格评定的前提。严格而言，该评标方式本质上也秉承了第一种"综合评价标准"的宗旨。同时，对工期或质量等其他技术条款的过度迎合，某些时候并非对保证实现招标人合同目的有利，甚至还可能"矫枉过正"，例如：工程施工招标中的工期，其受到"合理工期"的限制，且作为施工单位的投标人能够压缩的空间不大，过度压缩可能导致质量问题。

故，第二种评标方式不是仅通过"最低价"选择中标人，仅按其简称的字面意思理解是片面的。

2. 该评标方式的兜底要求在于：投标价格低于成本的除外

笔者坚持认为：成本价与合同价完全不同的两个概念。合同价指取得权利一方按约应支付的合同价款；而成本价指取得合同价的一方应当履行义务所花费的成本和费用。

除二者均受具体标的物的技术参数影响外，合同价将受双方磋商方式、市场供求关系、双方博弈技巧等因素左右；而成本价则受合同价接受方的管理水平和技术水准等因素控制。故，合同价反映的是双方的法律关系，而成本价则体现一方业务能力。因此，付款方原则上仅需关心合同价，但收款方除了关心合同价外，还应注意成本价（图2）。

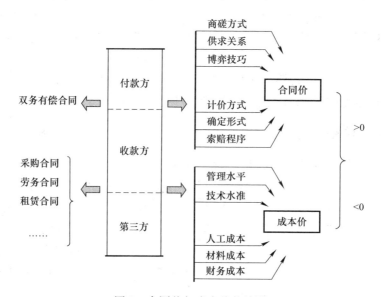

图 2　合同价与成本价归纳图

故，"最低价格评标"方式首先应在审核是否"满足招标文件的实质性要求"之后方进行"价格评选"。在价格评选后，还存在审核是否"低于成本价"这一环节。评标人应当对合同价是否低于成本价具备基本的专业判断或具体测算的能力，而且在评标过程中，有权要求投标人作出相应的解释或澄清，甚至可以要求投标人对"合同价高于成本价"提供承诺或保证。若合同价确实低于成本价的，评标结果应当以"废标"处理[①]。

综上所述，该评标方式由"是否满足招标文件的实质性要求"、"是否合同价低于成本

---

① 《招标投标法实施条例》第五十一条第（五）项规定：
"有下列情形之一的，评标委员会应当<u>否决其投标</u>：
（五）<u>投标报价低于成本或者高于招标文件设定的最高投标限价</u>；"

价"以及"合同价是否最低"三个环节组成，仅认定其通过"最低价"评标是不符合立法本意的。

四、对"不得低于成本价竞标"的看法

《招标投标法》首先规定"投标人不得低于成本价竞标[①]"，后又规定"若投标人低于成本价竞标的，招标人评标时不得将其选定为中标人"。简而言之，即"不得低于成本价竞标"，笔者对"不得低于成本价竞标"有如下看法。

首先，合同价是法律概念，而成本价是会计概念。若在招投标法中引用，应首先就其概念作出明确的定义。否则，因为无明确的定义，可能导致实务操作中存在不同的理解，从而产生不必要的混乱。

其次，《招标投标法》作为《合同法》的特别法，是否有必要引入应由收款方关注的成本价这一概念。法律应当关注的是反映当事人之间法律关系的合同价，即关心双方的合意过程是否"意思自治"、合意的结果是否"公平合理"、合意的履行是否"诚实守信"，而成本价是会计学上的概念，是否低于成本价竞标本质上是商业行为。严格来说不属法律行为。

再次，《招标投标法》引入成本价这一概念是为了设定"不得低于成本价竞标"，而设定"不得低于成本价竞标"可能是防止"偷工减料"。但必须注意的是，高于成本价中标后，一定能保证中标人不偷工减料？如果"低于成本价竞标"确能防止偷工减料，那么是否也应在规定"直接磋商"方式的《合同法》中设定成本价这一概念呢？不仅如此，若在签订合同时符合"合同价大于成本价"，但是，由于成本价是动态的，在实践中，可能随着合同的履行出现成本价大于合同价的情形，此时该如何处理呢？若因该条款而调整合同价达到大于成本价显然是对付款方不公平，而且也不合逻辑，违反诚信体系。

事实上，防止偷工减料，除了双方诚信守约外，加强过程的监督和违约责任的追究才是关键。

五、后记

对招标人而言，付款仅是手段，希望尽可能减少价款而达到目的实属正常。因此，以最低价中标本身没有错，但不应放弃对实质性内容的满足。为了手段放弃目是实属本末倒置，"最低价中标"的关键在于规范评标流程，提高评标质量。

同时，偷工减料与付款价格关系并非如此密切。合同过程的监督、合同条款的周延、违约责任的设置、诚信体系的建立、诉讼程序的效率等因素均是防止偷工减料这一情况出现的有力保障。应当理解商务合同的本质，理性地从整体上防范问题的发生，这才是正确的选择。

[①] 《中华人民共和国招标投标法》第三十三条规定：
"**投标人不得以低于成本的报价竞标**，也不得以他人名义投标或者以其他方式弄虚作假，骗取中标。"

聚焦建设工程纠纷主要问题（一）

【关键词】 法律责任；合同纠纷

【前言】

《最高人民法院关于建设工程施工合同纠纷案件适用法律问题的解释》（以下简称《司法解释》自正式实施以来，对中国建设工程行业的发展起到了不容忽视的作用。但随着行业的不断发展壮大，难免出现些许疏漏。笔者结合根据自身实践经验，结合大量案例，就建设工程纠纷近年来备受关注的一系列问题提出自身拙见，并予以浅析。

本文就中标通知发出生效但合同尚未成立、何为招投标法中的实质性内容、判断招标合意应当依据什么、招标前提变化可否调整合同条款、发包的前提是否是具有合法的发包权、开工日期如何确定、举证证明工期顺延责任是应当是谁、自愿招标是否存在阴阳合同的问题、完全按中标备案合同确定招标合意是否正确以及合作开发对工程款承担什么责任等十个建设工程纠纷主要问题提出自己的观点，剩余问题的相关论文，笔者将在之后陆续撰写，望各位读者不吝指正。

一、中标通知发出生效合同尚未成立

（一）问题由来

通常认为，招标属于要约邀请，投标是要约，而中标是承诺。中标通知发出即生效，而合同法认为：承诺生效则合同成立，但是，招标法却要求：中标生效后仍要签订合同，由此产生：中标通知生效合同是否成立的问题。

（二）笔者观点

中标属于承诺，发出即生效。但是，按招标法认为：此时合同尚未成立，合同成立仍需经签订后方可成立。即中标通知发出后到合同签署这段时间双方承担的缔约过失责任。

（三）主要理由

中标通知书在法律上属于承诺性质，且发出就生效。根据合同法的相关规定，承诺生效即合同成立。但合同法同时也规定：其他法律有规定的，按照其他法律规定。招标法属于合同法的特别法，其明确规定：作为承诺的中标虽然生效但合同尚未成立，双方只有签订书面合同后，合同才成立。若一方拒绝签订合同，应向以方承担缔约过失的法律责任。如图1所示。

同时，从这一角度而言，投标人支付的"投标保证金"法律性质定义"投标定金"更符合逻辑。从而防止"因招标人的过错导致中标人无法成为合同当事人"而无需承担相应责任的不公情形的出现。

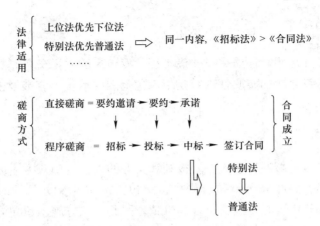

图 1　招标投标法律性质归纳图

（四）主要法条

（1）《合同法》第二十五条：

"承诺生效时合同成立。"

（2）《招标投标法》第四十五条第一款：

"中标人确定后，招标人应当向中标人发出中标通知书，并同时将中标结果通知所有未中标的投标人。中标通知书对招标人和中标人具有法律效力。中标通知书发出后，招标人改变中标结果的，或者中标人放弃中标项目的，应当依法承担法律责任。"

（3）《招标投标法》第四十五条：

"中标人确定后，招标人应当向中标人发出中标通知书，并同时将中标结果通知所有未中标的投标人。中标通知书对招标人和中标人具有法律效力。中标通知书发出后，招标人改变中标结果的，或者中标人放弃中标项目的，应当依法承担法律责任。"

（4）《合同法》第二十五条：

"承诺生效时合同成立。"

（5）《合同法》第一百二十三条：

"其他法律对合同另有规定的，依照其规定。"

（6）《招标投标法》第四十六条：

"招标人和中标人应当自中标通知书发出之日起三十日内，按照招标文件和中标人的投标文件订立书面合同。招标人和中标人不得再行订立背离合同实质性内容的其他协议。

招标文件要求中标人提交履约保证金的，中标人应当提交。"

二、双方权利义务指向的就是实质性内容

（一）问题由来

招标发包中通常所称的"阳合同"是指实质性内容按招标合意所签署的合同。从而何为实质性内容就成了判断"阳合同"的前提。而事实上，业界对该前提的认识是不够统一的。由此产生：施工承包合同中的实质性内容包括哪些的问题。

(二) 笔者观点

承包人的主要义务是按时保质完成建设工程，发包人的主要义务是按时足额支付合同价款，因此，施工承包合同的实质性内容是指承包范围内承包内容涉及的建设工期、工程质量、工程价款的内容。

(三) 主要理由

所谓的实质性内容是影响当事人主要权利和义务的内容，即双方主要权利义务指向的内容就是实质性内容。而在施工承包合同中，承包人的主要义务是按时保质完成建设工程，发包人的主要义务是按时足额支付合同价款。因此，双方施工承包合同的实质性内容是指承包范围内承包内容涉及的建设工期、工程质量、工程价款的内容。

其实，实质性内容在招标投标法中主要提到过四次。第一次是招标文件的规定中；第二次是在投标文件的规定中；第三次是在评标的规定中，第四次是在关于签订合同的规定中，其实从这四次提出的实质性内容看，也均是表达是"实质性内容就是双方主要权利义务指向的内容"。

招标发包的过程如图2所示。

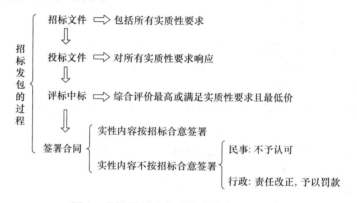

图2 招标投标中实质性内容条款归纳图

(四) 主要法条

(1)《招标投标法》第四十一条：

"中标人的投标应当符合下列条件之一：

(一) 能够最大限度地满足招标文件中规定的各项综合评价标准；

(二) 能够满足招标文件的实质性要求，并且经评审的投标价格最低；但是投标价格低于成本的除外。"

(2)《招标投标法》第四十六条第一款：

"招标人和中标人应当自中标通知书发出之日起三十日内，按照招标文件和中标人的投标文件订立书面合同。招标人和中标人不得再行订立背离合同实质性内容的其他协议。"

(3)《招标投标法》第五十九条：

"招标人与中标人不按照招标文件和中标人的投标文件订立合同的，或者招标人、中标人订立背离合同实质性内容的协议的，责令改正；可以处中标项目金额千分之五以上千分之十以下的罚款。"

（4）《司法解释》第二十一条：

"当事人就同一建设工程另行订立的建设工程施工合同与经过备案的中标合同实质性内容不一致的，应当以备案的中标合同作为结算工程价款的根据。"

三、"招标合意"的判断理应依据招投标文件

（一）问题由来

若行政单位对中标备案的施工承包合同未进行实质性审查，则教条执行《司法解释》第二十一条可能出现违背招标合意的情况。因此，如何认定实质性内容符合招标合意就显得特别重要。由此产生："招标合意"的判断的依据的问题。

（二）笔者观点

判断实质性内容是否符合"招标合意"应当根据招标文件和投标文件来判断，而不应以中标备案合同为依据进行判断。

（三）主要理由

法律要求行政单位对中标签署的备案合同进行实质性审查，若发现中标备案合同的实质性内容与招标合意不一致，不仅不予备案且应予以行政罚款。因此，理论上而言，备案合同一定是"阳合同"，即实质性内容与招标合意一致的合同。故，《司法解释》第二十一条的适用前提在于中标备案合同均是"阳合同"。

但实务中，行政单位对中标合同进行备案时并非一定进行实质性审查，故，中标备案合同有可能不是"阳合同"，而一个实质性内容违背招标合意而签订的施工承包合同并不会因为行政备案而合法，因此，**"招标合意"的判断理应依据招投标文件**。

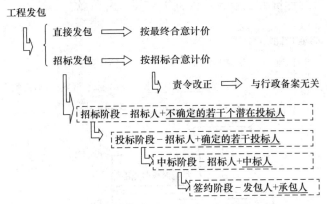

图3　招标合意形成过程归纳图

（四）主要法条

（1）《招标投标法》第五十九条：

"招标人与中标人不按照招标文件和中标人的投标文件订立合同的，或者招标人、中

标人订立背离合同实质性内容的协议的,责令改正;可以处中标项目金额千分之五以上千分之十以下的罚款。"

(2)《司法解释》第二十一条:

"当事人就同一建设工程另行订立的建设工程施工合同与经过备案的中标合同实质性内容不一致的,应当以备案的中标合同作为结算工程价款的根据。"

四、招标前提变化可按招标合意调整合同

(一)问题由来

若施工承包合同已签订,但招标的前提出现很大的变化,此时,若完全执行合同可能导致对一方的不公,由此产生:招标前提变化施工承包合同的条款可否调整的问题。

(二)笔者观点

施工承包合同签订后,因规划发生调整,从而使招标前提发生很大的变化。发包人与承包人可以在遵循招标合意的基础上调整承包范围、建设工期、工程质量、合同价款条款的内容。

(三)主要理由

如果建设工程开工后,因规划指标调整造成承包范围调整的,则原合同双方的权利义务的行使前提已然发生变化,仍按原合同执行明显不妥。故,双方可在调整后的承包范围下相应调整合同的实质性内容,但仍应当遵循招标合意时的原则。

设计变更原则上不应改变合同内容。因设计变更导致工程量或者质量标准发生变化的,合同有约定的应按约定执行。没有约定又无法协商一致的,可参照签订合同时当地建设行政主管部门发布的计价方法或者计价标准结算工程价款。

```
实际施工范围
  ┌ 招标时 ⇒ 承包范围(a+b) ⇒ 施工合同
  │         承包范围变化(a+b+c) ⇒ 调整施工合同条款
  └ 履约时 ⇒ 变更工程(Δa+Δb+Δc) ⇒ 工程签证
```

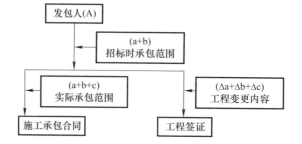

图4 招标前提变化调整条款归纳图

（四）主要法条

（1）《招标投标法》第四十六条第一款：

"招标人和中标人应当自中标通知书发出之日起三十日内，按照招标文件和中标人的投标文件订立书面合同。招标人和中标人不得再行订立背离合同实质性内容的其他协议。"

（2）《司法解释》第十六条第一款第二款：

"当事人对建设工程的计价标准或者计价方法有约定的，按照约定结算工程价款。

因设计变更导致建设工程的工程量或者质量标准发生变化，当事人对该部分工程价款不能协商一致的，可以参照签订建设工程施工合同时当地建设行政主管部门发布的计价方法或者计价标准结算工程价款。"

五、发包的前提是发包人具有合法发包权

（一）问题由来

若发包人未取得"三证"，即土地使用权证、建设用地规划许可证、建设工程规划许可证，而与承包人签订的建设工程合同的，由此产生：该合同属于哪个阶段或者是否属于无效合同的问题。

（二）笔者观点

发包的前提是发包人具有合法的发包权，而此时发包人无发包权，即作为合同合同组成的基本要素之一的标的的承包权都不存在，**因此，**该合同不可能成立。但为了提高实务性，可以认定该合同是无效合同。

（三）主要理由

主体、标的和数量是合同成立的前提。而合同成立需要要约方和承诺方至少就标的和数量达成一致，而无效合同（或条款）通常是因为成立的合同违背法律和行政法规中的效力性强制规定。

而建设工程合同的标的是承包权。若发包人未取得"三证"则意味着发包人没有承包

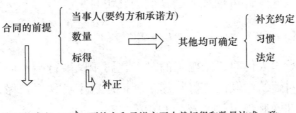

图5　发包前提条件归纳图

权。因此，从理论上而言，合同存在的前提尚不具备，更谈不上成立和生效。但是，为了提高实务性，通常将这种情形以无效合同来认定的。

（四）主要法条

（1）《最高人民法院关于适用〈中华人民共和国合同法〉若干问题的解释（二）》（以下简称"合同法司法解释（二）"）第一条：

"当事人对合同是否成立存在争议，人民法院能够确定当事人名称或者姓名、标的和数量的，一般应当认定合同成立。但法律另有规定或者当事人另有约定的除外。"

（2）《合同法》第二十五条：

"承诺生效时合同成立。"

（3）《最高人民法院关于适用〈中华人民共和国合同法〉若干问题的解释（一）》第四条：

"合同法实施以后，人民法院确认合同无效，应当以全国人大及其常委会制定的法律和国务院制定的行政法规为依据，不得以地方性法规、行政规章为依据。"

（4）《最高人民法院关于适用〈中华人民共和国合同法〉若干问题的解释（二）》第十四条：

"合同法第五十二条第（五）项规定的"强制性规定"，是指效力性强制性规定。"

六、开工时间原则上按实施开始施工为准

（一）问题由来

开工时间法律现尚未有明确的规定，却有开工必须取得施工许可证的法律规定，事实情况，实务中，开工时的状态很是复杂，由此产生：如何确定作为民事行为的开工的问题。

（二）笔者观点

有发包人或监理人签发开工通知的，以开工通知载明之日为开工日期；若承包人在开工令通知发出前已经实际进场施工的，以实际开工时间为开工日期；若没有任何证据证明何时开工，原则上，以施工许可证载明的日期为开工日期。

（三）主要理由

开工时间是确定承包人何时开始施工的时点，属于民事行为，而施工许可证制度只是行政管理行为，为了对建筑活动的监督管理，维护建筑市场秩序，保证建筑工程的质量和安全。且不属于效力性强制规定。

若没有特别约定，行为管理行为不能作为民事行为是否生效的条件。因此，判断开工时间，原则上不以是否具有施工许可证为条件，即若发包人签发开工令，就标志着开工日期的确定。如果此时发包人尚未取得施工许可证，不影响开工日期。当然，若此时不具备开工条件的，发包人不仅要承担行政处罚的不利后果，还需要承担工期顺延的民事责任。

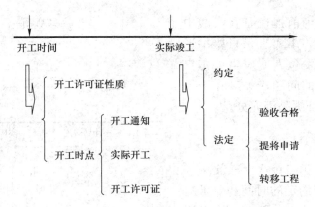

图 6　确定开工时间和竣工时间归纳图

（四）主要法条

（1）《建筑法》第一条：

"为了加强对建筑活动的监督管理，维护建筑市场秩序，保证建筑工程的质量和安全，促进建筑业健康发展，制定本法。"

七、举证证明工期顺延的责任是承包人

（一）问题由来

若工程未按计划竣工，不是承包人延误责任，就是发包人承担顺延责任，若发包人承担顺延责任，承包人不仅不承担延误的责任，而且有权向发包人主要延误造成的损失，由此产生：如何举证是工期顺延而非工期延误的问题。

（二）笔者观点

工期顺延是由发包人对未按时完成工程承担责任的工期，其主要来自发包人的违约、工程变更、发包人错误判断和承包人索赔等原因。原则上，工期顺延不以发包人同意为前提，但是，**举证责任是承包人。**

（三）主要理由

由于按时保质地完成建设工程是承包人的主要义务，因此，对于实际竣工时间与计划竣工时间之差所造成的责任首先默认由承包人承担。只有承包人能够证明该责任应由发包人承担的，方由发包人承担。若承包人不能够证明该责任应由发包人承担的，则由承包人承担。通常将发包人承担的叫"工期顺延"责任，承包人承担的叫"工期延误"责任。

应当由发包人承担，但由于承包人举证不能而承担工期延误责任的后果是：不仅无权要求发包人承担工期顺延的损失，反而要向发包人承担工期延误的责任。因此，承包人在合同履行过程中如何收集工期顺延的证据就显得特别重要。另外，工程顺序

是否以发包人同意为前提也是在实践中很令人困惑的问题,事实上,只要举证属于工期顺延的,发包人就应当承担责任,则不存在同意的问题,关键在于承包人提出的理由和证据是否充分。

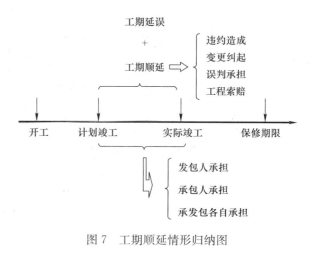

图7 工期顺延情形归纳图

(四) 主要法条

(1)《合同法》第二百八十三条：

"发包人未按照约定的时间和要求提供原材料、设备、场地、资金、技术资料的，承包人可以顺延工程日期，并有权要求赔偿停工、窝工等损失。"

(2)《司法解释》第十五条：

"建设工程竣工前，当事人对工程质量发生争议，工程质量经鉴定合格的，鉴定期间为顺延工期期间。"

八、自愿招标是否存在"阴阳合同"的问题

(一) 问题由来

直接发包的发包人也可以选择招标发包。此时的招标未必经过招投标办，评标委员会成员为也未必从专家库中选择，其所签订的合同也未必经过行政备案。由此产生：自愿招标是否存在"阴阳合同"的问题。

(二) 笔者观点

若招标人对所有投标人事前告知招标标准且评标标准对所有投标人均是相同的，则应当认定其为招标投标行为。而招投标行为，无论是必须招标还是自愿招标，无论是公开招标还是邀请招标，均应遵循招投标法的相关规定。

(三) 主要理由

工程项目的发包有招标发包和直接发包。除了《招标投标法》第三条规定的工程项目必须招标发包外，其他均可由发包人自行选择发包方式。选择发包的项目，发包人可以选择自行发包，也可以选择招标发包。

《招标投标法》明确规定，凡是在中华人民共和国境内进行的招标投标活动，均适用本法，即只要是招标发包，无论是必须招标还是自愿招标，无论是公开招标还是邀请招标，均应遵守《招标投标法》，因此，**自愿招标同样存在"阴阳合同"的问题。而判断该行为是否是招投标行为**，与其是否经过招投标办、评标委员会成员是否来自专家库、所签订合同是否行政备案等无关。关键在于该行为对所有的投标人是否有统一投标标准和统一的评标标准。

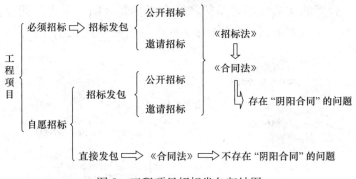

图8　工程项目招标发包归纳图

（四）主要法条

(1)《中华人民共和国招标投标法》第二条：
"在中华人民共和国境内进行招标投标活动，适用本法。"
(2)《中华人民共和国招标投标法》第十条：
"招标分为公开招标和邀请招标。
公开招标，是指招标人以招标公告的方式邀请不特定的法人或者其他组织投标。
邀请招标，是指招标人以投标邀请书的方式邀请特定的法人或者其他组织投标。"

九、按招标合意结算价款才是招标法的本意

（一）问题由来

《司法解释一》第二十一条规定，以"备案中标合同"作为结算工程价款的根据。若实践中没有，如果合同没有经过备案，由此产生：是否一定按"中标备案合同"结算价款的问题。

（二）笔者观点

按招标合意结算价款才是招标法的本意，因此，招标发包所签订的施工承包合同中的实质性内容而言，"招投标文件中的合意"优先于"备案中标的合同"，其实与是否备案无关。

（三）主要理由

合同的成立在于要约方和承诺方就标得和数量等内容达成一致，而书面形式的本质是记录双方合意的内容。若已达成合意但未记录，而双方用行为反映双方合意的，则该合同成立。因此，合同成立的关键在于合意而非形式。

招标形成合意的，所签订的合同中的实质性内容应按招标合意签署。由于建设工程施工合同通常需要备案，因此，从理论上而言，备案的建设工程合同应当按照招标合意进行签署的。而由于建设工程施工合同示范文本中的合同组成不包括招标文件等原因，不能保

证备案的建设工程合同的实质性内容是按招标合意签署。同时，也可能存在逃避备案，因此，仅合同中的实质性内容而言，"招投标文件中的合意"优先于"备案中标的合同"。

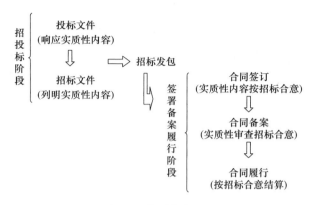

图9 招标发包合同备案过程归纳图

（四）主要法条

(1)《合同法》第三十六条：

"法律、行政法规规定或者当事人约定采用书面形式订立合同，当事人未采用书面形式但一方已经履行主要义务，对方接受的，该合同成立。"

(2)《招标投标法》第四十六条第一款：

"招标人和中标人应当自中标通知书发出之日起三十日内，按照招标文件和中标人的投标文件订立书面合同。招标人和中标人不得再行订立背离合同实质性内容的其他协议。"

十、合作开发成员对工程款承担连带责任

（一）问题由来

合作开发房地的中的一方欠付工程款时，若承包人向其他合作开发方主张权利的，其他成员往往以合同相对性理论予以抗辩，从而使工程款不能得到主张。由此产生：合同开发成员可否以合作协议抗辩拒绝付款的问题。

（二）笔者观点

合作开发房地产合同一方作为发包人与承包人订立建设工程施工合同的，承包人请求合作开发房地产合同的其他合作方对建设工程施工合同债务承担连带责任的，合作方不得以合同相对性理论和合作开发协议进行抗辩。

（三）主要理由

通常，合作开发房地产的形式主要有两种，即：成立具有独立法定资格的项目公司和不成立项目公司而以联合体协议形式进行。若是前者，合格者根据其出资额为限向公司承担责任，公司以注册资金为限向外承担责任。若是后者，联合体的本质是为了某一事项而

以联合体协议成立的合伙组织。因此,各方对外理应承担连带责任。

由于合伙形式进行房地产开发的,各方是以协议书的形式来约定各自的责任和义务的,但该协议仅属于内部协议而不能对抗外部的第三人。故,虽然与承包人签署合同的一方是某一成员,但其本质是该成员代表联合体与该承包人签订的。因此,各成员对承包人的欠款理应承担连带付款的义务,这与合同相对性理论并不矛盾。除非该成员与承包人所签订的建设工程施工承包合同的标的物不是联合体协议中约定合作开发的房地产项目。

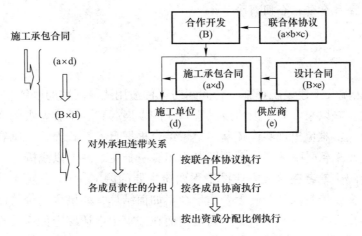

图10 联合体开发法律关系归纳图

(四) 主要法条

(1)《招标投标法》第三十一条规定:

"两个以上法人或者其他组织可以组成一个联合体,以一个投标人的身份共同投标。联合体各方均应当具备承担招标项目的相应能力;国家有关规定或者招标文件对投标人资格条件有规定的,联合体各方均应当具备规定的相应资格条件。由同一专业的单位组成的联合体,按照资质等级较低的单位确定资质等级。联合体各方应当签订共同投标协议,明确约定各方拟承担的工作和责任,并将共同投标协议连同投标文件一并提交招标人。

联合体中标的,联合体各方应当共同与招标人签订合同,就中标项目向招标人承担连带责任。招标人不得强制投标人组成联合体共同投标,不得限制投标人之间的竞争。"

(2)《最高人民法院关于审理联营合同纠纷案件若干问题的解答》第九条第(二)项规定:

"联营体是合伙经营组织的,可先以联营体的财产清偿联营债务。联营体的财产不足以抵债的,由联营各方按照联营合同约定的债务承担比例,以各自所有或经营管理的财产承担民事责任;合同未约定债务承担比例,联营各方又协商不成的,按照出资比例或盈余分配比例确认联营各方应承担的责任。"

聚焦建设工程纠纷主要问题（二）

【关键词】 法律责任；合同纠纷

【前言】

《最高人民法院关于建设工程施工合同纠纷案件适用法律问题的解释》（以下简称《司法解释》自正式实施以来，对中国建设工程行业的发展起到了不容忽视的作用。但随着行业的不断发展壮大，难免出现些许疏漏。笔者结合根据自身实践经验，结合大量案例，就建设工程纠纷近年来备受关注的一系列问题提出自身拙见，并予以浅析。

之前限于篇幅，笔者在《聚焦建设工程纠纷主要问题（一）》中就十个主要问题提出自己的观点，本文就施工承包合同无效质量合格如何结算、如果合同价款已经形成合意可否进行鉴定、当事人在法庭释明后不申请鉴定而在二审中申请鉴定如何处理、工程价款鉴定所用的检材是否需要质证、鉴定单位是否可就法律定性和责任分配等问题持自己的观点并在鉴定报告体现、实际施工人起诉发包人应当具备什么前提条件、建设工程合同的承包人是否均享有优先受偿权以及优先受偿权与其他民事权利的关系等八个建设工程纠纷主要问题提出自己的观点，望各位读者不吝指正。

一、合同无效质量合同按成本价支付

（一）问题由来

若施工承包合同无效而工程质量合格，承包人可以要求发包人参照合同约定支付工程价款。但若出现几份无效合同，该无效合同该如何结算。

（二）笔者观点

建设工程施工合同无效但工程质量合格的，由于建设工程质量优先原则的原因，属于不能（或者不适宜）恢复原状的情形。因此，应当予以折价，即以实际施工人的成本价予以结算。

（三）主要理由

从法理而言，无效合同自始无效，其处理方式首先是原物返还。只有在不宜、不能返还或者没有必要返还的情况下，才考虑折价补偿。建筑法的宗旨之一是保证工程质量，故对于施工承包无效但工程质量合格的，采取的是退而求其次的折价补偿处理办法。若参照合同约定支付工程价款，则计价方式仍以双方合意为基础，这明显与法理不符。

施工合同无效但质量合格的,发包人对承包人的折价补偿理论上应当以返还承包人实际花费为根本目的。因此,发包人支付给承包人应当是成本价。然后,再以承发包双方对该施工合同无效责任的多少为标准分担造成的损失,这不仅符合法理,而且解决了数份无效合同如何操作的问题。

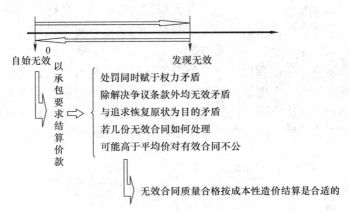

图1 施工合同无效质量合格结算法理归纳图

(四) 主要法条

(1)《司法解释》第二条:

"建设工程施工合同无效,但建设工程经竣工验收合格,承包人请求参照合同约定支付工程价款的,应予支持。"

(2)《合同法》第五十六条规定:

"无效的合同或者被撤销的合同自始没有法律约束力。合同部分无效,不影响其他部分效力的,其他部分仍然有效。"

(3)《合同法》第五十八条规定:

"合同无效或者被撤销后,因该合同取得的财产,应当予以返还;不能返还或者没有必要返还的,应当折价补偿。有过错的一方应当赔偿对方因此所受到的损失,双方都有过错的,应当各自承担相应的责任。"

二、合同价款形成合意不得进行鉴定

(一) 问题由来

承发包人已就合同价款达成一致或诉讼前双方共同委托就合同价款作出了司法鉴定结论,若一方不接受以上结论进行诉讼并要求进行合同价款的鉴定,法庭是否应当同意其申请。

(二) 笔者观点

承发包人双方已就合同价款达成一致的,只要该合意合法,法庭不应当准许鉴定。若诉前承发包双方共同委托的鉴定人已对合同价款出具了鉴定意见的,原则上法庭也不应当准许鉴定。

(三) 主要理由

工程价款属于市场价，当事人双方完全可以就工程价款结算形成合意。因此，只要合意形成的结算是合法有效的，双方均应予以遵守。但是，若仅就合同价款中的部分价款形成合意。对于其中未形成合意的部分，一方要求鉴定的，应当准许。若诉前承发包双方共同委托的鉴定人已经对合同价款出具了鉴定意见，只要该鉴定意见是符合证据规则的，一方要求重新鉴定，法庭原则上应不予准许。

此外，造价咨询单位往往会在出具审价报告前要求承包人和发包人在审定单上盖章予以确认。在诉讼过程中，一方申请就工程价款进行鉴定，一方以已在《工程审定单》上盖章确定为由要求法庭不准许申请，法庭应当同意鉴定。因为，这种确认不应认定为双方就工程价款结算形成合意，其只是造价咨询单位出具报告的程序要求。

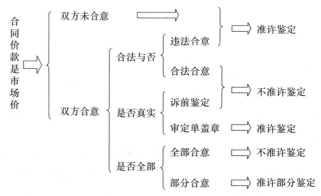

图 2　准许工程造价鉴定情形归纳图

(四) 主要法条

(1)《价格法》第三条第一款规定：

"国家实行并逐步完善宏观经济调控下主要由市场形成价格的机制。价格的制定应当符合价值规律，大多数商品和服务价格实行市场调节价，极少数商品和服务价格实行政府指导价或者政府定价。"

(2)《司法解释》第二十三条：

"当事人对部分案件事实有争议的，仅对有争议的事实进行鉴定，但争议事实范围不能确定，或者双方当事人请求对全部事实鉴定的除外。"

(3)《最高人民法院关于民事诉讼证据的若干规定》第二十七条第一款：

"当事人对人民法院委托的鉴定部门作出的鉴定结论有异议申请重新鉴定提出证据证明存在下列情形之一的人民法院应予准许：

（一）鉴定机构或者鉴定人员不具备相关的鉴定资格的；

（二）鉴定程序严重违法的；

（三）鉴定结论明显依据不足的；

（四）经过质证认定不能作为证据使用的其他情形。

对有缺陷的鉴定结论，可以通过补充鉴定、重新质证或者补充质证等方法解决的，不予重新鉴定。"

三、释明后不申请鉴定二审不准予鉴定

（一）问题由来

由于建设工程合同纠纷涉及专业问题较多，当事人未必知道是否需要鉴定。因此，若一审法庭予以释明后，一方当事人拒绝申请鉴定的，二审法庭对该当事人在二审中提出的鉴定申请应持何种态度。

（二）笔者观点

人民法院经审理认为就专业性问题需要进行鉴定的，应当向负有举证责任的当事人释明。若经法庭释明且这一释明是正确的，当事人应当申请鉴定。此时不申请而在二审中提出申请的，原则上二审法院应不准予鉴定。

（三）主要理由

由于建设工程合同纠纷中可能同时存在以下鉴定：工程质量、修复方案及修复方案费用的鉴定、工程价款鉴定、工期鉴定等。同时，合同价款的鉴定又包括工程造价的鉴定、索赔款的鉴定、违约赔偿金的鉴定以及其他费用的鉴定。工期鉴定也包括合理工期的鉴定、工期责任的鉴定以及工期顺延影响造价的鉴定等。

由于上述鉴定种类繁多，且之间存在一定逻辑顺序关系。因此，法庭应当向当事人释明哪些专门性问题需要鉴定，应当由哪个当事人申请。经法院释明后，负有举证责任的当事人应当申请鉴定。若不申请鉴定的，理应承担不利的法律后果，其中包括在二审中提出不被准许的可能。若人民法院予以准许，不仅不符合二审提供新证据的要求，也是对对方当事人权益的侵犯。

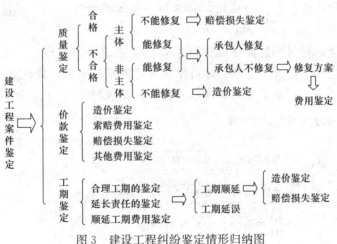

图3　建设工程纠纷鉴定情形归纳图

（四）主要法条

《最高人民法院关于民事诉讼证据的若干规定》第四十一条：

"〈民事诉讼法〉第一百二十五条第一款规定的'新的证据'，是指以下情形：

（一）一审程序中的新的证据包括：当事人在一审举证期限届满后新发现的证据；当事人确因客观原因无法在举证期限内提供，经人民法院准许，在延长的期限内仍无法提供的证据。

（二）二审程序中的新的证据包括：一审庭审结束后新发现的证据；当事人在一审举证期限届满前申请人民法院调查取证未获准许，二审法院经审查认为应当准许并依当事人申请调取的证据。"

四、工程价款鉴定过程需经二次质证

（一）问题由来

涉及工程价款的鉴定的案件，法庭往往会首先进行司法鉴定再进行实质性审理，且除了向法庭提交基本证据材料外，还可能有由鉴定单位开列的延伸证据材料。故，由此产生了是否需要先对基本证据和延伸证据进行质证的问题。

（二）笔者观点

工程价款鉴定过程需要经过二次质证。第一次质证是对提交的证据材料和延伸证据材料就"三性"（即：真实性、合法性和关联性）进行质证；第二次质证是对出具的正式鉴定报告就"三性"进行质证。

（三）主要理由

首先应当明确的是，无论当事人提交，还是由鉴定单位开列目录而由申请人直接提交鉴定单位，或者由鉴定单位提交给法庭的鉴定报告，凡未经质证都只能称为"证据材料"。只有经过法庭就"三性"进行质证后，其方可成为法律意义上的"证据"，方能作为判定法律事实的依据。

其实，基本证据材料和延伸证据材料本质是供鉴定单位进行司法鉴定的"检材"，只有该"检材"经过质证符合"三性"才可作为鉴定的基础证据。待正式报告出具后，还需对正式报告进行"三性"质证，只有这样才符合证据规则。

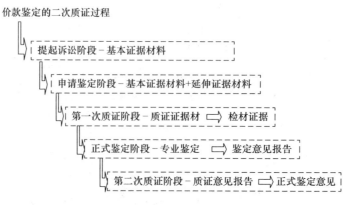

图 4　工程合同价款鉴定过程归纳图

五、应当专业且被动地进行鉴定

（一）问题由来

鉴定人往往会积极主动的就当事人责任分担明确态度、合同性质作出判断，甚至会本着实事求是的精神进行现场勘察，对鉴定人这种积极主动的工作态度应如何评价。

（二）笔者观点

鉴定人应当是被动的，即委托什么鉴定什么。其应当完全根据委托范围和委托事项进行鉴定，没有必要也不可以积极主动。并且，鉴定人应仅就专业角度作出专业的鉴定结论，切忌就法律中的定性和责任表达自身观点。

（三）主要理由

诉讼请求是当事人在诉讼中最基本的权利，法庭应遵循"不诉不理"的原则，"诉什么，审什么"。而鉴定人对鉴定范围和鉴定事项也只能是被动接受，而不得增加或缩小鉴定范围或改变鉴定事项，否则就意味着增加或减少一方的诉讼请求，是对当事人诉讼权利的侵犯。并且也没有必要也没有权利主动现场勘察，从而打破双方举证的责任分配。

"专业的问题由专业人来做"的具体体现是各专业人做各专业的事。责任分担、合同性质等法律性问题是法庭行使审判权需要解决的问题。鉴定人无权也没有能力就其法律问题作出意见，而将双方计价的合意通用专业达到最终的鉴定结论则有鉴定人的本职工作，否则就是对法庭审判权的干涉。

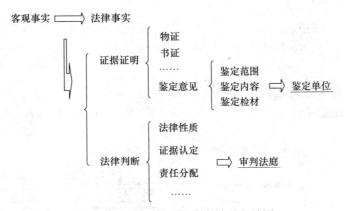

图 5　客观事实与法律事实关系归纳图

（四）主要法条

（1）《最高人民法院关于民事诉讼证据的若干规定》第二十八条：
"一方当事人自行委托有关部门作出的鉴定结论，另一方当事人有证据足以反驳并申请重新鉴定的，人民法院应予准许。"

（2）《民事诉讼法》第六十四条：
"当事人对自己提出的主张，有责任提供证据。

当事人及其诉讼代理人因客观原因不能自行收集的证据,或者人民法院认为审理案件需要的证据,人民法院应当调查收集。

人民法院应当按照法定程序,全面地、客观地审查核实证据。"

(3)《司法解释》第二十六条:

"实际施工人以转包人、违法分包人为被告起诉的,人民法院应当依法受理。

实际施工人以发包人为被告主张权利的,人民法院可以追加转包人或者违法分包人为本案当事人。发包人只在欠付工程价款范围内对实际施工人承担责任。"

六、实际施工人起诉发包人需要前提条件

(一)问题由来

虽然《司法解释》第二十六条第二款规定实际施工人可以将发包人立为被告,但在实际操作过程中,人们对条款的理论有很大的争议。故,实际施工人起诉发包人的前提条件是什么。

(二)笔者观点

适用《司法解释(一)》第二十六条第二款的前提条件是:(1)承包人与实际施工人签订的是无效合同;(2)发包人欠付承包人工程价款;(3)承包人欠付实际施工人工程价款;(4)发包人不能证明其不欠付承包人的工程价款。

(三)主要理由

所谓实际施工人往往是通过挂靠或非法转包得到承包权并进行施工的人,绝大多数是农民工,而农民工问题一直被国家予以重视。《司法解释》第二十六条第二款的规定还有这一层面的考量。

实际施工人与承包人之间的合同虽然无效,但合格的工程确确实实由实际施工人完成,且发包人对此是接受并享有的。因此,从这一角度而言,发包人和实际施工人形成了

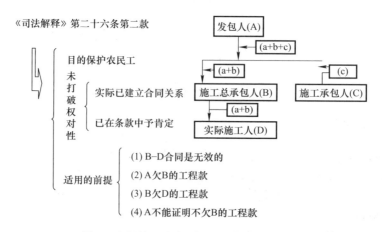

图 6 实际施工人起诉发包人前提归纳图

事实合同关系的。况且，发包人发现工程质量存在问题时，也能够将实际施工人列为被告。但是，发包人与实际施工人毕竟不存在书面合同，故将发包人列为被告应当具备一定的前提条件。

（四）主要法条

(1)《司法解释》第二十六条：

"实际施工人以转包人、违法分包人为被告起诉的，人民法院应当依法受理。

实际施工人以发包人为被告主张权利的，人民法院可以追加转包人或者违法分包人为本案当事人。发包人只在欠付工程价款范围内对实际施工人承担责任。"

(2)《合同法》第三十七条规定：

"采用合同书形式订立合同，在签字或者盖章之前，当事人一方已经履行主要义务，对方接受的，该合同成立。"

(3)《司法解释》第二十五条规定：

"因建设工程质量发生争议的，发包人可以总承包人、分包人和实际施工人为共同被告提起诉讼。"

七、只有施工承包人才享有优先受偿权

（一）问题由来

实务中，工程价款优先受偿权的实施主要存在以下问题：

(1) 建设工程合同的其他承包人是否有权行使？
(2) 装饰合同的承包人是否有权行使？
(3) 未完工程的施工承包人可否有权？
(4) 施工承包人享有的优先受偿的债权范围是哪些？

（二）笔者观点

只有施工承包合同中的承包人有优先受偿权，而装饰合同的承包人原则没有优先偿权。**优先受偿权不包括除合同造价之外的合同价款。已完工程的承包人**原则上享有优先受偿权。

（三）主要理由

承揽合同是先由承揽人完成工作后再由定作人支付价款的，因此，法律赋予承揽人法定留置权以利于保护先履行义务的承揽人的利益。建设工程合同是特殊的承揽合同，从法理上而言，也应当享有保护先履行方权益的留置权。但鉴于留置权只适用于动产，为此法律另赋予承包人法定的工程价款优先受偿权以维护其利益。

虽然建设工程合同包括勘察、设计、施工合同。但毫无疑问，施工合同是其中最接近承揽合同的。因此，承包人优先受偿权的行使应仅针对施工合同的承包人，而最纯粹的施工合同应当是涉及主体结构的施工承包合同。因此，装饰工程的承包人原则上不享有工程价款的优先受偿权。施工承包人的工作成果是物化的劳动。该物化劳动的对价是工程价款，而不应包括合同价款中的其他费用，即不包括发包人应付的违约损失赔偿费用、索赔款以及应付的其他费用。

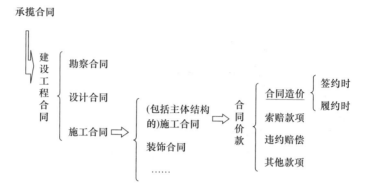

图7 工程价款优先受偿权法理归纳图

（四）主要法条

（1）《合同法》第二百六十四条：

"定作人未向承揽人支付报酬或者材料费等价款的，承揽人对完成的工作成果享有留置权，但当事人另有约定的除外。"

（2）《合同法》第二百八十七条：

"本章（合同法分则第六章：建设工程合同）没有规定的，适用承揽合同的有关规定。"

（3）《合同法》第二百八十六条：

"发包人未按照约定支付价款的，承包人可以催告发包人在合理期限内支付价款。发包人逾期不支付的，除按照建设工程的性质不宜折价、拍卖的以外，承包人可以与发包人协议将该工程折价，也可以申请人民法院将该工程依法拍卖。建设工程的价款就该工程折价或者拍卖的价款优先受偿。"

（4）《合同法》第二百六十九条：

"建设工程合同是承包人进行工程建设，发包人支付价款的合同。

建设工程合同包括工程勘察、设计、施工。"

（5）《最高人民法院关于建设工程价款优先受偿权问题的批复》第三条：

"建设工程价款包括承包人为建设工程应当支付的工作人员报酬材料款等实际支出的费用，不包括承包因发包人违约所造成的损失。"

八、优先受偿权优于其他的约定权利

（一）问题由来

优先受偿权是否有时效？该权利属于什么法律性质？若优先受偿权与第三人具有的其

他权利发生冲突，应当如何处理？在实务中若承包人明确放弃后又反悔的，如何处理？

（二）笔者观点

优先受偿权属于除斥期，竣工后六个月内不予行使则该权利消失，不存在中止或中断的问题。若优先受偿权与第三人具有的其他权利发生冲突，则优先受偿权优先于抵押权和其他债权。若承包人放弃的，则不再享有。

（三）主要理由

民事权利遵循的是"有约定从约定，无约定从法定"的原则。无论约定权利还是法定权利，当事人可以行使，也可以放弃。放弃也是一种权利的行使方式，是意思自治精神的体现。但一旦放弃就意味着该权利的消灭，故承包人放弃后再次请求行使优先受偿权的，人民法院理应不予支持。

一般情况下，法定权利与约定发生冲突时，应以法定权利优先。工程价款优先受偿权是法定赋予承包人的权利，而抵押权或其他债权则是基于约定产生的权利。因此，当工程价款优先受偿权与约定的抵押权或其他债权冲突时，理应工程价款优先受偿权优先。

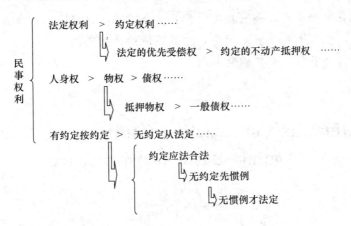

图 8　优先受偿权与其他权利关系归纳图

（四）主要法条

（1）《最高人民法院关于建设工程价款优先受偿权问题的批复》第一条：

"人民法院在审理房地产纠纷案件和办理执行案件中，应当依照〈中华人民共和国合同法〉第二百八十六条的规定，认定建筑工程的承包人的优先受偿权优于抵押权和其他债权。"

（2）《合同法》第七十四条：

"因债务人放弃其到期债权或者无偿转让财产，对债权人造成损害的，债权人可以请求人民法院撤销债务人的行为。债务人以明显不合理的低价转让财产，对债权人造成损害，并且受让人知道该情形的，债权人也可以请求人民法院撤销债务人的行为。"

施工合同无效处理不应违背基本法理

【摘　要】《最高人民法院关于审理建设工程施工合同纠纷案件适用法律问题的解释》(以下简称《施工合同纠纷司法解释（一）》)以及《最高人民法院关于审理建设工程施工合同纠纷案件适用法律问题的解释（二）（征求意见稿）》(以下简称《施工合同纠纷司法解释（二）》)关于施工承包合同无效的处理共有七个条款，笔者从《合同法》关于无效合同的最基本的法理的脉络出发，对其进行逻辑性思考。提出主要观点如下：

(1) 在合同无效但工程合格的情况下，支持"承包人请求参照合同约定计价"的规定值得商榷。

(2) 合同价反映的是双方的法律关系，而成本价不反映承包人与发包人的法律关系，因此，"成本价"与"折价补偿"理论更为切合。

(3) 违约损失赔偿与无效合同损失赔偿是两个不同的概念，前者是以合法有效的合同为前提的，因此，施工承包合同无效应处理的是缔约过失赔偿的问题。

【关键词】司法解释；施工承包合同

Invalidating Construction Contracts shall not go Against Basic Jurisprudence

【Abstract】 In total 7 terms on the contract invalidation are exhibited in the *Interpretation of the Supreme People's Court on Issues Concerning the Applicable Law in the Trial of Disputes for Construction Projects* (hereinafter referred to as *Judicial Interpretations of Construction Contract Legal Disputes* (1)) and *Interpretation of the Supreme People's Court on Issues Concerning the Applicable Law in the Trial of Disputes for Construction Projects* (Ⅱ) (*Call for Advice Version*) (Hereinafter referred to as *Judicial Interpretations of Construction Contract Legal Disputes* (2)). The author, based on specific cases, has always been considering about it logically from the sequence of the construction laws system. The main points of this article are listed as follows:

(1) It is debatable in support of the "Contractor's request for reference to the contract price" if the contract is invalid but the project quality is qualified.

(2) The contract price reflects the legal relationship between the both parties, and the cost price does not reflect the legal relationship between the contractor and the contractor, therefore, "cost price" and "discount compensation" theory is more appropriate.

（3）Breach of contract damages and invalid contract damages are two different concepts, the former is based on the prerequisite of a legitimate and effective contract, and therefore, construction contract should not be dealt with in the case of contract fault compensation.

【Keywords】 Judicial Interpretations; Construction Contract

一、参照合同计价的规定值得商榷

笔者认为：《施工合同纠纷司法解释（一）》在第二条中赋予工程验收合格的实际施工人参照无效合同中约定的工程价款主张工程价款的权利[①]规定是值得商榷的。

首先，无效合同当然是无效的，既没有也不可能发生法律效力。法律仅为了更好地解决无效合同"恢复原状"和"损失赔偿"而保留解决争议方式条款的效力（例如：约定仲裁条款或约定法院管辖条款）[②]，其他条款均无效。而"参照合同约定支付工程价款"，其本质认可了无效合同关于价款的约定，这明显与无效合同性质相违背。

其次，无效合同是自始无效的，即法律不予认可履约过程的行为。故，处理无效合同的首选方式是"恢复原状"。只有在技术上不可能或经济上明确不合理的情况下，才考虑"折价补偿"的处理方式[③]。而"参照合同约定支付工程价款"，其本质认可了无效合同中关于价款的约定，这明显与无效合同的处理原则不符。

再次，合同无效源于其违背法律效力性强制规定，并且，大多数施工承包合同的当事人是故意的，例如：借用资质无效、串通投标无效、违法分包无效等，为此法院有权收缴当事人的非法所得[④]是弘扬公平正义的体现。而赋予实际施工人有权要求"参照合同约定支付工程价款"的规定明显与之背离。

同时，在实践中，"参照合同约定支付工程价款"往往会存在一定操作层面上的问题。例如出现数份无效施工承包合同，该如何参照？哪份适用？

二、处理数份无效合同处理方式更是值得商榷

为了解决实践中碰到数份无效施工承包合同如何"参照合同约定支付工程价款"的问

---

① 《施工合同纠纷司法解释（一）》第二条规定：
"建设工程施工**合同无效**，但建设工程经竣工**验收合格，承包人请求参照合同约定支付工程价款的，应予支持**。"

② 《中华人民共和国合同法》第五十七条规定：
"**合同无效**、被撤销或者终止的，**不影响合同中独立存在的有关解决争议方法的条款的效力**。"

③ 《合同法》第五十八条规定：
"**合同无效**或者被撤销后，**因该合同取得的财产，应当予以返还**；**不能返还或者没有必要返还的，应当折价补偿**。有过错的一方应当赔偿对方因此所受到的损失，双方都有过错的，应当各自承担相应的责任。"

④ 《施工合同纠纷司法解释（一）》第四条规定：
"承包人**非法转包**、**违法分包**建设工程或者**没有资质的实际施工人借用有资质**的建筑施工企业名义与他人签订建设工程施工合同的**行为无效**。人民法院可以根据民法通则第一百三十四条规定，**收缴当事人已经取得的非法所得**。"

题,《施工合同纠纷司法解释(一)》第十八条①作出如下规定:

首选方案是:"参照当事人真实合意并实际履行的合同约定结算工程价款";次选方案是:"结合缔约过错、已完工程质量、利益平衡等因素分配两份或以上合同间的差价确定工程价款";再选方案是:"若按次选方案确定的工程价款与工程实际价款差距较大,按照签约时的市场价格信息确定工程价款"。

首先,因为作为无效合同,双方由此建立的施工合同承包关系就是不存在的,则双方所谓的"真实合意并实际履行"也不应被法律认可。同时,在已有数份无效合同的前提下,还试图还原当事人的"真实合意",就实践角度而言未免不切实际。

其次,缔约过错是解决无效合同损失分配的主要理论,已完工程质量是工程结算的前提,而利益平衡更是应以合法为前提,与折价补偿没有任何关系。因此,"结合缔约过错、已完工程质量、利益平衡等因素"本身就存在法理上的问题,至于"分配两份或以上合同间的差价确定工程价款"的操作办法,更是如同给所有无效合同一个"名分"。

而"若按次选方案确定的工程价款与工程实际价款差距较大,按照签约时的市场价格信息确定工程价款"在实践操作上存在很多问题。第一,何谓"工程实际价款";第二,工程实际价款如何确定;第三,如何判断"差距较大"。不仅如此,"按照签约时的市场价格信息确定工程价款"在法理上也存在错误。"按签约时的市场价"结算是以有效合同为前提的,仅应在合同有效而价款未定的情况予以适用。

综上,笔者认为,《施工合同纠纷司法解释(二)》第十八条作出的弥补性的规定②,无论在理论还是实践均存在问题,其实,由于《施工合同纠纷司法解释(一)》规定施工承包合同无效,质量合格"参照合同约定支付工程价款"规定产生了问题,因此,不改变源头上的问题,就不能解决数份无效合同结算的问题的,反而可能出现"越帮越忙""越描越黑"的状况。

三、无效合同损失赔偿与违约赔偿不得混为一谈

《施工合同纠纷司法解释(一)》中并未对无效合同造成的损失如何确认以及责任如何分担予以规定。故,《施工合同纠纷司法解释(二)》通过四个条款对此予以补充,即第六

---

① 《施工合同纠纷司法解释(二)》第十八条规定:
"当事人就同一建设工程订立的数份施工合同**均被认定无效**,当事人请求参照合同约定结算工程价款的,按照以下情形分别予以处理:
(一)参照当事人**真实合意并实际履行的合同约定结算工程价款**;
(二)无法确定双方当事人真实合意并实际履行合同的,应当结合缔约过错、已完工程质量、利益平衡**等因素分配两份或以上合同间的差价确定工程价款**;
(三)依照第二项确定的工程价款与工程实际价款差距较大,**按照签约时的市场价格信息确定工程价款**。"
② 《施工合同纠纷司法解释(二)》第十八条:
"当事人就同一建设工程订立的数份施工合同**均被认定无效**,当事人请求参照合同约定结算工程价款的,按照以下情形分别予以处理:
(一)参照当事人真实合意并**实际履行的合同约定结算工程价款**;
(二)无法确定双方当事人真实合意并实际履行合同的,应当结合缔约过错、已完工程质量、利益平衡**等因素分配两份或以上合同间的差价确定工程价款**;
(三)依照第二项确定的工程价款与工程实际价款差距较大,**按照签约时的市场价格信息确定工程价款**。"

条的承包人赔偿责任①、第七条的发包人赔偿责任②、第八条的合同无效损失赔偿的认定标准③以及第九条的借用资质而无效的责任。

必须明确，无效合同是自始无效④、当然无效、确定无效以及绝对无效的。其仅发生缔约过失责任的法律效力，而非适用违约造成的损失赔偿，违约造成的损失赔偿是以合法有效的合同为前提的，二者不得混为一谈。无效合同需要处理的是由于无效合同的缔约而造成损失赔偿问题，而非未按无效合同约定履行而造成的损失赔偿问题，即应当由责任人承担缔约过失的责任。对此，应当适用的是过错原则，即谁有过错谁承担。双方均有过错的，各自承担相应责任。但必须先行明确，如何理解"各自承担相应责任"。例如：必须招标而未招标所签订的施工承包合同无效的，即便主要过错在于发包人，作为合格承包商的承包人毫无疑问也存在一定过错。此时，若无效合同造成发包人损失600万元而造成承包人损失400万元，法院最终认定发包人应承担80%的责任而承包人应承担20%的责任，则发包人最终应承担损失800万元而承包人承担损失200万元。

《施工合同纠纷司法解释（二）》中的第六条和第七条的损失性质是不够明确的，况且，第八条规定的是无效施工承包合同造成的损失的处理办法，因此，第六条和第七条规定的损失一定不是无效合同造成的损失，既然不是无效合同造成的损失，那么要求对方在无效合同中进行赔偿是没有法律依据的。

四、施工合同无效处理应遵循的原则

笔者认为，对于无效施工承包合同的处理，应在遵循《合同法》关于无效合同处理原则的基础上，综合考虑《建筑法》宗旨。具体应注意以下几点：

（一）施工合同无效质量合格应按成本价结算

笔者坚持认为，成本价与合同价是两个完全不同的概念。合同价指取得权利一方按约

---

① 《施工合同纠纷司法解释（二）》第六条
"建设工程施工合同无效，发包人可以就以下损失**请求承包人予以赔偿**：
（一）承包人承建的工程不符合规定的**质量标准造成的损失**；
（二）承包人承建的工程**超出规定的合理期限造成的损失**；
（三）承包人**过错导致的其他损失**。
上述造成的损失，发**包人有过错的，应承担相应的责任**。"

② 《施工合同纠纷司法解释（二）》第七条：
"建设工程施工合同无效，承包人可以就以下**损失请求发包人予以赔偿**：
（一）发包人**拖欠工程价款造成的损失**；
（二）发包人原因导致承包人**停工、窝工造成的损失**；
（三）发包人**过错导致的其他损失**。
上述造成的损失，承包人有过错的，应承担相应的责任。"

③ 《施工合同纠纷司法解释（二）》第八条：
"建设工程**施工合同无效**，当事人一方依照〈合同法〉第五十八条规定，请求对方赔偿其因无效合同所受到的损失，人民法院应当**综合对方过错、一方受到的损害、损失与对方过错是否具有因果关系等因素**，依照诚实信用原则和公平原则，作出认定并予以裁决。"

④ 《合同法》第五十六条：
"**无效的合同**或者被撤销的**合同自始没有法律约束力**。合同部分无效，不影响其他部分效力的，**其他部分仍然有效**。"

应支付的合同价款；成本价则是指取得合同价的一方应当履行义务所花费的成本和费用。合同价反映的是双方的法律关系，而成本价不反映与发包人的法律关系，主要受实际施工人的管理水平和技术水准等因素控制，由于施工承包无效的，不应以具有法律关系为前提的合同价为基础，而应以"折价补偿"理论为基础，以承包人的实际花费为准的成本价才符合法理精神。

因此，施工承包无效但工程质量合格的，<u>笔者认为：首先，发包人应当支付承包人成本价，而后再就无效合同造成的损失各自承担相应的责任</u>。

（二）按成本价结算但不宜高于市场平均价格

建设工程施工合同的无效主要是违反了《建筑法》、《合同法》和《招标投标法》中的强制性规定。因此，笔者认为，虽然发包人应当支付给承包人成本价，但基于公平正义的考量，<u>成本价不宜高于按照签约时的市场价格，从而避免对其他合法承包人的不公</u>。

（三）承发包双方承担缔约过失的责任

在确立合同无效而质量合格应以成本价结算的理念后，对于同一建设工程订立的数份施工合同均被认定无效的，发包人应当在支付承包人成本价后，各自承担缔约过失造成的损失。

笔者认为：<u>若无效的施工承包合同应归责于发包人，承包人可以根据最终的无效施工承包合同与成本价间的差额为标准承担赔偿。若无效合同应归责于承包人的，承包人则无权就该部分损失要求发包人进行承担，若双方均有责任的，则各自承担相应责任</u>。

五、结语

虽然本人一直认为：概念准确和法理正确是进行法律研究的前提，施工合同无效的处理也不得与无效合同的概念以及法理相违背，但是，"理论是苍白，现实才是丰富多彩"，因此，笔者的观点并非一定正确，仅供参考。

关于工程质量的主要法律条款的诠释

【摘　要】　由于，建设工程的使用者或管理者往往是不特定的。因此，建设工程的质量关乎不特定人的生命与财产安全，且影响资源的合理利用及社会的整体效率。所以，为了确保建设工程质量的"合格"，即符合"国家的建筑工程安全标准的要求"，"保证质量"是当代中国建筑法律体系最为优先的立法宗旨。

此外，建设工程的发包人与承包人之间关于质量的约定，作为合同的实质性内容，对于发包人的合同目的关系重大，甚至可能影响其实现与否。所以，我国关于建设工程合同的相关法律与司法解释，为规范承包人的工程建设符合约定质量要求，以保障发包人的根本合同权益，制定了大量涉及工程质量的规定。

基于此，以"建设工程质量符合国家标准及合同约定的要求"为目的，我国的"立法者"围绕"质量优先"的立法宗旨，通过制定从法律、司法解释，到法规、部门规章等规范性法律文件，设立从行业准入及工程监理，到竣工验收及质量保修等建筑市场的管理制度，给予从建筑单位、监理单位，到设计、勘察、施工单位等参与主体的法定义务，明确从行政、民事责任，到刑事责任的不利法律后果，设定了一系列有关建设工程质量的规则。

【关键词】　工程质量；保修责任；返修责任

Interpretations on the Major Legal Terms of Construction Quality

【Abstract】　Due to the fact that construction projects users or managers are often non-specific people, while the quality of construction projects is related to the safety of life and property of non-specific people, and impact the rational use of resources and the overall efficiency of society. Therefore, in order to ensure the quality of the construction project, in other words, to meet the "national construction engineering safety standards", "quality assurance" is the most priority legislative purposes in Chinese construction legal system of today.

In addition, the agreement between both contracting parties on the project quality, as the substantive content of the contract, is of great significance to the contractor contracting purpose, and will affect its realization result. Therefore in China, a large number of provisions related to the quality of the projects have been made for the relevant laws and judi-

cial interpretations on construction projects contracts, so as to standardize the construction of the contractor and meet the agreed quality requirements, as well as to protect the contractor's fundamental contract rights and interests.
Based on the aim of "the quality of construction projects meets the national standards and the requirements of the contract", led by the 'quality priority' legislative purposes, our "legislator" has through the development of laws, judicial interpretation, to regulations, Legal documents, set up from the industry access and project supervision, to the completion of acceptance and quality assurance and other construction market management system, given from the construction units, supervision units, to design, survey, construction units and other participants in the legal obligations, administrative, civil liability, and criminal liability to the adverse legal consequences, set a series of rules on the quality of construction projects.

【Keywords】 Construction quality; Warranty Responsibility; Rework Responsibility

一、建设单位对工程质量的法定义务

（一）法条索引

（1）《建设工程质量管理条例》第十四条第一款规定：

"按照合同约定，由建设单位采购建筑材料、建筑构配件和设备的，建设单位应当保证建筑材料、建筑构配件和设备符合设计文件和合同要求。"

（2）《建设工程质量管理条例》第十条规定：

"建设工程发包单位不得迫使承包方以低于成本的价格竞标，不得任意压缩合理工期。建设单位不得明示或者暗示设计单位或者施工单位违反工程建设强制性标准，降低建设工程质量。"

（3）《建筑法》第五十四条第一款规定：

"建设单位不得以任何理由，要求建筑设计单位或者建筑施工企业在工程设计或者施工作业中，违反法律、行政法规和建筑工程质量、安全标准，降低工程质量。"

（二）依据解析

鉴于建筑活动的专业性，一般情况下，建设工程的技术风险主要由勘察、设计与施工单位承担，而除建设工程总承包（EPC合同）外，其商业风险则由建设单位承担。因而，"工程质量"通常由承包建设工程的单位负责，但这并不表示建设单位对于建设工程不承担任何质量责任。

除应当严格遵守法律就"建设工程发包"所规定的行为规范，以及法定的强制监理与竣工验收制度外，建设单位关于质量的法定义务，主要集中在有关质量监督的行政手续办理、"甲供料"情形下的材料设备采购、作为发包人的相关工程要求，具体而言：

第一，根据《建设工程质量管理条例》规定，建设单位应在工程开工前，"按照国家有关规定办理工程质量监督手续"①，并根据《建筑法》规定，除特定限额以下的小型工程外，应当在具备"有保障工程质量具体措施"② 的条件下申领施工许可证③，未完成该手续办理的，"一律不得开工。"④

第二，在建设工程合同约定由建设单位负责建筑材料、构配件和设备采购，即"甲供料"的情况下，根据《建设工程质量管理条例》第十四条第一款规定，建设单位负有保证建筑材料、建筑构配件和设备"符合设计文件和合同要求"的法定义务。

第三，建设单位关于其作为发包人的工程要求，除应当遵守《建设工程质量管理条例》第十条关于禁止"低于成本价格，压缩合理工期"的规定外，结合《建筑法》第五十四条规定，其不得以任何理由，通过明示或者暗示等方式，要求设计、施工单位在工程设计或施工作业中，违反工程建设强制性标准，降低工程质量，或要求施工单位使用不合格的建筑材料、构配件与设备⑤。

在此基础上，作为体现建设单位工程要求的主要载体——设计文件，根据《勘察设计管理条例》规定，禁止建设单位作擅自修改；确需修改的，应由原设计单位，或经其同意由建设单位委托其他设计单位修改；需作重大修改的，应由建设单位报经原审批机关批准⑥。

同时，根据《建设工程质量管理条例》规定，施工图设计文件，应由建设单位负责报相关行政主管部门审查，未经审查批准不得使用⑦；装修工程涉及建筑主体和承重结构变动的，应由建设单位委托设计单位提出设计方案，没有方案的不得施工⑧。

另外，需要特别注意的是：关于勘察文件的修改，建设单位负担与设计文件禁止修改相同的法定义务。

---

① 《建设工程质量管理条例》第十三条规定：
"建设单位在**领取施工许可证或者开工报告前**，应当按照国家有关规定**办理工程质量监督手续**。"
② 《建筑法》第八条第一款第（六）项规定：
"**申请领取施工许可证**，应当具备下列条件：
（六）**有保证工程质量和安全的具体措施**；……"
③ 《建筑法》第七条第一款规定：
"**建筑工程开工前**，建设单位应当按照国家有关规定向工程所在地县级以上人民政府建设行政主管部门**申请领取施工许可证**；但是，国务院建设行政主管部门确定的限额以下的小型工程除外。"
④ 《建筑工程施工许可管理办法》第三条第一款规定：
"本办法规定必须申请领取施工许可证的建筑工程**未取得施工许可证的，一律不得开工**。"
⑤ 《建设工程质量管理条例》第十四条第二款规定：
"建设单位**不得明示或者暗示施工单位使用不合格的建筑材料、建筑构配件和设备**。"
⑥ 《建设工程勘察设计管理条例》第二十八条规定：
"**建设单位、施工单位、监理单位不得修改建设工程勘察、设计文件**；确需修改建设工程勘察、设计文件的，应当由原建设工程勘察、设计单位修改。经原建设工程勘察、设计单位书面同意，建设单位也可以委托其他具有相应资质的建设工程勘察、设计单位修改……**建设工程勘察、设计文件内容需要作重大修改的，建设单位应当报经原审批机关批准后，方可修改**。"
⑦ 《建设工程质量管理条例》第十一条规定：
"**建设单位应当将施工图设计文件报县级以上人民政府建设行政主管部门或者其他有关部门审查**。施工图设计文件审查的具体办法，由国务院建设行政主管部门会同国务院其他有关部门制定。**施工图设计文件未经审查批准的，不得使用**。"
⑧ 《建设工程质量管理条例》第十五条规定：
"**涉及建筑主体和承重结构变动的装修工程**，建设单位应当在施工前**委托原设计单位或者具有相应资质等级的设计单位提出设计方案**；没有设计方案的，不得施工。"

二、勘察单位对工程质量的法定义务

（一）法条索引

(1)《建筑法》第五十六条规定：

"建筑工程的勘察、设计单位必须对其勘察、设计的质量负责。勘察、设计文件应当符合有关法律、行政法规的规定和建筑工程质量、安全标准、建筑工程勘察、设计技术规范以及合同的约定。"

(2)《合同法》第二百八十条规定：

"勘察、设计的质量不符合要求或者未按照期限提交勘察、设计文件拖延工期，造成发包人损失的，勘察人、设计人应当继续完善勘察、设计，减收或者免收勘察、设计费并赔偿损失。"

(3)《建设工程勘察设计管理条例》第三十条规定：

"建设工程勘察、设计单位应当在建设工程施工前，向施工单位和监理单位说明建设工程勘察、设计意图，解释建设工程勘察、设计文件。建设工程勘察、设计单位应当及时解决施工中出现的勘察、设计问题。"

（二）依据解析

从实践角度出发，建设工程实施阶段的工作主要由三部分内容构成——勘察、设计、施工。根据《建设工程质量管理条例》的规定，工程建设应当严格执行基本的建设程序，即：建设工程各参与方应当遵循"先勘察、后设计、再施工"的原则①，开展并推进工程建设。因此，理论上，勘察单位所提交的勘察文件质量是保证设计和施工质量的基础，其依法按约履行有关勘察质量的法定义务，是确保建设工程实际竣工质量最终"合格"且符合建设单位要求的前提条件。

就承包建设工程的勘察单位而言，其应当对勘察的成果②及其修改③的质量负责，其所涉及质量的法定义务，主要在体现"对勘察成果保证真实准确"、"就质量问题继续完善文件"以及"为工程施工说明解决问题"这三个方面：

第一，根据《建筑法》第五十六条规定，勘察单位应首先确保其勘察工作的质量，结合《建设工程勘察设计管理条例》相关规定，具体而言：勘察单位应当执行国家规定的建设工程勘察程序④，以"项目批准文件、城市规划、强制性标准、法定勘察深

---

① 《建设工程质量管理条例》第五条规定：
"从事建设工程活动，必须严格执行基本建设程序，**坚持先勘察、后设计、再施工的原则**。"

② 《中华人民共和国建筑法》第五十六条规定：
"建筑工程的勘察、设计单位**必须对其勘察、设计的质量负责**……"

③ 《建设工程勘察设计管理条例》第二十八条规定：
"……**经原建设工程勘察、设计单位书面同意**，建设单位也可以委托其他具有相应资质的建设工程勘察、设计单位修改。**修改单位对修改的勘察、设计文件承担相应责任**……"

④ 《建设工程勘察设计管理条例》第二十二条规定：
"建设工程勘察、设计的发包方与承包方，**应当执行国家规定的建设工程勘察、设计程序**。"

度要求"① 为编制依据,保证其勘察文件符合"有关法律、行政法规的规定和建筑工程质量、安全标准、建筑工程勘察技术规范以及合同的约定"。

就上述勘察工作的质量要求而言,对于其中地质、测量、水文等勘察成果最为重要的是:"必须真实、准确"②,且根据《建设工程勘察设计管理条例》规定,应当满足建设工程规划、选址、设计、岩土治理和施工的需要③。

第二,履行勘察合同的勘察单位,作为承包人所完成勘察质量不符合要求的,根据《合同法》第二百八十条约定,应当对其工作成果继续进行完善。在此基础上,对于勘察文件在使用过程中发现的质量问题,《建设工程勘察设计管理条例》规定:在施工、监理单位发现勘察文件不符合工程建设强制性标准或合同约定的质量要求后报告建设单位的情况下,建设单位有权要求勘察单位补充或修改勘察文件④。

据此,无论在提交后还是使用时,勘察文件经发现不符合工程建设强制性标准或者勘察合同质量要求的,勘察单位均应当履行其修改、补充的法定完善义务。

第三,由于勘察单位的勘察文件是施工、勘察单位在工程施工阶段的工作依据之一,因此,以施工质量为考量,《建设工程勘察设计管理条例》规定,勘察单位应当为建设单位后续施工的发包,围绕工程施工履行相应的附随义务。

对此,《建设工程勘察设计管理条例》第三十条规定了具体的规范:一则,在建设工程施工开工前,勘察单位应当向施工、监理单位说明建设工程勘察意图,并解释其提交的勘察文件;二则,在建设工程施工过程中,勘察单位应当及时解决施工中所出现的勘察问题。

三、设计单位对工程质量的法定义务

(一) 法条索引

(1)《建筑法》第五十六条规定:

"建筑工程的勘察、设计单位必须对其勘察、设计的质量负责。勘察、设计文件应当符合有关法律、行政法规的规定和建筑工程质量、安全标准、建筑工程勘察、设计技术规范以及合同的约定。设计文件选用的建筑材料、建筑构配件和设备,应当注明其规格、型

---

① 《建设工程勘察设计管理条例》第二十五条规定:
"编制建设工程勘察、设计文件,应当**以下列规定为依据**:
(一) 项目**批准文件**;
(二) **城市规划**;
(三) 工程建设强制性标准;
(四) 国家规定的建设工程**勘察、设计深度要求**。"
② 《建设工程质量管理条例》第二十条:
"勘察单位提供的地质、测量、水文等勘察成果**必须真实、准确**。"
③ 《建设工程勘察设计管理条例》第二十六条规定:
"编制建设工程勘察文件,**应当真实、准确,满足建设工程规**划、选址、设计、岩土治理和施工的需要。"
④ 《建设工程勘察设计管理条例》第二十八条规定:
"……施工单位、监理单位**发现建设工程勘察、设计文件不符合工程建设强制性标准、合同约定的质量要求的,应当报告建设单位**,建设单位有权要求建设工程勘察、设计单位对建设工程勘察、设计文件进行补充、修改……"

号、性能等技术指标,其质量要求必须符合国家规定的标准。"

(2)《建设工程质量管理条例》第二十二条规定:

"设计单位在设计文件中选用的建筑材料、建筑构配件和设备,应当注明规格、型号、性能等技术指标,其质量要求必须符合国家规定的标准。

除有特殊要求的建筑材料、专用设备、工艺生产线等外,设计单位不得指定生产厂、供应商。"

(3)《建设工程质量管理条例》第二十四条规定:

"设计单位应当参与建设工程质量事故分析,并对因设计造成的质量事故,提出相应的技术处理方案。"

(二)依据解析

建设工程的设计和勘察,鉴于在某种意义上,均是为工程建设最后阶段物化的施工所作的前期准备,因而,两者在涉及质量的法律适用上存在较多重叠。所以,关于工程质量,设计单位与勘察单位相同,对于义件的提交和修改也应当履行有关质量、完善和说明的义务。

除此之外,基于工程设计较之勘察,无论在工作内容还是阶段时间上与施工的关系更为紧密,集中体现建设单位对于其发包工程的要求,因此,设计单位还应当履行其他关于设计内容的深度、材料设备的选用,质量事故的处理的法定义务:

首先,设计文件的质量除了符合《建筑法》第五十六条所规定的"有关法律、行政法规的规定和建筑工程质量、安全标准、技术规范以及合同的约定"外,设计单位应根据勘察成果设计建设工程,其文件应符合法定设计深度要求,并注明合理使用年限。

关于设计文件的编制,根据《建设工程勘察设计管理条例》有关规定:初步设计文件应满足编制施工招标文件、施工图设计文件及主要设备材料订货之需要;施工图设计文件应当满足设备材料采购、非标准设备制作及施工之需要[①]。此外,对于设计文件中所选用的建筑材料、配件和设备,根据《建设工程质量管理条例》第二十二条第一款规定,设计单位应注明其规格、型号、性能等技术指标,并且,其质量要求须符合相应的国家标准。

其次,为了避免设计单位由于利害关系,在文件中通过指定生产厂、供应商方式,选用技术指标不符合质量要求的建筑材料、配件和设备,进而最终对建设工程质量造成损害。相关行政法规基于前述考量,不允许设计单位进行其文件中所选建筑、建筑构配件和设备的生产厂或供应商。

对上述设计单位的禁止行为,《建设工程质量管理条例》第二十二条第二款规定:除有特殊要求的建筑材料、专用设备、工艺生产线等外,设计单位不得指定生产厂、供应商。《建设工程勘察设计管理条例》对此再次予以明确。

最后,由于"按图施工"是施工单位有关施工质量最为重要和基本的法定义务,因此,设计文件是施工单位以及监理单位在建设工程施工阶段开展施工作业和监理工

---

① 《建设工程勘察设计管理条例》第二十六条规定:

"……**编制初步设计文件,应当满足编制施工招标文件、主要设备材料订货和编制施工图设计文件的需要**。编制施工图设计文件,应当满足设备材料采购、非标准设备制作和施工的需要,并注明建设工程合理使用年限。"

作的主要依据。设计单位应当为建设单位后续施工的发包，围绕工程的施工履行相应法定义务。

除了类似勘察单位，在建设工程施工的开工前与过程中，向施工、监理单位说明设计意图、解释设计文件、解决设计问题外，设计单位根据《建设工程质量管理条例》第二十四条规定，还应参与建设工程质量的事故分析，并对因设计造成的质量事故，提出相应的技术处理方案。

四、施工单位对工程质量的法定义务

我国有关建设工程的法律所追求的"实际竣工质量与国家质量标准和建设单位要求相符且一致"，最终以施工单位在施工阶段的物化劳动予以锁定。因此，在建设单位与施工单位之间，关于工程质量的技术风险主要由后者承担。为此，《建筑法》规定，施工质量作为建设工程质量的主要决定因素应由施工单位负责[1]。在此基础上，《建设工程质量管理条例》进一步细化规定，施工单位应"确定工程项目的项目经理、技术负责人和施工管理负责人"，通过建立"质量责任制"[2]，以具体落实其施工质量的"负责"。

具体而言，施工单位除依法应当按照技术标准施工[3]，并遵守质量保修制度外，对于工程质量的法定义务主要体现在三个方面。

（一）按图施工义务

1. 法条索引

（1）《建筑法》第五十八条第二款规定：

"建筑施工企业必须按照工程设计图纸和施工技术标准施工，不得偷工减料。工程设计的修改由原设计单位负责，建筑施工企业不得擅自修改工程设计。"

（2）《建设工程质量管理条例》第十一条第二款规定：

"施工图设计文件未经审查批准的，不得使用。"

（3）《建设工程质量管理条例》第二十八条第二款规定：

"施工单位在施工过程中发现设计文件和图纸有差错的，应当及时提出意见和建议。"

2. 依据解析

工程设计图纸体现建设单位对工程的质量要求并应符合国家法定的质量标准[4]，为最终保证建设工程的实际竣工质量，《建筑法》第五十八条规定："建筑施工企业必须按照工程设计图纸和施工技术标准施工"，即：履行"按图施工"的法定义务。所以，施工单位

---

[1] 《中华人民共和国建筑法》第五十八条第一款规定：
"建筑施工企业对工程的施工质量负责。"
[2] 《建设工程质量管理条例》第二十六条第二款规定：
"施工单位应当建立质量责任制，确定工程项目的项目经理、技术负责人和施工管理负责人。"
[3] 《建设工程质量管理条例》第二十八条第一款：
"施工单位必须按照工程设计图纸和施工技术标准施工，不得擅自修改工程设计，不得偷工减料。"
[4] 《中华人民共和国建筑法》第五十六条规定：
"……勘察、设计文件应当符合有关法律、行政法规的规定和建筑工程质量、安全标准、建筑工程勘察、设计技术规范以及合同的约定……"

应当正确理解"按图施工"的法律概念。

首先，对于"按图施工"概念中施工单位对"图"的定义应作狭义理解。根据《建设工程质量管理条例》第十一条第二款，结合《建设工程勘察设计管理条例》的相关规定①，应当经有关行政主管部门就"工程建设强制性标准"等方面内容进行审核并批准，否则不得使用。

据此，施工单位开展施工作业所按照的图纸，应当专指：经有关行政主管部门审核批准的施工图设计文件。

其次，对于"按图施工"概念中施工单位所"按"的方式应作广义理解。根据《建筑法》第五十八条第二款，结合《建设工程质量管理条例》的相关规定②，施工单位除应当严格按照工程设计图纸施工外，不得擅自修改设计文件。《建设工程勘察设计管理条例》在禁止施工单位修改设计的基础上，进一步规定：确需修改的，应由原设计单位，或经其同意由建设单位委托其他设计单位修改③。

据此，"按图施工"的内容，不但包括应当按照图纸施工，不得偷工减料，而且包括禁止不得擅自修改设计文件。

再次，对于"按图施工"概念的理解不应绝对化，即在发现设计文件存在错误的情况下，施工单位不应该教条地继续其对于"按图施工"义务的严格执行。我国建筑法律体系给予了施工单位部分关于设计文件的法定义务：根据《建设工程质量管理条例》第二十八条第二款规定，施工单位发现图纸有差错的，应提出意见和建议；《建设工程勘察设计管理条例》对于其中有关工程质量的差错进一步规定，施工单位发现勘察、设计文件"不符合工程建设强制性标准、合同约定的质量要求"的，应向建设单位报告。

据此，在遵循"按图施工"的原则下，施工单位对设计文件负有"发现明显错误"并"及时提出意见和建议"或"向建设单位报告"的法定义务，否则，不当然免除其关于该设计部分的质量责任④。

最后，基于"按图施工"广义上既包括按照图纸的施工，还包括工程要求的执行，因而，对于建设单位降低工程质量的要求，施工单位同样不应无条件执行，而应根据《建筑法》有关规定，"予以拒绝"⑤。

---

① 《建设工程勘察设计管理条例》第三十三条规定：
"县级以上人民政府建设行政主管部门或者交通、水利等有关部门应当对施工图设计文件中涉及公共利益、公众安全、工程建设强制性标准的内容进行审查。施工图设计文件未经审查批准的，不得使用。"

② 《建设工程质量管理条例》第二十八条第一款：
"施工单位必须按照工程设计图纸和施工技术标准施工，不得擅自修改工程设计，不得偷工减料。"

③ 《建设工程勘察设计管理条例》第二十八条规定：
"建设单位、施工单位、监理单位不得修改建设工程勘察、设计文件；确需修改建设工程勘察、设计文件的，应当由原建设工程勘察、设计单位修改。经原建设工程勘察、设计单位书面同意，建设单位也可以委托其他具有相应资质的建设工程勘察、设计单位修改……建设工程勘察、设计文件内容需要作重大修改的，建设单位应当报经原审批机关批准后，方可修改。"

④ 《浙江省高级人民法院关于审理建设工程施工合同纠纷案件若干问题的意见》第十五条规定：
"具有下列责任之一，承包人要求免除其对建设工程质量承担责任的，不予支持：承包人明知发包人提供的设计图纸存在问题或者在施工过程中发现问题，而没有及时提出意见和建议继续施工的……"

⑤ 《建筑法》第五十四条第二款规定：
"建筑设计单位和建筑施工企业对建设单位违反前款规定提出的降低工程质量的要求，应当予以拒绝。"

同理，对于建设单位的"工程指令"，相同于"施工图纸"，施工单位同样负有"发现明显错误"并"及时提出意见和建议"的法定义务。

（二）协作检查义务

1. 法条索引

（1）《合同法》第二百七十八条规定：

"隐蔽工程在隐蔽以前，承包人应当通知发包人检查。发包人没有及时检查的，承包人可以顺延工程日期，并有权要求赔偿停工、窝工等损失。"

（2）《建设工程质量管理条例》第三十条规定：

"施工单位必须建立、健全施工质量的检验制度，严格工序管理，作好隐蔽工程的质量检查和记录。隐蔽工程在隐蔽前，施工单位应当通知建设单位和建设工程质量监督机构。"

（3）《建筑法》第五十九条规定：

"建筑施工企业必须按照工程设计要求、施工技术标准和合同的约定，对建筑材料、建筑构配件和设备进行检验，不合格的不得使用。"

2. 依据解析

为确保建设工程的质量符合发包人约定的质量要求，施工单位承包建设工程的，应当依法履行施工合同关系中关于质量检查的协作义务，该"协作"不但涉及施工单位"接受检查"的内容，而且包括施工单位"主动检验"的义务。

第一，除适用竣工验收制度外，《合同法》对发包人关于工程质量的检查，赋予其在施工作业期间"随时"进行检查的权利[①]。

据此，施工单位作为承包人的，首先负有"接受检查"的法定义务；其次，不妨碍其正常作业的前提下，时间上应当"随时"接受发包人的检查；再次，基于互为协作的义务性质，施工单位应当为发包人的检查提供基本的便利条件并配备相应的参验人员；最后，结合《合同法》第二百七十条与《建设工程质量管理条例》第三十条的规定，"隐蔽工程在隐蔽以前"，施工单位依法必须接受质量检查，并且，应当对此向建设单位以及建设工程质量监督机构履行法定的通知义务。

第二，《建设工程质量管理条例》第三十条规定：施工单位必须建立、健全施工质量的检验制度，严格工序管理，作好隐蔽工程的质量检查和记录。

据此，施工单位对其施工质量，首先负有"主动检验"的义务；其次，对于其中质检的内容，除"隐蔽工程的质量检查和记录"外，结合《建筑法》第五十九条以及《建设工程质量管理条例》的有关规定[②]，还包括"建筑材料、建筑构配件、设备和商品混凝土的检验"；再次，就前述检验义务而言，其依据应按照"工程设计要求、施工技术标准和合同约定"，操作应当"有书面记录和专人签字"，其后果应当为"未经检验或者检验不合格

---

① 《合同法》第二百七十七条规定：

"发包人在不妨碍承包人正常作业的情况下，**可以随时对作业进度、质量进行检查**。"

② 《建设工程质量管理条例》第二十九条规定：

"**施工单位必须按照工程设计要求、施工技术标准和合同约定，对建筑材料、建筑构配件、设备和商品混凝土进行检验**，检验应当有书面记录和专人签字；**未经检验或者检验不合格的，不得使用。**"

的,不得使用";最后,对于"甲供料"情形下的材料检验,施工单位作为特殊的承揽人,根据《合同法》关于承揽合同的规定,发现不符合约定的,应当及时履行通知发包人"更换、补齐或者采取其他补救措施"的相应协作义务,但禁止擅自进行更换①。

此外,根据《建设工程质量管理条例》有关规定,施工单位的施工人员对涉及结构安全的试块、试件以及有关材料,应在建设单位或监理单位监督下现场取样,并送具有相应资质等级的质量检测单位进行检测②。

(三) 质量返修义务

1. 法条索引

(1)《合同法》第二百八十一条规定:

"因施工人的原因致使建设工程质量不符合约定的,发包人有权要求施工人在合理期限内无偿修理或者返工、改建。经过修理或者返工、改建后,造成逾期交付的,施工人应当承担违约责任。"

(2)《建筑法》第六十条第二款规定:

"建筑工程竣工时,屋顶、墙面不得留有渗漏、开裂等质量缺陷;对已发现的质量缺陷,建筑施工企业应当修复。"

(3)《建设工程质量管理条例》第三十二条规定:

"施工单位对施工中出现质量问题的建设工程或者竣工验收不合格的建设工程,应当负责返修。"

2. 依据解析

原则上,施工单位对其所承揽建设工程的质量问题均应当依法予以"修复"。

就上述质量问题的"修复"而言,以建设工程通过竣工验收的节点为界面划分:在使用阶段属于"质量保修"制度的适用;在实施阶段即为"质量返修"义务的履行。

据此,除"质量保修"义务外,"质量返修"属于承包建设工程的施工单位有关建设工程质量修复的主要法定义务。关于质量返修义务履行所涉及的时间、性质与责任,我国法律、法规制定了具体的规范内容:

第一,从质量问题发现时间的角度出发,施工单位对于"施工中"、"竣工时",以及验收时发现的质量问题,根据《建筑法》第六十条第二款以及《建设工程质量管理条例》第三十二条的规定,均应当负责返修。

第二,从质量问题法律性质的角度出发,发现工程质量未达到国家建筑工程安全标准,即"不合格"的,根据《建筑法》第六十条第二款规定,施工单位一律应当进行返修;发现不符合发包人约定要求的,根据《合同法》第二百八十一条规定,施工单位对自身原因致使的质量问题,必须进行返修。

---

① 《中华人民共和国合同法》第二百五十六条规定:

"定作人提供材料的,定作人应当按照约定提供材料。承揽人对定作人提供的材料,应当及时检验,**发现不符合约定时,应当及时通知定作人更换、补齐或者采取其他补救措施**。"

② 《建设工程质量管理条例》第三十一条规定:

"施工人员对涉及结构安全的试块、**试件以及有关材料,应当在建设单位或者工程监理单位监督下现场取样,并送具有相应资质等级的质量检测单位进行检测**。"

第三，从质量问题责任承担的角度出发，质量不合格的返修所造成工期延长的时间成本与修复费用的经济成本，根据《最高人民法院关于审理建设工程施工合同纠纷案件适用法律问题的解释》相关规定，应按过错比例由负质量责任的一方单独或双方共同承担；质量不符约定的返修所造成的时间与经济成本，基于其成因为施工单位所致，所以《合同法》第二百八十一条规定，应由施工单位自行承担。

综上所述，承包建设工程的施工单位，在建设工程实施阶段，对于在施工过程中以及竣工验收时发现的"质量未达到国家建筑工程安全标准"或因自身原因"致使建设工程质量不符合约定"的质量问题，应当依法履行质量返修的法定义务。

五、监理单位对工程质量的法定义务

除遵守监理制度中"利害关系回避"与"禁止业务转让"的规范外，监理单位的主要法定义务是代表建设单位对施工质量、建设工期和建设资金使用等方面实施监督[1]，其中"对施工质量实施监理"[2]，是其在我国建筑法律体系"质量优先"立法宗旨下首要的法定义务。监理单位履行该义务，应当通过"选派具备相应资格的总监理工程师和监理工程师"等监理人员"进驻施工现场"[3] 以"派驻项目监理机构[4][5]"的方式，对施工质量实施监督。

基于法律所赋予监理单位在施工阶段中，"要求改正"、"支配进度"、"命令停工"的法定权利，分别通过动态过程的监督与静态环节的把控，以采取相应措施或决定施工推进，直至停工命令的签发，以暂停施工作业，最终完成涉及质量问题的整改，是其项目监理机构和人员控制工程质量的三类主要手段和法定义务。

（一）施工过程的整改要求

1. 法条索引

(1)《建设工程质量管理条例》第三十八条规定：

"监理工程师应当按照工程监理规范的要求，采取旁站、巡视和平行检验等形式，对建设工程实施监理。"

(2)《建筑法》第三十二条第二、三款规定：

"工程监理人员认为工程施工不符合工程设计要求、施工技术标准和合同约定的，有

---

[1]《建筑法》第三十二条第一款规定：
"建筑工程监理应当依照法律、行政法规及有关的技术标准、设计文件和建筑工程承包合同，**对承包单位在施工质量、建设工期和建设资金使用等方面，代表建设单位实施监督**。"

[2]《建设工程质量管理条例》第三十六条规定：
"工程监理单位应当依照法律、法规以及有关技术标准、设计文件和建设工程承包合同，**代表建设单位对施工质量实施监理，并对施工质量承担监理责任**。"

[3]《建设工程质量管理条例》第三十七条第一款规定：
"工程监理单位应当选派具备**相应资格的总监理工程师和监理工程师进驻施工现场**。"

[4]《建设工程监理规范》GB/T 50319—2013 第2.0.4项规定：
"**项目监理机构工程监理单位派驻工程负责履行建设工程监理合同的组织机构**。"

[5]《建设工程监理规范》GB/T 50319—2013 第3.1.1项规定：
"工程监理单位实**施监理时，应在施工现场派驻项目监理机构**。"

权要求建筑施工企业改正。

工程监理人员发现工程设计不符合建筑工程质量标准或者合同约定的质量要求的,应当报告建设单位要求设计单位改正。"

(3)《建设工程监理规范》GB/T 50319—2013 第 5.2.15 款规定:

"项目监理机构发现施工存在质量问题的,或施工单位采用不适当的施工工艺,或施工不当,造成工程质量不合格的,应及时签发监理通知单,要求施工单位整改。整改完毕后,项目监理机构应根据施工单位报送的监理通知回复单对整改情况进行复查,提出复查意见。"

2. 依据解析

根据《建设工程质量管理条例》第三十八条规定,监理的实施应当按工程监理规范的要求,采取"旁站"、"巡视"和"平行检验"等形式对工程建设的施工过程进行动态的监督。

关于上述规定中所依据的"工程监理规范的要求",根据《建设工程监理规范》GB/T 50319—2013(以下简称《监理规范》)规定:(1)采取旁站[①]形式的,项目监理机构和监理人员应依工程特点和施工组织设计,确定关键部位与工序,以进行旁站和记录[②];(2)采取巡视[③]形式的,项目监理机构和监理人员应对"施工是否按设计、标准和组织设计、(专项)施工方案"、"材料、构配件和设备是否合格"、"施工现场管理人员(工质量管理人员)是否到位"、"特种作业人员是否持证上岗"等涉及施工质量的内容进行巡视[④];(3)采取平行检验[⑤]形式的,项目监理机构应当根据工程特点、专业要求,以及建设工程监理合同约定,对施工质量进行平行检验。

经上述"旁站"、"巡视"和"平行检验"等形式的监督检查,监理单位的项目监理机构和监理人员对施工单位在施工过程中存在的质量问题,即认为其"工程施工不符合工程设计要求、施工技术标准和合同约定",根据《建筑法》第三十二条第二款规定,有权要求施工单位改正。具体而言,项目监理机构应当根据《监理规范》第 5.2.15 款规定,在发现施工存在质量问题,或采用不适当的施工工艺,或施工不当造成工程质量不合格的情况下,签发"监理通知单"要求施工单位予以整改,并在整改完毕后,根据其报送的"监理通知回复单"进行复查以提出意见。

---

① 《建设工程监理规范》GB/T 50319—2013 第 2.0.13 项规定:
"旁站 项目监理机构对工程的关键部位或关键工序的施工质量进行的监督活动。"
② 《建设工程监理规范》GB/T 50319—2013 第 5.2.11 款规定:
"项目监理机构应根据工程特点和施工单位报送的施工组织设计,确定旁站的关键部位、关键工序,安排监理人员进行旁站,并应及时记录旁站情况。"
③ 《建设工程监理规范》GB/T 50319—2013 第 2.0.14 项规定:
"巡视 项目监理机构对施工现场进行的定期或不定期的检查活动。"
④ 《建设工程监理规范》GB/T 50319—2013 第 5.2.12 项规定:
"项目监理机构应安排监理人员对工程施工质量进行巡视。巡视应包括下列主要内容:1 施工单位是否按工程设计文件、工程建设标准和批准的施工组织设计、(专项)施工方案施工。2 使用的工程材料、构配件和设备是否合格。3 施工现场管理人员,特别是施工质量管理人员是否到位。4 特种作业人员是否持证上岗。"
⑤ 《建设工程监理规范》GB/T 50319—2013 第 2.0.15 项规定:
"平行检验 项目监理机构在施工单位自检的同时,按有关规定、建设工程监理合同约定对同一检验项目进行的检测试验活动。"

此外,建设单位的监理人员在发现工程设计不符合建筑工程质量标准或者合同约定质量要求的情况下,应当根据《建筑法》第三十二条第二款规定,报告建设单位要求设计单位改正。但是,相同于建设单位与施工单位,《建设工程勘察设计管理条例》不允许监理单位及其项目机构与监理人员经自对设计文件作出修改①。

(二) 施工推进的查验签认

1. 法条索引

(1)《建设工程质量管理条例》第三十七条第二款规定：

"未经监理工程师签字,建筑材料、建筑构配件和设备不得在工程上使用或者安装,施工单位不得进行下一道工序的施工。未经总监理工程师签字,建设单位不拨付工程款,不进行竣工验收。"

(2)《建设工程质量管理条例》第十六条第一款、第二款第四项规定：

"建设单位收到建设工程竣工报告后,应当组织设计、施工、工程监理等有关单位进行竣工验收。建设工程竣工验收应当具备下列条件：(四)有勘察、设计、施工、工程监理等单位分别签署的质量合格文件。"

(3)《建设工程监理规范》GB/T 50319—2013 第 5.2.9 款规定：

"项目监理机构应审查施工单位报送的用于工程的材料、构配件、设备的质量证明文件,并应按有关规定、建设工程监理合同约定,对用于工程的材料进行见证取样、平行检验。项目监理机构对已进场经检验不合格的工程材料、构配件、设备,应要求施工单位限期将其撤出施工现场。"

2. 依据解析

根据《建设工程质量管理条例》第三十七条第二款规定,在建设工程施工阶段,材料设备的使用、后续工序的开展、工程价款的拨付、竣工验收的进行,均须经监理单位相关监理人员的签字同意。据此,结合《监理规范》的规定内容,监理单位应通过对施工中法定流程和项目环节进行查验签认的方式,把控工程的进展,从而实施对质量的控制,具体义务如下：

对于关系施工质量和推进的流程而言,根据《建设工程质量管理条例》第十六条第一款、第二款关于工程竣工验收主体及验收条件的规定,监理单位应当参与工程的验收,并履行其有关工程质量验收的相应义务。

结合《监理规范》的相关规定,监理单位的项目监理机构和人员应就施工单位"报验的隐蔽、检验批、分项和分部工程"②、"提交的单位工程竣工验收报审表及竣工资料"③,

---

① 《建设工程勘察设计管理条例》第二十八条规定：
"建设单位、施工单位、监理单位不得修改建设工程勘察、设计文件；确需修改建设工程勘察、设计文件的,应当由原建设工程勘察、设计单位修改……"
② 《建设工程监理规范》GB/T 50319—2013 第 5.2.14 项规定：
"项目监理机构应对施工单位报验的隐蔽工程、检验批、分项工程和分部工程进行验收,对验收合格的应给予签认；**对验收不合格的应拒绝签认,同时应要求施工单位在指定的时间内整改并重新报验**。"
③ 《建设工程监理规范》GB/T 50319—2013 第 5.2.18 项规定：
"**项目监理机构应审查施工单位提交的单位工程竣工验收报审表及竣工资料,组织工程竣工预验收。存在问题的,应要求施工单位及时整改；合格的,总监理工程师应签认单位工程竣工验收报审表。**"

及建设单位"组织的竣工验收"① 履行相应的（预）验收义务，并对不合格、存在问题或验收中提出整改问题的，要求施工单位整改；对合格（质量符合要求）的，给予签认（在验收报告中签署意见）。其中，对竣工预验收合格的，项目监理机构应编写工程质量评估报告，并经相应监理人员审核签字后报建设单位②；对已同意覆盖的隐蔽部位质量有疑问，或发现私自覆盖的，项目监理机构应要求施工单位对该隐蔽部位钻孔探测、剥离或其他方法进行重新检验③。

对于关系施工质量和推进的环节而言，根据《监理规范》的相关规定，监理单位的项目监理机构和监理人员应当就施工单位报送（审）的施工方案④、新材料（工艺、技术、设备）的适用性⑤、施工控制测量成果及保护措施⑥、材料设备（构配件）的质量证明文件⑦、影响工程质量的计量设备的检查（定）报告⑧，履行相应审（检）查、查验或者复核的监督义务，并签署意见或在符合要求、审查合格后给予签认。其中，对用于工程的材料应进行见证取样⑨、平行检验，并对已进场但经检验不合格的材料设备（构配件）应要求将其限期撤出现场。

（三）施工暂停的命令签发

1. 法条索引

（1）《建设工程监理规范》GB/T 50319—2013 第 6.2.2 款规定：

"项目监理机构发现下列情况之一时，总监理工程师应及时签发工程暂停令：

1 建设单位要求暂停施工且工程需要暂停施工的。

2 施工单位未经批准擅自施工或拒绝项目监理机构管理的。

---

① 《建设工程监理规范》GB/T 50319—2013 第 5.2.20 项规定：
"项目监理机构应参加由建设单位组织的竣工验收，对验收中提出的整改问题，应督促施工单位及时整改。<u>工程质量符合要求的，总监理工程师应在工程竣工验收报告中签署意见</u>。"
② 《建设工程监理规范》GB/T 50319—2013 第 5.2.19 项规定：
"工程竣工预验收合格后，<u>项目监理机构应编写工程质量评估报告，并应经总监理工程师和工程监理单位技术负责人审核签字后报建设单位</u>。"
③ 《建设工程监理规范》GB/T 50319—2013 第 5.2.14 项规定：
"对已同意覆盖的工程隐蔽部位质量有疑问的，或发现施工单位私自覆盖工程隐蔽部位的，<u>项目监理机构应要求施工单位对该隐蔽部位进行钻孔探测、剥离或其他方法进行重新检验</u>。"
④ 《建设工程监理规范》GB/T 50319—2013 第 5.2.2 项规定：
"<u>总监理工程师应组织专业监理工程师审查施工单位报审的施工方案</u>，符合要求后应予以签认。"
⑤ 《建设工程监理规范》GB/T 50319—2013 第 5.2.4 项规定：
"专业监理工程师应审查施工单位报送的新材料、新工艺、新技术、新设备的质量认证材料和相关验收标准的适用性，<u>必要时，应要求施工单位组织专题论证，审查合格后报总监理工程师签认</u>。"
⑥ 《建设工程监理规范》GB/T 50319—2013 第 5.2.5 项规定：
"专业监理工程师应检查、复核施工单位报送的施工控制测量成果及保护措施，签署意见。<u>专业监理工程师应对施工单位在施工过程中报送的施工测量放线成果进行查验</u>。"
⑦ 《建设工程监理规范》GB/T 50319—2013 第 5.2.9 项规定：
"<u>项目监理机构应审查施工单位报送的用于工程的材料、构配件、设备的质量证明文件……</u>"
⑧ 《建设工程监理规范》GB/T 50319—2013 第 5.2.10 项规定：
"<u>专业监理工程师应审查施工单位定期提交影响工程质量的计量设备的检查和检定报告</u>。"
⑨ 《建设工程监理规范》GB/T 50319—2013 第 2.0.16 项规定：
"见证取样 <u>项目监理机构对施工单位进行的涉及结构安全的试块、试件及工程材料现场取样、封样、送检工作的监督活动</u>。"

3 施工单位未按审查通过的工程设计文件施工的。
4 施工单位违反工程建设强制性标准的。
5 施工存在重大质量、安全事故隐患或发生质量、安全事故的。"

(2)《建设工程监理规范》GB/T 50319—2013 第 6.2.6 款规定：

"因施工单位原因暂停施工时，项目监理机构应检查、验收施工单位的停工整改过程、结果。"

(3)《建设工程监理规范》GB/T 50319—2013 第 6.2.7 款规定：

"当暂停施工原因消失、具备复工条件时，施工单位提出复工申请的，项目监理机构应审查施工单位报送的工程复工报审表及有关材料，符合要求后，总监理工程师应及时签署审查意见，并应报建设单位批准后签发工程复工令；施工单位未提出复工申请的，总监理工程师应根据工程实际情况指令施工单位恢复施工。"

2. 依据解析

就监理单位的"工程暂停令"（以下简称"停工令"）而言，《监理规范》对其项目监理机构的总监理工程师[①]所应履行及时签发停工令的义务设定五类法定情形，分别为：(1) 应建设单位要求，且工程需要的；(2) 施工单位未经批准擅自施工，或拒绝项目监理机构管理的；(3) 施工单位未按审查通过的工程设计文件施工的；(4) 施工单位违反工程建设强制性标准的；(5) 施工存在重大质量、安全事故隐患或发生质量、安全事故的。

上述法定情形除第（1）类外，均涉及或可能影响施工质量，其中第（3）类情形——施工单位"未经批准擅自施工或拒绝项目监理机构管理"的行为，既包括其在监理单位未对流程环节作查验或签认的情况下，擅自推进后续施工作业的行为，也包括其在监理单位签发要求整改的监理通知单的情况下，拒绝或者不按要求整改的行为。

监理单位的项目监理机构在总监理工程师签发停工令暂停工程施工后，对由于施工单位原因而停工的情形，应当根据《监理规范》第 6.2.6 款规定，对施工单位停工整改的过程进行检查，并对施工的单位停工整改的结果予以验收。

关于施工暂停后的"复工"事宜，监理单位的项目监理机构应当根据《监理规范》第 6.2.7 款规定，对于施工单位在暂停施工原因消失或具备复工条件时，提出复工申请所报送的工程复工报审表及有关材料，进行审查，并在符合要求后，由总监理工程师签署审查意见，报建设单位批准后签发"工程复工令"；施工单位未提出复工申请的，总监理工程师应根据工程实际情况，指令施工单位恢复施工。

另外，需要特别注意的是：监理单位的总监理工程师签发停工令的，根据《监理规范》的相关内容，除因紧急情况未能事先报告外，应当事前征得建设单位的同意[②]。

---

① 《建设工程监理规范》GB/T 50319—2013 第 2.0.6 项规定：

"由工程监理单位法定代表人书面任命，<u>负责履行建设工程监理合同、主持项目监理机构工作的注册监理工程师</u>。"

② 《建设工程监理规范》GB/T 50319—2013 第 6.2.3 项规定：

"<u>总监理工程师签发工程暂停令</u>应事先征得建设单位同意，<u>在紧急情况下未能事先报告时，应在事后及时向建设单位作出书面报告</u>。"

刍议 EPC 项目的风险及应对

——以××××轻轨项目为向度

【摘 要】 首先,本文介绍了××××股份有限公司在履行《××××轻轨合同》中的亏损情况。

然后,归纳和分析了四大主要原因:中国当代无建设工程总承包资质、对 EPC 模式技术风险的承担认识不足、对 EPC 造价形式及契约性认识不足、缺乏在淡定心态下理性评估的过程。

最后,就这四大主要原因提出了解决办法的律师建议。

【关键词】 建设工程总承包;亏损

What exactly is the Problem?

——Thoughts over ××××'s Loss via EPC Subcontracting in ×× LRT Project

【Abstract】 First of all, this paper describes the loss of ×××× Construction Co., Ltd. in the implementation of the ×××× *light rail contract*.
Then, the author summarizes and analyzes four main reasons: the lack of general contracting qualification of Chinese contemporary construction projects, lack of knowledge of EPC model technology risk, lack of understanding of EPC cost form and contractility, and lack of rational evaluation process in peaceful mind.
Finally, the author proposes legal comments and solutions based on the four main reasons.

【Keywords】 Construction Project Subcontracting;Loss

一、情况简介

2010 年 10 月 26 日,《上海证券报》第一时间全文刊登了××××股份有限公司董事会于上一天(即:2010 年 10 月 25 日)向所有合体股东发出的《××××股份有限公司×××轻轨项目情况公告》。

该公司董事会及全体董事在作出对"公告内容的真实性、准确性和完整性承担个别及连带责任"保证后,称"本公司于 2009 年 2 月 10 日与×××××王国城乡事务部签署

《××××轻轨合同》，约定采用 EPC+O&M 总承包模式（即设计、采购、施工加运营、维护总承包模式）"的项目，虽按时保质地完成了工程，创造了奇迹，赢得了声誉，但是，"按 2010 年 9 月 30 日的汇率折算，该项目合同预计总收入 120.70 亿元，合同预计总成本 160.69 亿元，两者相减，合同损失 39.99 亿元。加上财务费用 1.54 亿元，该项目总的亏损预计为 41.53 亿元……"

为什么万名职工顶着炎热煎熬，冒着特大风沙在异国他乡苦战一年，在创造如此奇迹，赢得何等声誉的同时，却要"倒贴"几十个亿呢？本律师认为：

二、问题之一

（一）中国当代无建设工程总承包资质

中国建筑法设立了"建筑许可"制度，即：建筑企业要有"资质①"，专业人员要有"资格②"，否则，法律将不予正面肯定③。

EPC 总承包不仅被法律所肯定④，并且是被法律所提倡的⑤。同时其也被政府所鼓励⑥，并且以国标的形式确立了法律地位⑦。但是，工程总承包资质在被废除⑧后，再也没有设立过。所以当今中国建筑资质体系中唯独缺少建设工程总承包资质，具体见图 1 所示。

在没有总承包资质的情况下，当今中国是以一个部门文件作为具体操作依据的，即：

---

① 《建筑法》第十三条规定：
"**从事建筑活动的建筑施工企业、勘察单位、设计单位和工程监理单位**，按照其拥有的注册资本、专业技术人员、技术装备和已完成的建筑工程业绩等资质条件，划分为不同的资质等级，经资质审查合格，**取得相应等级的资质证书后，方可在其资质等级许可的范围内从事建筑活动。**"

② 《建筑法》第十四条规定：
"**从事建筑活动的专业技术人员**，应当依法取得相应的执业资格证书。并在**执业资格证书许可的范围内从事建筑活动。**"

③ 《建筑法》第六十五条第一、二款规定：
"发包单位将工程发包给**不具有相应资质条件的承包单位的**，或者违反本法规定将建筑工程**肢解发包的，责令改正，处以罚款。**
越超本单位资质级承揽工程的，责令停止违法行为，处以罚款，可以责令停业整顿，降低资质等级；情节严重的，**吊销资质证书；有违法所得的，予以没收。**"

④ 《合同法》第二百七十二条第一款规定：
"发包人可以与总承包人订立建设工程合同，也可以分别与勘察人、设计人、施工人订立勘察、设计、施工承包合同。发包人不得将应由一个承包人完成的建设工程肢解成若干部分发包给几个承包人。"

⑤ 《建筑法》第二十四条第一款规定：
"**提倡对建筑工程实行总承包，禁止将建筑工程肢解发包。**"

⑥ 《关于培育发展工程总承包和工程项目管理企业的指导意见》（建市［2003］30 号）第一条第二款规定：
"**各级建设行政主管部门要统一思想，提高认识**，采取有效措施，**切实加强对工程总承包和工程项目管理活动的指导**，及时总结经验，促进我国工程总承包和工程项目管理的健康发展。"

⑦ 《建设项目工程总承包管理规范》GB/T 50358—2005 第 1.0.1 规定：
"为了提高**建设项目总承包的管理水平**，促进建设项目工程总承包管理的科学化、规范化和法制化，**推进建设项目工程总承包管理与国际接轨**，制定本规范。"

⑧ 《国务院关于取消第一批行政审批项目的决定》（国发［2002］24 号）规定：
"取消了《设计单位进行工程总承包资格管理的有关规定》中工程总承包资格核准的行政审批权（即《工程总承包资格证书》废止）。"

允许其他资质的单位或联合体承接 EPC 工程[①]。本律师认为这种做法至少存在以下问题：首先，存在合法性的问题；（1）一个部门文件理论上是无权对应由法律规定的事项作出决定的；（2）即使以部门规章的名义作出该规定，也违背上位法的有关规定[②]，即：违反《建筑法》关于从事建筑业的企业必须具有相应资质[③]而联合体承包的同类资质按"孰低原则"处理[④]的相关规定。其次，存在科学性的问题。虽然 EPC 总承包的表象仅是将勘察、设计、施工和设备采购作为一个整体进行发包而已。但是，其本质是能够将勘察、设计、施工和设备采购作为一个整体进行集成化，从而能够统一化进行管理，在"统揽全局、统筹安排、统一管理"的前提下，避免了可能因"铁路警察，各管一段"而产生的重叠、真空，达到"多（方得利）、（工期）快、（质量）好、（造价）省"的最终目的。因此，EPC 总承包绝不是简单的三者叠加，即：EPC 总承包≠（勘察＋设计＋施工）。其应当是三者的综合，即：EPC 总承包＝（勘察×设计×施工）。

（二）解决办法——尽快设立建设工程总承包资质

鉴于此，本律师建议：

恢复设立"工程总承包资质"，并且资质要求应符合工程总承包的本质要求，而不应将"勘察资质"、"设计资质"、"施工资质"简单叠加而设立。

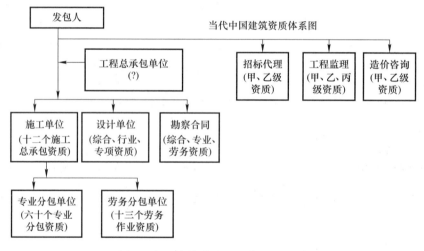

图 1　中国当代建筑企业资质归纳图

---

① 《关于培育发展工程总承包和工程项目管理企业的指导意见》（建市 [2003] 30 号）第四条第（一）项规定："**在其勘察、设计或施工总承包资质等级许可的工程项目范围内开展工程总承包业务**。工程勘察、设计、施工企业也可以组成联合体对工程项目进行联合总承包。"

② 《中华人民共和国立法法》第七十九规定：

"**法律的效力高于行政法规、地方性法规、规章。**

行政法规的效力**高于地方性法规、规章。**"

③ 《建筑法》第十三条规定：

"**从事建筑活动的建筑施工企业、勘察单位、设计单位和工程监理单位，按照其拥有的注册资本、专业技术人员、技术装备和已完成的建筑工程业绩等资质条件**，划分为不同的资质等级，经资质审查合格，取得相应等级的资质证书后，**方可在其资质等级许可的范围内从事建筑活动。**"

④ 《中华人民共和国建筑法》第二十七条第二款规定：

"两个以上不同资质等级的单位**实行联合共同承包的**，应当按照资质等级低的单位的业务许可范围承揽工程。"

三、问题之二

(一) 对 EPC 模式技术风险的承担认识不足

如果发包人将"先勘察、后设计、再施工"三个阶段分别发包给有相应资质的主体。由于设计以勘察为前提,施工是以设计为依据的,这种发包模式能发挥各个承包人的专业特点,并能做到分段控制。因此,在规范操作的前提下,承包人主要承担的是商业风险。

EPC 总承包是将实施阶段中的勘察、设计和施工一并发给一个承包人完成的,具体见图 2,虽然,EPC 总承包具有可将勘察、设计和施工三步骤作为一个整体进行集成化和统一化,从而达到"多、快、好、省"地完成建设工程的本质属性。但是,也正因为发包是将勘察、设计和施工一并发包的,因此,发包时是在基本上无多少具象的状态下,即发包人往往只有最终达到的目的参数,将实施阶段所有的承包权(勘察承包权、设计承包权和施工承包权)一次全部地发包给一个承包人,从而使得承包人可以在很大工作自由度的前提下,完成发包人要求的"结果"。承包人不仅要承担商业风险,而且要承担技术风险,由于各种原因,承包人通常的惯性思维认为只承担商业上的风险,而不担技术上的风险,甚至对承担商业上风险的认识也不充分的。这也是造成这一后果的原因之一。

(二) 解决办法——尽量降低 EPC 模式中的技术风险的概率

鉴于此,本律师建议:

首先,承包人应理解 EPC 模式风险分配有别于施工总承包的风险分配。尤其对"业主的要求"、"业主审批"的免责的前提条件要有充分的认识;其次,在签订及履行合同过程中,要谨慎地对待"工程变更"、"设计深化"等问题,尽量降低 EPC 模式中的技术风险的概率等。

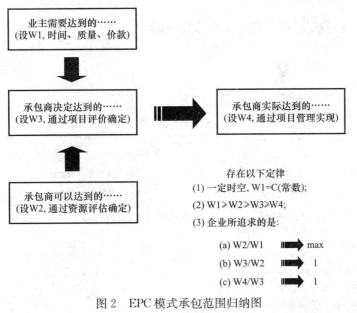

图 2 EPC 模式承包范围归纳图

四、问题之三

（一）对EPC造价形式及契约性认识不足

通常概念上，采用固定总价是以施工图纸设计程度较深为前提的①，因为只有这样，才可能将价格"固定"在具体的"图纸"或"清单"上。EPC发包的前提是尚停留在抽象的"使用功能"或"最低性能"的基础上，采用其他造价确定形式几乎不可能。因此，发包人往往也只能采用固定总价的形式。而此时的价格是不可能"固定"在"图纸"或"清单"上的，只能"固定"在"使用功能"或"最低性能"上，这势必出现一种情况：对固定价的确定存在明显的主观性和一定的盲目性。

事实上，建设工程合同中的工程造价属于"通过市场竞争形成的价格②"的市场价，具有明确的契约性。承包人为此付出的成本性的工程造价则主要受承包人自己的管理水平和技术水准所制约，通常认为：承包利润＝契约性工程造价－成本性工程造价；而承发包双方对契约性工程造价具有反向的追求是人性使然，而契约性的工程造价使这种追求具有可能，而这种可能性随着双方综合素质的差异增大而明显，更因为EPC模式本质特点以及EPC采用"固定价"的特殊性，使工程价款的契约性最为明显。因此，如果对EPC的造价形式及契约性认识不足，则很可能会出现"倒贴"的情况。图3为《契约性和成本性造价的归纳图》。

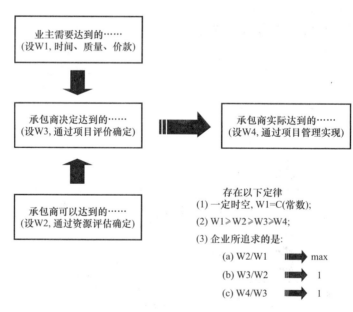

图3 契约性和成本性造价的归纳图

---

① 张正勤. 建设工程造价相关法律条款解读. 北京：中国建筑工业出版社，第46页.
② 《中华人民共和国价格法》第三条第二款规定：
"**市场调节价，是指由经营者自主制定，通过市场竞争形成的价格。**"

（二）解决办法——建立对契约性和成本性造价的正确理念

鉴于此，本律师建议：

首先，建立契约性造价的理念，提高契约性工程造价博弈的技巧，使契约性的造价尽可能的大；其次，加强内容管理，夯实基础，提高承包人的管理水平和技术水准，使成本性造价尽可能的下降；再次，在不能确定成本价的前提下，可考虑采用开卷转换的价格，即把价格分为两个阶段，第一个阶段是成本加酬金价，主要在设计完成以前。当设计完成绝大部分后，进入第二阶段，与发包人进行磋商协商价格。

五、问题之四

（一）缺乏在淡定心态下理性评估的过程

一般情况下，EPC 的项目的投资额均比较大，承包人看到几十亿的项目时，往往会不自量力，急于拿下。他们在作出评估前，往往处在一种"没有条件创造条件也要上"的亢奋状态，提出"再次吹响了'集结号'，准备在沙特麦加那片浩瀚的沙漠上，打响了一场没有枪声的'海湾之战'"此类的豪言壮语。在这种心态下所做的评估结果是唯一的：即OK。

发包人采取 EPC 模式是希望以某一固定价得到"最终结果"，而需要承包人不仅承担技术风险而且承担商业风险。因此，承包人则必须要对发包人提出的条件是否可行进行评估，即：在一定时空条件下，该项目的最终结果是否能达到。如果不能达到，就此结束；如果能达到，则通过资源评估其所能达到的状态；如果结果是不能达到，也就此结束；如果能达到，则要评估在不同风险（外部风险：政治风险、法律风险等；内部风险：技术风险、资金风险等）的情形下，自己实际的状态情况。具体见图4。

"智慧的前提是从容"，决策者一定要在一个从容淡定的心态下完成前期的可行性研究：发包人提出条件（即时空条件和资金条件）是否有可能达到该项目的最终要求？承包人是否有能力（包括技术上的能力和管理上的能力）完成发包人的要求？承包人如何保证或控制这种能力？成本性工程造价是多少？完成项目是否存在颠覆性风险？主要风险的规避措施是否可行？等等。

（二）解决办法——加强事前理性评估的独立体系

鉴于此，本律师建议：

首先，在培养一批懂技术、通法律的复合型人才的前提下，建立独立于决策的评估队伍和科学理性的评价体系；其次，真正把握 EPC 的本质，既重视对商业风险的评估，也重视对技术风险的评估；再次，做到"三个坚决不做"："坚决不做没有经过理性评估过的项目，坚决不做未评估先表态的决策，坚决不做干涉评估过程的事情"，最后，承包人的决策层，一定树立"科学发展观"，以"实事求是"的精神坦然面对评估后否定的结果。

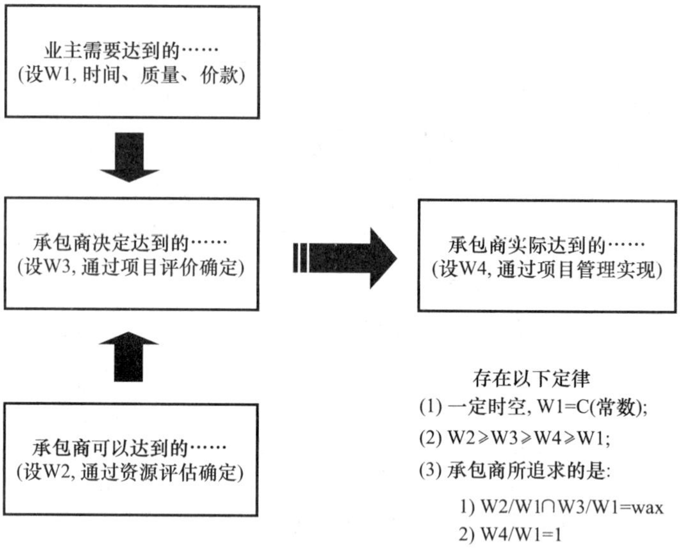

```
┌─────────────────────┐
│ 业主需要达到的……      │
│ (设W1,时间、质量、价款)│
└──────────┬──────────┘
           ↓
┌─────────────────────┐      ┌─────────────────────┐
│ 承包商决定达到的……    │ ==>  │ 承包商实际达到的……    │
│ (设W3,通过项目评价确定)│      │ (设W4,通过项目管理实现)│
└──────────▲──────────┘      └─────────────────────┘
           │
┌─────────────────────┐      存在以下定律
│ 承包商可以达到的……    │      (1) 一定时空,W1=C(常数);
│ (设W2,通过资源评估确定)│      (2) W2≥W3≥W4≥W1;
└─────────────────────┘      (3) 承包商所追求的是:
                                1) W2/W1∩W3/W1=wax
                                2) W4/W1=1
```

图 4　项目评估逻辑框架图

加快推行工程总承包，到底为什么呢

——兼论工程总承包与施工总承包在法律责任上的区别

【摘　要】　首先，本文对发包人承担技术风险的两种情形进行分析，得出工程总承包模式最能降低发包人技术风险的结论。

其次，就工程总承包模式能使集成化、统一化成为可能的角度提出工程总承包模式最有利于承包人"多、快、好、省"地完成工程。同时，归纳工程总承包模式中发包人的工作重点和承包人的工作关键。

最后，笔者就尽快推行工程总承包工作从法律制定、恢复资质、理念改变等五个方面提出一些拙见。

【关键词】　工程总承包模式；技术风险

"To Facilitate the Subcontracting of Construction Projects", What is the Reason

——Comments on the Differences between Construction Subcontracting and Engineering Subcontracting in terms of Legal Liabilities

【Abstract】 First of all, this paper analyzes the two kinds of situations that the contractor pays the technical risk, and draws the conclusion that the general contracting mode can reduce the technical risk of the contractor.
Secondly, the project general contracting model can render the contractor "more, fast, good, and cost-consuming" to complete the project. At the same time, summarizes the work focus of the employer and the contractor.
Finally, the author puts forward some humble opinion from five aspects of legal development, restoration of qualifications, changes in the concept on implementing the project general contracting work as soon as possible.

【Keywords】　Project Outsourcing Model；Technical Risk

【前言】

市场决定资源配置是市场经济的一般规律，健全社会主义市场经济体制必须遵循这条规律。在 2017 年 2 月 8 日国务院召开的常务会议上，部署了深化建筑业"放管服"改革，着力解决市场体系不完善、政府干预过多和监管不到位等问题。其中，主要涉及三个方面的改革：

（1）**取消不合理准入限制**，从而建立统一开放的建筑市场；

（2）**缩小必须招标的工程建设项目的范围**，为建筑业企业提供公平市场的环境；

（3）**加快推行工程总承包**，改进工程建设的组织方式。

这次国务院部署深化建筑业的"放管服"意见具有"顶层设计"的性质，其核心关键是提出如何解决好政府和市场的关系，这是今后一段时间内建筑业深化改革的纲领性文件。

笔者已在 2017 年 2 月 9 日发表了题为《"缩小必须招标的范围"，到底为什么呢？——兼论正确理解"阴阳"合同及减少"逃标"合意的几个建议》的论文。现在，为了更全面地理解会议精神，笔者就本次建筑业的"放管服"中"加快推行工程总承包"的决定，提出如下拙见以供大家参考，以期起到抛砖引玉的作用。

一、工程总承包最能降低发包人技术风险

在建设工程实施阶段，承包人的主要工作有三项：勘察、设计、施工。针对这三项工作，发包人主要有两种发包模式。其一是将这三种工作分别发包给不同的承包人，即现阶段最常见的发包模式；其二是将这三种工作一并发包给一个承包人，即《中华人民共和国建筑法》倡导的，也是本次"放服管"力推的工程总承包①。这两种模式下，发包人与承包人签订的合同均属于建设工程合同②。

建设工程合同是承包人进行工程建设，发包人支付价款的特殊承揽合同③。因此，作为定作人的发包人除了应提出承揽要求和提供必要的协助外，其最主要义务其实是按时足额支付工程价款。

而作为承揽人的承包人，其主要义务是按时保质地完成建设工程。在对承揽要求的合理性进行必要审核的前提下，其还应对自身是否能达到承揽要求承担技术风险。因此，在纯粹的建设工程合同中，**发包人只承担商业风险而不承担技术风险，但承包人则除要承担商业风险外还要承担技术风险**。

而在实务中，经常会出现发包人承担技术风险的情形，笔者认为：发包人有可能承担的技术风险主要来自以下两种情形：

第一种情形是因发包人的**要求违法、违规、违反科学性等原因而承担的技术风险**。例如：工期低于合理工期、造价低于成本价格、提供不合格的"甲供料"或错误指定分包单

---

① 《中华人民共和国合同法》第二百七十二条第一款规定：

"**发包人可以与总承包人订立建设工程合同，也可以分别与勘察人、设计人、施工人订立勘察、设计、施工承包合同**。发包人不得将应当由一个承包人完成的建设工程肢解成若干部分发包给几个承包人。"

② 《中华人民共和国合同法》第二百六十九条第二款规定：

"建设工程合同包括工程勘察、设计、施工合同。"

③ 《中华人民共和国合同法》第二百八十七条规定：

"本章没有规定的，适用承揽合同的有关规定。"

位等①。

第二种情形则是发包人**在签订的勘察合同、设计合同和施工合同中不严谨，虽严谨但诉讼不成功或执行不能而承担相应的技术风险**。例如：设计合同约定的违约责任和施工承包合同约定的违约责任不匹配；在设计合同中约定设计瑕疵设计承担责任以设定费为限；在施工承包合同中约定发包人提供技术资料错误的损失由承包人承担。此时，发包人从设计单位得到的赔偿将小于对承包人的赔偿，该差额部分可能由其自身承担。

由于多数发包人并非属于建筑业和法律界，在实务中，以上两种情形出现的概率还是比较高的，因此，往往就会发生发包人既承担商业风险，也承担技术风险的情况。

图1为工程总承包模式的承包范围归纳。

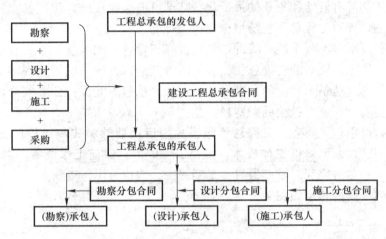

图1　工程总承包模式承包范围归纳图

从发包人的角度而言，自然是承担的技术风险越少越好。故，若采用了第一种发包模式，则可能会出现由发包人承担技术风险的两种情形；而若采用第二种发包模式，即工程总承包模式，则原则上不会出现上述技术风险中的第二种情形，且第一种情况出现的可能性也将明显减少。综上所述，**工程总承包最能降低发包人的技术风险。**

二、工程总承包最有利于承包人"多、快、好、省"地完成工程

若发包人分别将勘察、设计、施工发包给不同的承包人，则由于其具有不同的利益和专业特点，且之间不存在合同关系，故往往需要由发包人来协调这三者的沟通。这常常会导致影响沟通效率和准确性的情况出现，甚至可能出现无法沟通的极端情况。例如：设计单位在设计时主要考虑自己的技术风险，对施工的合理性考虑不够等。这并不利于发包人的利益，也未必对承包人的利益有利。不仅如此，其同时对社会财富最大化和社会资料的

---

① 《最高人民法院关于审理建设工程施工合同纠纷案件适用法律问题的解释》第十二条第一款规定：
"**发包人具有下列情形之一**，造成建设工程质量缺陷，应当承担过错责任：
（一）提供的设计有缺陷；
（二）提供或者指定购买的建筑材料、建筑构配件、设备不符合强制性标准；
（三）**直接指定分包人分包专业工程**。"

有效利用也是不利的。

而改变这一问题的有效方式之一就是将勘察、设计和施工发包给同一承包人完成，即选择建设工程总承包模式①。

承包人乐于接受工程总承包模式的原因之一在于工程总承包能将勘察、设计和施工作为整体予以考虑，即所有均围绕着共同且唯一的目标进行。由此，勘察、设计和施工各阶段的重叠和真空在理论上就不存在了，不同承包人的误解、冲突和争执也不存在了。这不仅有利于提高时间效率，降低工作成本，而且更有利于保证最终工作成果的质量。

同时，由于勘察、设计、施工之间存在内部联系，这使得勘察、设计人会考虑施工工艺的合理性、工期的有效性和价款的最低化，甚至可能在勘察设计阶段就会考虑到设备和建材的采购问题，使得工程总承包统揽全局成为可能。

另外，工程总承包有利于统一管理，从而提高管理效率和效益。它具有统一的管理目标、统一的组织体系、统一的管理思想、统一的管理语言、统一的管理规则、统一的信息化处理。不仅如此，从整个社会的角度而言，工程总承包更能保证公共安全，有效利用社会公共资源，更有利于整个社会的财富最大化。

综上所述，对承包人而言，<u>工程总承包模式的运用能够将实施阶段的三个主要工作"集成化、统一化"，从而降低工作成本，提高工作效率，保证工作质量，真正做到"多、快、好、省"——多方得利、性能最好、工期最少、造价最小</u>。

工程总承包模式的特点如图2所示。

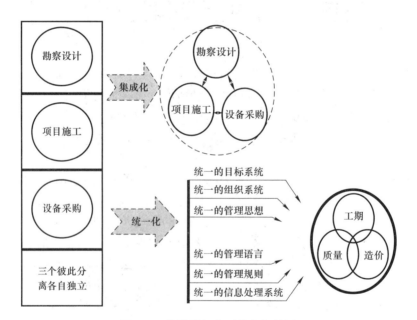

图2　工程总承包主要特点归纳图

---

① 《中华人民共和国建筑法》第二十四条第一款规定：
"提倡对建筑工程实行总承包，禁止将建筑工程肢解发包。"

三、工程总承包模式中当事人最应注意的问题

工程总承包模式对于承包人而言，具有便于"统揽全局、统筹安排、统一管理"的作用。由于勘察设计、设备采购和施工调试均由承包人自己完成，故其能从多角度保证工程质量，且不存在勘察设计承包人、设备采购人和施工调试人之间衔接的问题。同时，从造价角度而言，承包人在勘察设计时期就能够考虑施工和设备采购，则更能考虑造价的合理性，且有利于其对工期、质量、造价的控制。

工程总承包模式，业内俗称"交钥匙工程"，即承包人要做到把"钥匙"交给发包人后，发包人能马上营业或投入生产，这是施工总承包做不到的。而签订工程总承包合同时，不可能像施工总承包合同一样在一套确定的施工图纸的前提下予以签订。事实上，这时候发包人的要求是不具体的，往往仅有一个目标性的理想状态且没有具体的工艺、技术等的要求。在这种没有具体细节要求的情况下将实施阶段的承包权一次性全部进行发包，以最终性能为合同目的，这其中的专业性和探索性往往会更强一些。在实践中，其涉外的可能性也更大一些。而这些均使得工程总承包人将要面临的技术风险要大于一般的施工总承包合同的承包人。

首先，由于业主要求的不具体，工程总承包模式通常只能以"固定总价"形式约定造价，即其总价是固定在最终性能上而非图纸上的。显然，这明显增加了其投标报价的商业风险。另外，作为工程总承包模式下的承包人，对上的价格因按固定总价结算而封闭，对下即对承包商和分包人的价格则可能按可调价方式予以约定，原则上又是开放型的。这无疑也是其商业风险的所在之一。故，工程总承包模式对于其承包人的专业能力及风险评估有着更高的要求。除此之外，工程总承包模式的承包人面对的供应商或发包人也更加繁杂。因此，<u>工程总承包模式的承包人，在理性评估项目的前提下，应将对外的权利义务与对内的权利义务的匹配作为一个重要问题予以考虑</u>。

其次，由于工程总承包合同在签订时原则上不存在具体的技术资料，且其项目往往具有一定探索性，故其可比性相对较差。也因此，对于工程总承包模式的发包人而言还存在对固定总价判断的准确率的问题。由此，<u>正确周延地描述其最终性能要求以及确定合同固定价对于工程总承包模式下的发包人也很重要，而选择一个既有设计能力又有管理能力，既懂技术又懂造价的承包人更是其工作的重中之重</u>。

最后，施工总承包模式的结果评价是静态的，较易进行定量衡量，而工程总承包模式的应用多用于工业项目，故其结果评价往往是动态且多阶段的，如空车试验、联动试验、投料试验以及部分建筑物的竣工验收等。所以，其往往存在移交后方进行性能测试的过程，而这一切会造成其复杂性和难度上升。因此，<u>对于此时的承发包双方而言，明确双方的权利义务以及评价工作成果的表述就显得特别重要</u>。

工程总承包特点对承包人的影响见图3。

四、关于推行工程总承包中的几个建议

由于《中华人民共和国建筑法》主要以施工总承包为前提，故其对工程总承包模式仅

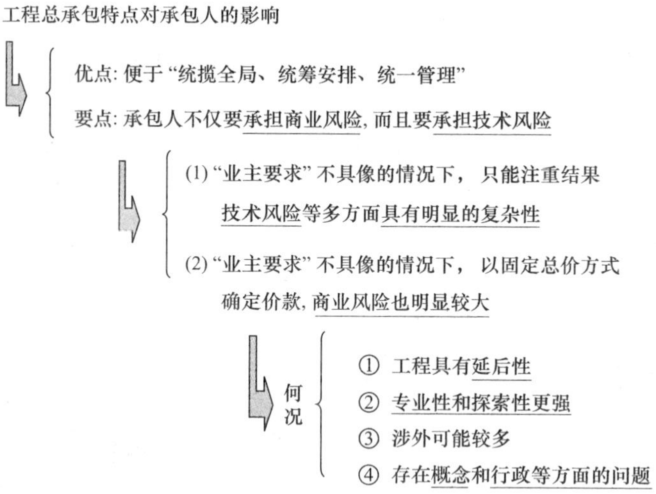

```
工程总承包特点对承包人的影响
  │
  ├─ 优点:便于"统揽全局、统筹安排、统一管理"
  └─ 要点:承包人不仅要承担商业风险,而且要承担技术风险
        │
        ├─ (1)"业主要求"不具像的情况下,只能注重结果
        │      技术风险等多方面具有明显的复杂性
        └─ (2)"业主要求"不具像的情况下,以固定总价方式
              确定价款,商业风险也明显较大
                │
                └─ 何况 ① 工程具有延后性
                        ② 专业性和探索性更强
                        ③ 涉外可能较多
                        ④ 存在概念和行政等方面的问题
```

图 3 工程总承包人对承包人的影响归纳图

"倡导"。而这次国务院的要求其实是对这种"倡导"进行具体落实。但毫无疑问的是，无论从法律角度，还是行政管理配套角度；无论是发包人理念，还是承包人能力而言，真正切实有效地运用工程总承包模式在实践中还存在一定问题。笔者对此有些拙见，望参考。

（一）尽快制定相应的法律法规

如果说，这次国务院的要求是对工程总承包模式运用的"开工令"。那么，任何的开工，均应有相应的图纸和规范。而现阶段，无论相应配套的下位法，还是与其对应的行政规定，主要仍是以施工总承包模式为前提制定的。鉴于此，笔者建议：

<u>尽快建立或完善与工程总承包模式相适应的法律法规和行政管理体系</u>。该法律法规和行政管理体系既要反映工程总承包模式固有的特点，又要与现有法律法规和行政管理体系相协调。

（二）尽快设立工程总承包资质

而今，工程总承包模式已被法律所肯定，更被法律提倡、政府鼓励，还以国标的形式确立了法律地位。但是，工程总承包资质在被废除后，再也没有设立过相关规定。故，当今中国建筑资质体系中唯独缺少对于工程总承包资质的具体管理规程。实践中，仅以一个部门文件作为具体操作依据的，即允许其他资质的单位或联合体承接工程总承包工程。鉴于此，笔者建议：

<u>恢复设立"工程总承包资质"，且对资质的要求应切实符合工程总承包的本质</u>，而非仅简单将"勘察资质""设计资质""施工资质"予以叠加而设立[①]。

[①] 《关于培育发展工程总承包和工程项目管理企业的指导意见》（建市〔2003〕30号）第四条第（一）项规定：
"在其<u>勘察、设计或施工总承包资质等级许可的工程项目范围内开展工程总承包业务</u>。工程勘察、设计、施工企业<u>也可以组成联合体对工程项目进行联合总承包</u>。"

（三）建立承包人对技术风险的正确认识

施工总承包人强调的"按图施工"在实践中体现为"按指令变更"。因此，施工总承包人往往具有这样的惯性思维，即：只要按规范按图施工或按指令施工就不承担技术风险理念。但对于工程总承包模式而言，这样的认知是不充分的，工程总承包人是在高度的工作自由的前提下，并不存在推脱技术风险承担的可能性进行工作，面临的技术风险的可能性较之施工总承包模式而言更大。鉴于此，笔者建议：

首先，**承包人应明确认识工程总承包模式下风险分配有别于施工总承包，尤其应对"业主的要求""业主审批"免责的前提条件等有充分认识**。同时，在签订及履行合同过程中，应谨慎地对待"工程变更""设计深化"等问题，从而尽量降低工程总承包模式中技术风险的概率。

（四）建立契约性和成本性造价的正确理念

建设工程合同的工程造价属于市场价，具有明确的契约性。而承发包双方对工程造价的反向追求是人性使然，契约性使得这种追求具有可能。而这种可能性随着双方综合素质的差异增大而明显，更因为工程总承包模式的特点及其采用"固定总价"的特殊性，使结果差异更清晰。同时，承包人为了取得契约性工程造价所付出的成本性工程造价主要受承包人自己的管理水平和技术水准所制约，且成本性造价的确定方式往往更多样化。如果对工程总承包模式的造价形式及契约性认识不足，很可能会出现"倒贴"的情况，鉴于此，笔者建议：

首先，**应建立契约性造价的理念**，使契约性造价尽可能提高；其次，加强内容管理，夯实基础，提高承包人的管理水平和技术水准，使成本性造价尽可能下降；最后，在不能确定成本价的前提下，尽可能考虑采用开卷转换的价格，即：把价格分为两个阶段，第一个阶段是成本加酬金价，主要在设计完成以前；当设计完成绝大部分后，进入第二阶段，与发包人进行磋商协商价格。

（五）建立事前理性评估的独立体系

一般情况下，工程总承包项目的投资额均比较大，承包人往往会处在一种"没有条件，创造条件也要上"的亢奋状态。在这种心态下所做的评估结果往往是盲目的。鉴于此，笔者建议：

首先，应在培养一批懂技术、通法律的复合型人才的前提下，**建立独立于决策的评估队伍和科学理性的评价体系**；其次，注重把握工程总承包模式的本质，既重视商业风险评估，也重视技术风险评估；再次，做到"三个坚决不做"："坚决不做没有经过理性评估过的项目，坚决不做未评估先表态的决策，坚决不做干涉评估过程的事情"；最后，承包人的决策层应树立"科学发展观"，以"实事求是"的精神坦然面对评估后出现的否定结果。

五、结语

目前，虽然工程总承包模式在我国还未普及，但它已逐渐被我国相关建筑市场主体所关注与肯定，尤其是这次国务院常务会上明确提出要尽快推广工程总承包模式。可见，**工程总承包模式从引入之初到逐步推行并在不久的未来成为建设行业市场的主流选择是大势所趋**。

障碍先扫，方可力推

—— 关于力推建设工程总承包存在的六大障碍及解决方案的浅析

【摘　要】　本文首先对2017年开始，国家力推建设工程总承包所颁发的相关文件和举措进行了归纳。

其后从原因、问题和建议三个方面对力推建设工程总承包中存在的问题进行阐述：(1) 建立EPC概念体系的问题；(2) 设立EPC相关资质的问题；(3) 联合体投标应主体适格的问题；(4) EPC项目监理定位的问题；(5) EPC中联合体的增值税的问题；(6) EPC联合体分工与分包的问题。

最后提出："障碍先扫，方可力推"，希望与力推EPC模式有关的单位作出相应的配套工作，避免出现矛盾，产生问题。

【关键词】　工程总承包模式；EPC模式；技术风险

When Obstacles are Cleaned, Progress is Made

——An Analysis on the Six Major Obstacles and Solutions Existing in Promoting Progress of Construction Subcontracting

【Abstract】　This paper first summarizes the relevant documents and initiatives issued by the State in 2017.

And then described six issues existed in promoting the construction of the general contractor from three aspects of reasons, problems, suggestions to in the following: (1) the establishment of the EPC concept system; (2) the establishment of EPC-related qualifications; (3) the issue of consortium shall adapt of the statute of a subject; (4) the positioning of EPC project supervision; (5) the VAT problem of EPC in the consortium; (6) the division of labor and subcontracting issues of the EPC consortium.

Finally the author puts forward the view of 'when obstacles are cleaned, progress are made', and hopes to work together with the relevant units which pushes the EPC model in order to avoid contradictions and problems.

【Keywords】　Project Outsourcing Model; EPC Model; Technical Risk

【前言】

2017年2月8日，国务院召开的常务会议提出深化建筑业"放管服"改革，着力解决市场体系不完善、政府干预过多和监管不到位等问题。其中，还提出了要求**加快推行工程总承包，改进工程建设组织方式**的相关部署。

2017年2月24日，国务院办公厅印发《关于促进建筑业持续健康发展的意见》，**明确要求加快推行工程总承包**。

2017年3月，住房城乡建设部建筑市场监管司在《2017年工作要点》中将**加快推进工程总承包作为深化建筑业重点环节改革的重要内容**，并在2017年5月4日印发的《建筑业发展"十三五"规划》中予以再次明确。同时，作为国家标准的《建设项目工程总承包管理规范》也在加快制定中。

若国家以前是以"喊口号"的形式来提倡建设工程总承包[①]，那么2017年开始就进入以具体"抓落实"方式来力推建设工程总承包的阶段。**为了顺利推行，必须清除道路之障碍。毫无疑问，具体落实建设工程总承包的过程中确实存在很多问题**，为此，笔者结合工作实务，提出拙见如下，供大家参考，以期起到抛砖引玉的作用。

一、建立 EPC 概念体系

（一）原因

当代中国建筑法主要以勘察、设计和施工分别发包的模式制定。而建设工程总承包（以下简称"EPC"）仅为提倡性模式，且建筑业资质系列中也未将其列入。国内进行 EPC 模式通常会选择以联合体形式进行。故，正确理解 EPC 模式的本质和精髓对 EPC 模式的力推尤为重要。

（二）问题

多数国内承包人还停留在施工总承包人的概念上，认为自身仅需承担商业风险，而无须担心技术风险。更有甚者，可能对其需要承担的商业风险也未有充分的认知。因此，**承包人对风险分担、组织结构、决策程序和过程管理等的认知并非完全基于正确的 EPC 模式理念，而相应的行政单位也还停留在施工总承包的管理方式上**。

（三）建议

若通过对建筑法的修改建立正确的 EPC 概念必然存在严重的滞后性。故，笔者认为，**相关部门可以通过制定行政法规或行政规章树立正确的 EPC 概念体系**，而非仅通过简单的定义方式对其进行解释，更不应出现重复不一致的定义。这样，也有利于**承包人、行政单位等相关人员之间的沟通能够建立在统一权威的 EPC 概念上**。

[①] 《中华人民共和国建筑法》第二十四条第一款：
"**提倡对建筑工程实行总承包**，禁止将建筑工程肢解发包。"

二、设立 EPC 相关资质

（一）原因

中国建筑法设立建筑许可制度，规定建筑企业要有资质[①]，专业人员要有资格[②]，否则法律将不予正面肯定[③]。而现今，EPC 模式虽被法律所肯定[④]，更被法律所提倡[⑤]，同时也被政府所鼓励和力推[⑥]，但自 EPC 资质被废除[⑦]后，至今仍未恢复。现今进行 EPC 模式承包主要以住房城乡建设部的相关文件为依据进行操作，以其他资质的单位或联合体来进行承接[⑧]。

（二）问题

设定资质应通过部门规章的形式予以颁布，而不能以文件形式代替。EPC 模式的本质在于希望将勘察、设计、施工和设备采购作为一个整体进行集成化从而能够统一化管理，做到"统揽全局、统筹安排、统一管理"。而目前实践中允许各自持有勘察、设计、施工资质的企业以联合体形式承揽 EPC 模式的工程，这样就可能会出现形式"联合"，实质"各自为政"的状态。

[①] 《中华人民共和国建筑法》第十三条规定：
"从事建筑活动的建筑施工企业、勘察单位、设计单位和工程监理单位，按照其拥有的注册资本、专业技术人员、技术装备和已完成的建筑工程业绩等资质条件，划分为不同的资质等级，经资质审查合格，取得相应等级的资质证书后，方可在其资质等级许可的范围内从事建筑活动。"

[②] 《中华人民共和国建筑法》第十四条规定：
"从事建筑活动的专业技术人员，应当依法取得相应的执业资格证书。并在执业资格证书许可的范围内从事建筑活动。"

[③] 《中华人民共和国建筑法》第六十五条第一、二款规定：
"发包单位将工程发包给不具有相应资质条件的承包单位的，或者违反本法规定将建筑工程肢解发包的，责令改正，处以罚款。
越超本单位资质级承揽工程的，责令停止违法行为，处以罚款，可以责令停业整顿，降低资质等级；情节严重的，吊销资质证书；有违法所得的，予以没收。"

[④] 《中华人民共和国合同法》第二百七十二条第一款规定：
"发包人可以与总承包人订立建设工程合同，也可以分别与勘察人、设计人、施工人订立勘察、设计、施工承包合同。发包人不得将应由一个承包人完成的建设工程肢解成若干部分发包给几个承包人。"

[⑤] 《中华人民共和国建筑法》第二十四条第一款规定：
"提倡对建筑工程实行总承包，禁止将建筑工程肢解发包。"

[⑥] 《关于培育发展工程总承包和工程项目管理企业的指导意见》（建市〔2003〕30 号）第一条第二款规定：
"各级建设行政主管部门要统一思想，提高认识，采取有效措施，切实加强对工程总承包和工程项目管理活动的指导，及时总结经验，促进我国工程总承包和工程项目管理的健康发展。"

[⑦] 《国务院关于取消第一批行政审批项目的决定》（国发〔2002〕24 号）规定：
"取消了《设计单位进行工程总承包资格管理的有关规定》中工程总承包资格核准的行政审批权，即《工程总承包资格证书》废止。"

[⑧] 《关于培育发展工程总承包和工程项目管理企业的指导意见》建市〔2003〕30 号第四条第（一）项规定：
"在其勘察、设计或施工总承包资质等级许可的工程项目范围内开展工程总承包业务。工程勘察、设计、施工企业也可以组成联合体对工程项目进行联合总承包。"

（三）建议

笔者认为，**应尽快恢复设立工程总承包资质**。同时，恢复设立的工程总承包资质，不应当是勘察资质、设计资质、施工资质的简单叠加，而应从 EPC 模式的本质出发重新设定资质要求。若有可能，在恢复设立工程总承包资质后（或同时），对勘察资质、设计资质、施工资质甚至服务于建筑业的中介机构资质（例如：建设工程招标投标代理资质、建设工程造价咨询资质、建设工程监理资质等）进行必要的调整或补充。

三、联合体投标应主体适格

（一）原因

在没有工程总承包资质的情况下，现今的主要实践操作方式是以住房城乡建设部的有关工程总承担的文件为依据，即具有工程勘察、设计或施工总承包资质的企业可以在其资质等级许可的工程项目范围内开展工程总承包业务。**而实际操作中，往往通过联合体形式进行投标**。例如：由一个设计单位和一个施工单位或者再加一个采购单位组成联合体进行投标。

（二）问题

招标文件对投标人的要求之一是具备一定资质，例如：要求市政公用工程施工总承包壹级（含壹级）及以上资质。而招标法明确规定，若投标人以联合体投标的，则联合体各方"均"应当具备招标文件对投标人资格条件[①]。**而实践中，往往仅是只有某一个成员具备相应的资质，而非所有成员都有**。

（三）建议

仅有联合体成员具有投标人资质是不符合《中华人民共和国招标投标法》对联合体资质要求的。因此，笔者认为，首要举措是尽快恢复工程总承包资质或修改《中华人民共和国招标投标法》，再者应在招标文件中明确只要求联合体成员之一具有相应资质。否则，按现有的联合体投标，绝大多数都会出现投标主体不适格的问题，从而违反《中华人民共和国招标投标法》。

四、EPC 项目监理定位

（一）原因

《中华人民共和国建筑法》对监理的定位主要立足于施工监理[②]，因此，监理工程师的

[①]《中华人民共和国招标投标法》第三十一条第二款规定：
"联合体各方均应当具备承担招标项目的相应能力；国家有关规定或者招标文件对投标人资格条件有规定的，联合体各方均应当具备规定的相应资格条件。由同一专业的单位组成的联合体，按照资质等级较低的单位确定资质等级。"

[②]《中华人民共和国建筑法》第三十二条第一款第二款：
"建筑工程监理应当依照法律、行政法规及有关的技术标准、设计文件和建筑工程承包合同，对承包单位在施工质量、建设工期和建设资金使用等方面，代表建设单位实施监督。
工程监理人员认为工程施工不符合工程设计要求、施工技术标准和合同约定的，有权要求建筑施工企业改正。"

定位和行政管理也均主要立足于施工监理。同时，建设工程项目的分类中虽然存在可以委托监理的项目，但**必须委托监理的项目仍是整个项目的绝大多数**[①]。

(二) 问题

EPC 项目完全套用施工监理的标准是否会存在过于僵化的问题。EPC 模式的特点在于强调结果而淡化过程，这与监理加强过程监督的特点存在差异。同时，更大的问题在于，现今的监理规范、监理规程、监理工程师工作经验及执业理念均主要基于施工监理建立的，若贸然涉及 EPC 项目必然存在会出现一系列问题。

(三) 建议

笔者认为，首先应在承发包双方和行政机构中**建立 EPC 模式监理有别于以往监理模式的概念**。同时，**尽快制定适用 EPC 模式下监理范围和规模标准的相关规定**。其次，应根据 EPC 模式的本质结合监理的目的制定相应的 EPC 模式监理规范和监理规程；最后**对监理工程师加强 EPC 模式监理的培训和考核**。

五、EPC 中联合体的增值税

(一) 原因

现今以联合体形式进行承包时，通常由设计单位和施工单位或者再加上采购单位组成联合体进行承包，由发包人与联合体签订 EPC 合同。**工程款往往支付给联合体的牵头人**。同时，建筑业已完成营改增工作，而**增值税要求"三流合一"，即票、款、物三流合一**。

(二) 问题

发包人支付给联合体的工程款是直接支付给联合体牵头人，而后由联合体牵头人将该工程款分别汇给相应其他成员。但**牵头人与联合体其他成员并不存在通常概念上的合同法系，仅存在联合体成员之间的联合体协议。理论上牵头人的汇款行为并不符合增值税所要求的"三流合一"，也导致一方不能取得相应进项税款的问题**。

(三) 建议

联合体本身是合伙性质的主体，故联合体成员之间的资金分配遵循联合体协议进行，没有必要也不可能存在"三流合一"。因此，**笔者建议税务部门应针对联合体承包 EPC 中**

[①] 《建设工程监理范围和规模标准规定》第二条规定：
"下列建设工程必须实行监理：
（一）国家**重点建设工程**；
（二）**大中型公用事业工程**；
（三）**成片开发**建设的**住宅小区工程**；
（四）利用**外国政府**或者**国际组织贷款、援助资金的工程**；
（五）国家规定必须实行监理的**其他工程**。"

涉及的增值税中的"三流合一"作出明确答复，避免出现弄巧成拙的情况。

六、EPC 联合体分工与分包

（一）原因

《中华人民共和国建筑法》允许分包，但必须符合四个条件，即不得将其所有承包的工程进行整体或肢解后分包①，不得将主体结构工程进行分包，不得分包给无资质的单位，分包均应发包人同意②。另外，符合以上条件的分包单位不得再次分包。

（二）问题

为了符合增值税的"三流合一"，在实务中，牵头人往往会与其他联合体成员签订一份建设工程合同。若认为该合同是联合体与其成员单位签订的分包合同，则违背承包人不得将全部主体结构进行分包的规定。并且，退一步而言，即便该合同是有效的，该成员单位也不得再次分包，这一点成员单位也很难做到。

（三）建议

笔者认为，根据联合体协议而进行的成员之间的权利和义务分配是联合体内部关系，应当与联合体与第三方的外部关系相区分，从而将法律关系与税务关系区别统一。

七、结语

EPC 模式与其他管理模式相比有着明显的优点，例如：可能实现了资源优化配置，集成化管理，从而降低成本造价，亦有效节约社会资源；能提高工程质量，加快工程进度；能较为有效地控制项目风险，同时也为投资方的廉政建设提供一定保障。

毫无疑问，在力推 EPC 模式时，还存在很多与 EPC 模式不配套的东西，因此，在具体工作中就出现了矛盾，产生了问题，"障碍先扫，方可力推"，作为建设工程领域的专业律师，希望能够对该模式在我国的发展及行业对其的适用聊尽绵薄之力，故，归纳了以上六个方面的问题，可能还有其他问题，也可能笔者的观点并非正确，仅供大家参考。

---

① 《中华人民共和国建筑法》第二十八条规定：
"禁止承包单位将其承包的全部建筑工程转包给他人，禁止承包单位将其承包的全部建筑工程肢解以后以分包的名义分别转包给他人。"

② 《中华人民共和国建筑法》第二十九条规定：
"建筑工程总承包单位可以将承包工程中的部分工程发包给具有相应资质条件的分包单位；但是，除总承包合同中约定的分包外，必须经建设单位认可。

施工总承包的，建筑工程主体结构的施工必须由总承包单位自行完成。建筑工程总承包单位按照总承包合同的约定对建设单位负责；分包单位按照分包合同的约定对总承包单位负责。总承包单位和分包单位就分包工程对建设单位承担连带责任。

禁止总承包单位将工程分包给不具备相应资质条件的单位。禁止分包单位将其承包的工程再分包。"

上海市商品房预售的几个法律（实务）问题

【摘　要】 商品房预售制度是我国房地产交易法律制度的重要组成部分。商品房预售是房地产开发项目资金回笼的重要环节。商品房预售是房地产交易活动当中较为复杂的交易形式之一。因此，商品房预售实务中所涉及的问题是多方面的。其中，预售商品房广告的发布、商品房预售合同条款的拟定、商品房预售流程风险的管控等法律与实务问题均不容忽视。

【关键词】 商品房预售；登记备案；处分权

Several Legal (Practical) Issues of Commercial Housing Presale in Shanghai

【Abstract】 The Commercial housing pre-sale system is an important part of the estate transaction legal system in China. Commercial housing pre-sale is also an important part of the funds return of real estate development projects. It's one of the more complex forms of transactions in real estate transactions. Therefore, there are multifaceted problems in commercial housing pre-sale practices. Among them, the advertisement publishing of pre-sale commercial housing, the drafting of commercial housing pre-sale contract terms, the risk control of the commercial housing pre-sale process and other legal and practical issues shouldn't be ignored.

【Keywords】 Commercial Housing Pre-sale; Commercial Housing Register; Right of Disposition

【前言】

商品房**预售**即将符合法定条件的"蓝图"之上的"商品房"出卖的法律行为。因而其明显区别于出卖标的物为竣工验收合格商品房的商品房**现售**。商品房预售是我国近年来房地产市场发展的产物，对于缓解房地产开发企业建设资金的压力，为房地产开发企业筹集资金起到了积极作用。

笔者通过为沪上"上海江桥××广场""上海宝山××广场""×××公馆"等大中型房地产开发项目提供前期可研、中期建设以及后期的营销与运营管理等综合性法律服务工作，深感商品房预售是房地产开发项目后期营销（资金回笼）工作的重中之重。因此，本文尝试对商品房预售过程中的有关法律与实务问题进行探讨，以期能抛砖引玉。

一、商品房预售制度的法律体系

我国商品房预售制度的法律体系当中，最早明文规定商品房预售制度的，应当是由全国人大常委会通过的，于1995年1月1日起正式施行的《中华人民共和国城市房地产管理法》[①]。另外，第十届全国人民代表大会第五次会议于2007年3月16日通过的《中华人民共和国物权法》所规定的预告登记制度应被视作对商品房预售制度的补充。

全国人大常委会通过的《中华人民共和国城市房地产管理法》的有关下位法，在不同时期逐步对商品房预售制度进行了相关的细化与完善。首先，行政法规《城市房地产开发经营管理条例》对预售条件增加了需要"施工许可证"的要求[②]；其次，地方政府规章《上海市房地产转让办法》对预售条件提出了更为严格的要求；此外，为了更好地规范商品房预售活动，住房城乡建设部专门制定了直接调整商品房预售行为的部门规章《城市商品房预售管理办法》，该规章不仅对商品房预售的概念作了科学的定义，而且对商品房预售的各个环节均作了较为明确而详细的规定。

据此，通过以上对我国现行商品房预售制度的简要介绍，不难发现关于"预售条件"的规制，的确客观存在下位法违反上位法的情形：行政法规《城市房地产开发经营管理条例》较《中华人民共和国城市房地产管理法》更为严格[③]；而地方政府规章《上海市房地产转让办法》较上述法律与行政法规均更为严格。

笔者认为，虽然商品房预售法律体系中存在下位法超越上位法的嫌疑，但是，不可否认：更为严格的预售条件对商品房预售的买受人是更为有利的，甚至为遏制"烂尾楼"亦曾起到过积极的作用。

二、开发商对"预售商品房"享有"处分权"

商品房预售是指房地产开发企业将**正在建设中**的商品房预先出售给买受人，并由买受人支付**定金**或者**房价款**的行为[④]。因此，从预售合同买受人签约的目的在于获得特定的工

[①] 《中华人民共和国城市房地产管理法》第四十五条：
"**商品房预售，应当符合下列条件：**
（一）已交付全部土地使用权出让金，**取得土地使用权证书**；
（二）持有建设工程**规划许可证**；
（三）按提供预售的商品房计算，投入开发建设的资金达到工程建设总投资的**百分之二十五以上**，并已经确定施工进度和竣工交付日期；
（四）向县级以上人民政府房产管理部门办理预售登记，**取得商品房预售许可证明**。
商品房预售人应当按照国家有关规定将预售合同报县级以上人民政府房产管理部门和土地管理部门**登记备案**。
商品房预售所得款项，必须用于有关的工程建设。"

[②] 《城市房地产开发经营管理条例》第二十三条规定：
"**房地产开发企业预售商品房**，应当符合下列条件：
（一）已交付全部土地使用权出让金，**取得土地使用权证书**；
（二）持有建设工程规划许可证和**施工许可证**；
（三）按提供的预售商品房计算，投入开发建设的资金达到工程建设**总投资的25%以上**，并已确定施工进度和竣工交付日期；
（四）已办理预售登记，**取得商品房预售许可证明**。"

[③] 《城市商品房预售管理办法》第十条第一款的规定：
"**商品房预售**，开发企业应当与承购人签订商品房预售合同。**开发企业应当自签约之日起30日内**，向房地产管理部门和市、县人民政府土地管理部门**办理商品房预售合同登记备案手续**。"

[④] 《中华人民共和国合同法》第一百三十二条第一款的规定：
"**出卖的标的物**，应当属于出卖人所有或者**出卖人有权处分**。"

作成果（商品房），而该成果在签约时尚处意识之中/蓝图之上的这一合同特征来看：商品房预售合同与《合同法》第十五章规定的承揽合同似有共通之处。

由于商品房预售的标的物是"正在建设中的商品房"，所以从本质上而言，"商品房预售"系买卖合同法律关系。既然是买卖合同关系，那么理当适用《合同法》总则以及分则第九章等相关规定的调整。虽然，房地产开发企业在商品房预售时对商品房并未获得法律意义上的所有权。但是，根据"狭义的法律"《中华人民共和国城市房地产管理法》，出卖人对出卖的标的物（正在建设中的商品房）依法有权处分。因此，商品房预售出卖方对标的商品房的处分权应被视为系由上述法律所赋予。否则，势必会产生"烂尾楼"项目的预售合同因开发企业未取得所有权而被主张无效的谬论。

此外，值得欣慰的是《最高人民法院关于审理买卖合同纠纷案件适用法律问题的解释》第三条第一款："当事人一方以出卖人在缔约时对标的物没有所有权或者处分权为由主张合同无效的，人民法院不予支持。"已从正面终结了为达到规避法律责任的目的，而"合法"利用出卖方对标的物没有所有权或者处分权为由主张合同无效的行为。

三、上海市商品房预售的几个实务问题

（一）商品房预售广告的法律审查

在为房地产开发企业售楼广告提供法律审查工作的过程中，除了依据《中华人民共和国广告法》《广告管理条例》等相关规定进行常规审查之外，更加不能忽略结合商品房预售的特点进行如下几个方面的审查工作。

1. 广告实质内容的审查

笔者认为，对商品房预售拟发布的广告在内容上应重点审查：

（1）关于商品房开发规划范围内的房屋及相关设施所作的说明和允诺是否具体确定？

（2）具体确定的说明和允诺对商品房买卖合同的订立以及房屋价格的确定是否有重大影响？

若审查后的结论是肯定的，则该广告内容将依法被视作要约。所以，应确保该广告与商品房实际情况相符，否则应承担违约责任。

据此，笔者提醒在售楼广告中应慎用如下说明和允诺：

（1）承诺向购房人提供购房折扣或附带赠送车库、花园、家具等优惠；

（2）对商品房装饰、设施设备标准等美观豪华性的承诺；

（3）对商品房每平方米供电量等功能性的承诺；

（4）对商品房小区内外配套设施等环境质量的承诺；

（5）对商品房投资回报等承诺。

同时，笔者认为：关于售楼广告中过分的商业吹嘘（如升值潜力不可限量、黄金地段、置业首选等），虽然其不构成"具体确定"的要约，但也并非无需因此承担法律责任。如购房人因此受到损失，尚难排除其根据《中华人民共和国合同法》第四十二、五十四条等相关规定主张开发商的赔偿等法律责任。

2. 广告时间及其他的审查

实践中，不少房地产开发企业往往忽略了商品房预售项目的售楼广告发布的时间限制。因此，笔者提醒：房地产开发企业必须在取得《商品房预售许可证》之后才可以发布相应预售商品房的广告。否则，将承担行政处罚的不利后果。

3. 广告非实质内容的审查

广告主为了使自己处于有利的地位，往往会在广告当中声明："活动解释权归经营者所有"或者"保留最终解释权"等内容。

笔者认为：首先，此类排除消费者或相对方行使合同解释权的用语非但未必获得司法肯定（须根据个案具体分析），甚至可能适得其反；其次，《上海市工商行政管理局广告审查提示（七十七）》对该类广告用语已经明令禁止。

因此，笔者建议：尽可能在售楼广告中删除此类用语，避免落了个"企图徒劳，诚信存疑"的结果。相反，开发商在预售商品房的广告中必须载明商品房预售许可证的批准文号。

（二）上海商品房预售合同登记备案的相关问题

虽然，《城市商品房预售管理办法》要求，签订商品房预售合同后应在三十天内办理商品房预售合同登记备案手续，但是，《上海市商品房销售合同网上备案和登记办法》却对预售合同的备案程序规定如下："【房地产开发企业需要使用自制的商品房销售合同格式条款（包括补充的格式条款）的场合】：

（1）使用非示范文本的备案与变更（工商→交易中心）；

（2）合意合同备案和房地产登记申请；

（3）发送合同备案证明和房地产登记申请受理书；

（4）在预售书面合同上签名（盖章）。"

笔者认为，上海市商品房预售的如上流程过于强化了商品房预售合同的行政管理要求，但是，明显有悖法理与常理，存在重大缺陷。在实践中，容易产生困惑与尴尬的主要是以下两个方面的问题：

（1）房地产开发企业或者购房人在合同备案后，拒绝书签合同将承担何种法律责任？

假设完成第（3）个程序预售合同即已经成立，则拒绝合同签章将承担违约责任；若认为只有完成了第（4）个程序，即完成合同签章这一行为合同才成立，则拒绝合同签章将承担缔约过失责任。

笔者认为：完成第（3）个程序时预售合同已经成立，拒绝合同签章的行为是违约行为。因为，虽然商品房预售合同系要式合同，即应当以"书面形式"订立，而"书面形式"包括数据电文（包括电报、电传、传真、电子数据交换和电子邮件）等可以有形地表现所载内容的形式。合同的成立的本质是合意，即双方意思达成一致，预售合同备案的完成即"网签"完成后，预售合同的全部条款已经记录于上海市房地产交易中心的"网签"系统之内，并完全可以有形地表现所载预售合同的全部内容。因此，通过"网签"系统锁定双方合意的"网签"合同已经成立。

因此，拒绝合同签章的行为就是拒绝履行已经成立的合同的行为，应属违约责任的范畴。

（2）如果一方拒绝预售合同签章，应如何撤销该预售合同的备案？

实践中，商品房预售合同一经备案后，如出现当事人违约、拒绝书签合同等情形导致合同关系无法继续，若非经撤销备案的程序则该商品房在"网签"系统始终显示为已售，因而出卖人无法另行予以销售。此亦为房地产开发企业销售过程的常见"顽疾"，因此有必要给予说明。

目前，关于预售合同备案的撤销方式如下：

（1）买卖双方共同持房地产登记申请受理书、取得备案证明的书面合同、解除合同的书面协议和其他规定的登记材料，向房屋所在地的区（县）房地产登记机构办理注销合同备案和撤回登记申请的手续。

（2）一方当事人向房地产登记机构申请办理注销合同备案和撤回登记手续，应按照《上海市房地产登记条例》等有关规定，在本市主要报纸和"网上房地产"网站上公告。公告期满无异议的，方可持相关文件材料申请办理注销合同备案和撤回登记手续。

据此，通过以上预售合同备案的撤销方式可以看出，已经将预售合同备案的撤销等同于合同的解除。所以，在实践中除以上撤销方式之外，房地产登记机构仅认可生效的法院判决和仲裁裁决作为办理商品房预售合同备案的撤销依据。

（三）《上海市商品房预售合同》附件三应规范拟定

在拟定商品房预售合同条款的过程中，房地产开发企业通常侧重于有关购房价款与支付方式、房屋交付时间与交付标志、取得大产证与办理过户手续的时间、违约责任等条款的确立上。由于上海地区关于商品房预售实行的是"网签"方式，《上海市商品房预售合同》示范文本的前三十四个条款基本无法变动，仅限于填空或不填。所以，关注点便集中在可以协商拟定的"补充条款"。因此，在拟定预售合同条款的过程中，《上海市商品房预售合同》附件三"该房屋建筑结构、装修及设备标准"往往未能得到足够的重视也属情理之中。但是，购房纠纷却不会因此疏忽而幸免。

对预售合同附件三进行正确、科学、规范的拟定是专业法律服务过程中所不容忽视的重要环节。因此，笔者建议拟定附件三时应把握以下原则：

（1）明确无误的事项如结构形式系"框架结构"，则可据实写明，但应和有关建筑专业术语保持一致；

（2）虽然较为明确但可变量较大的事项如外墙设计为××颜色天然石材，因石材颜色可变量较大，故建议将外墙约定为"天然石材"或"石材"；

（3）关于全装修房，建议在有关电梯、橱柜等品牌规格型号条款之后添加"或同级别类似产品"，以避免届时供应商发生变化等原因而产生纠纷。

此外，由于在商品房预售过程中，房屋交付争议属于高发纠纷。因此，建议房地产开发企业在房屋交付之前，组织设计单位、施工单位、监理单位、营销部门等有关参与方进行联合预验收，以便提前发现与掌握有关问题，妥善做好房屋交付风险的防控。

四、结语

以上所述，皆为笔者执业过程中遇到的实际问题与思考，有关论述乃笔者的浅薄认识，希望大家不吝批评指正。

房东"跳价"行为的应对策略分析

【摘　要】　最近，伴随着上海等地房价的大幅上涨，笔者经常会接到有关二手房交易的法律咨询。其中，咨询最多的问题是：从法律角度而言，"房东""跳价"是否有法律依据？若碰到"房东""跳价"该如何处理？

通常情况下，"房东""跳价"是没有法律支撑的不诚信行为，故笔者主要从如何应对"房东""跳价"的角度，根据相关的法律规定结合司法实践，尝试梳理分析、归纳总结该类"房东""跳价"的事前预防、事中警惕与事后争议解决，仅供大家参考。

【关键词】　定金；订购书

An Analysis of the Coping Strategy When the Landlord Increase Selling Price during Transaction

【Abstract】 Recently, along with Shanghai and other places prices rose sharply, the author often receives legal advice inquiries about the second-hand housing transactions. Among them, the most frequently asked question is: from a legal point of view, does it stand if the "landlord" increases selling price? How to deal with it?

In most cases, there is no legal support for the dishonest act if the "landlord" "increases price" during the transaction, so starting from legal point of view, the author takes reference of relevant legal provisions and judicial practice, tries to sort out, analyze, induce and sums up the ways to prevent in advance, keep vigilant in the transaction process and resolve disputes afterwards, for our reference.

【Keywords】 Deposit; Letter of Purchase Intention

一、"房东"及"跳价"的法律定义

"房东"是谁？一语以蔽之就是指那个将房子卖给您的人。"房东"并非法律专业用语，乃大家在日常生活中约定俗成的称谓，一般指在房屋租赁关系当中的出租人，有时也用于指称在商品房买卖关系当中的出卖人等。

若用法律用语来对"房东"进行定义，则本文将其定义为**转移标的物（商品房）的所有权于买受人并收取买受人支付价款的出卖人**。

何为"跳价"？通常意思是指合同（包括预约合同）签订后，履行过程中，"房东"单方要求提高房价的行为。若用法律用语来对以上"房东"行为进行表述，则"跳价"可以定义为**违反《中华人民共和国合同法》诚实信用基本原则，违背事先达成的"合意"即买卖双方谈好的"价格"，单方要求提高商品房出售价格的行为**①。

因此，"房东""跳价"行为在法律上属于当事人一方向另一方提出"变更请求"的行为。一方的变更请求原则上只有另一方同意才能变更，原则上"房东"不得擅自变更，且法律要求对合同变更的内容必须明确清晰，否则推定为未变更。因此，针对"房东""跳价"要求，完全可以**明确表示拒绝**。

二、"房东""跳价"的两阶段分析

按房屋买卖行为所处的前后阶段不同，可以分为房屋买卖预约合同阶段、房屋买卖合同履约阶段。因此，"房东"的"跳价"也可分为两个阶段。

（一）"房东"在预约合同阶段的"跳价"

预约合同（如商品房买卖定金合同）是相对于本约合同（如正式的商品房买卖合同）独立存在的一种合同形式，是当事人约定在将来一定期限内订立正式买卖等合同的一种"前置"合同。《最高人民法院关于审理买卖合同纠纷案件适用法律问题的解释》（以下简称《司法解释》）中首次给予预约合同正式"名分"②。

在二手房买卖中，**预约合同一般以房产中介提供的"居间合同"予以体现**。该"居间合同"往往存在两层法律关系：一层是保障房产中介佣金的居间法律关系，另一层是"上下家"（指买卖双方即"房东"与您，下同）约定在将来一定期限内订立买卖合同的预约法律关系。如果没有房产中介参与的房产交易中，预约合同一般以定金合同，甚至仅仅以一张定金收据的方式予以体现。

"房东"在预约合同阶段"跳价"是指在"上下家"已经谈好"价格"且"约定在将来一定期限内订立买卖合同"后，"房东"单方要求提高商品房出售价格的行为。

（二）"房东"在合同履约阶段的"跳价"

买卖合同履约阶段是指"上下家"已签订正式房屋买卖合同后的履行阶段。但有一点需要特别予以说明，因为房屋买卖合同属于要式合同，法律要求其**必须以书面形式订立**。

在实践中，不同房产中介可能会提供不同名称的合同，要求"上下家"签订，但参照《司法解释》规定，只要签订的合同具备《商品房销售管理办法》第十六条规定的主要内容，且"房东"已经按照约定收受购房款的，该合同应当认定为房屋买卖合同③。《上海市

---

① 《中华人民共和国合同法》第一百三十条：
"**买卖合同**是出卖人转移标的物的**所有权于买受人**，买受人**支付价款的合同**。"
② 《最高人民法院关于审理买卖合同纠纷案件适用法律问题的解释》第二条：
"当事人签订**认购书、订购书、预订书、意向书、备忘录等预约合同**，约定在将来一定期限内订立买卖合同，一方不履行订立买卖合同的义务，**对方请求其承担预约合同违约责任或者要求解除预约合同并主张损害赔偿的，人民法院应予支持**。"
③ 《最高人民法院关于审理商品房买卖合同纠纷案件适用法律若干问题的解释》第五条：
"**商品房的认购、订购、预订等协议具备〈商品房销售管理办法〉第十六条规定**的商品房买卖合同的主要内容，并且出卖人已经按照约定收受房款的，该协议**应当认定为商品房买卖合同**。"

高级人民法院关于审理"二手房"买卖案件若干问题的解答》(以下简称《上海高院解答》)中更明确指出：如果买卖双方已经签订的协议书具备了房屋买卖合同的主要内容，应视为买卖合同成立并有效。

"房东"在合同履约阶段的"跳价"是指在"上下家"已经谈好"价格"并已经订立正式买卖合同后，"房东"单方要求提高商品房出售价格的行为。

综上所述，"房东""跳价"无论出现在以上哪一个阶段，其表现形式均为"房东"单方要求提高出售价格，且发生于"上下家"已经谈好"价格"（形成合意）的前提之下，否则并不构成本文所讨论的"房东""跳价"行为。

三、如何应对"房东"的"跳价"行为

（一）事前谨慎预防

（1）**如果尚处于预约合同阶段**，为了保障"房东"届时能够顺利签约，笔者建议：尽可能提高定金数额。虽然国内有观点认为：在预约合同定金数额的约定上，应不受《中华人民共和国担保法》中定金数额不得超过主合同标的额的20%的限制[1]。但出于谨慎考虑，建议定金数额仍应以不超过房价的20%为宜。

如果"房东"在预约合同阶段"跳价"而拒绝按照约定订立买卖合同，买方只要做到自己不违约即可通过主张"房东"双倍返还定金来弥补自己的损失。

另外，笔者认为：如果双倍返还定金仍不能弥补损失，还可以主张损害赔偿，但**定金和损失赔偿的数额总和以不高于因违约造成的损失为限**。

（2）**如果处于已订立买卖合同阶段**，为了保障"房东"能够完全适当地履约，笔者建议：应当有针对性地设置预防"跳价"条款，例如：提高履约或解约定金的数额、违约金比例或明确损失赔偿额的计算方法等，力求从交易之初就让"房东"明确知道自己违约的"代价"。

另外，笔者建议：在买卖合同中明确约定当事人一方可以**向登记机构申请预告登记**，有利于保障将来物权的实现。

（3）**若是置换方式购房**，笔者认为：不仅应该注意买与卖或者卖与买关系在时间上的衔接，且有必要有针对性地专门设计一套完整的交易方式。笔者建议：应将买与卖的行为相互关联起来，尽量**对己方义务的履行设置为条件**、尽可能避免将其设置为期限。如设置条件不能则应当设置充足的期限，从而避免陷入"卖而不能""买而不得"之境而无法自拔。

（二）事中警惕监督

笔者建议：在履约阶段务必准确提炼合同项下每一个自己义务的履行节点，熟知每一个节点未能完成的相应后果。作为买受人应竭力确保自己遵守合同无任何违约行为，切忌

---

[1] 《最高人民法院关于适用〈中华人民共和国担保法〉若干问题的解释》第一百二十一条："当事人约定的定金数额超过主合同标的额百分之二十的，超过的部分，人民法院不予支持。"

因自己的"疏忽大意"赋予"房东"抗辩权、单方解除合同权而"成人之美"。除此以外，笔者认为：在订立合同之后，买受人除应全面了解"房东"履行合同节点，更要**关注（或监督）"房东"在履行合同义务各节点之前的动向和情绪**。

如果"房东"出现诸如现在房价均在涨，否则加点价等此类语言，笔者提醒：应更加密切注意"房东"的动向，及时**明确地予以拒绝**。在一定情况下，可以向"房东"阐明其"跳价"违约后果。

如果"房东"出现诸如"您若不加价，我就不卖啦"等表述时，笔者提醒：可将该"扬言"通过录音等其他**可再现的方式妥善保全下来**，作为您事后救济的有利证据。"房东"该"扬言"同样属于民事行为意思表示的一种，符合《中华人民共和国合同法》第九十四条第（二）项规定的"预期违约"的行为特征。

（三）事后及时救济

对待"房东""跳价"，除"房东"收回"跳价"请求和接受"房东""跳价"请求外，只剩下一种可能：通过诉讼（或仲裁）方式解决，即俗称"打官司"。

如何"打赢这场官司"，应当注意以下几点：

(1) 申请财产保全。为了及时阻止"房东"将卖受人所购买的房屋物权进行转移或者设置新的权利负担（如抵押），笔者建议：在提起诉讼或者申请仲裁前向被保全财产所在地、被申请人住所地或者对案件有管辖权的人民法院**申请采取保全措施查封该房屋**。

(2) 申请异议登记。囿于申请诉前财产保全的难度、申请诉中财产保全的"滞后性"，为了有效阻止"房东"将您所购买的房屋以更高的价格利用"善意取得"制度出卖并过户给"善意第三人"。在紧急情况下，笔者建议：可考虑根据以利害关系人的身份对您所购买的房屋申请异议登记。但是，笔者提醒：若**异议登记不当，造成权利人损害的，权利人可以向申请人请求损害赔偿**。

(3) 主张"房东"全面履行合同义务或者赔偿损失：

① 通过诉讼或仲裁的方式主张"房东"全面履行合同义务，包括但不限于交付房屋与办理过户手续。

根据《上海高院解答》，除合同另有约定或出现可单方解除合同的法定情形外，无论合同签订后的预期违约还是合同履行期届满后的实际违约，如另一方坚决要求继续履行的，除符合《中华人民共和国合同法》第一百一十条规定外，应责令双方继续履行。在履行义务的同时，另一方还有其他损失的，应当赔偿损失①。

因此，笔者提醒：只要不属于不能履行的法定情形之外，可以在要求"房东"交房并过户的同时，**要求"房东"赔偿由此造成的损失**。

② 如果房屋已由"善意第三人"取得所有权或被增设权利负担而导致履行不能的，则可通过诉讼或仲裁的方式主张"房东"赔偿损失，**包括直接损失和预期可得利益损失**。

---

① 《中华人民共和国物权法》第十九条：

"权利人、利害关系人认为不动产登记簿记载的事项错误的，**可以申请更正登记**。不动产登记簿记载的权利人书面同意更正或者有证据证明登记确有错误的，登记机构应当予以更正。不动产登记簿记载的权利人不同意更正的，利害关系人可以申请异议登记。登记机构予以异议登记的，申请人在异议登记之日起十五日内不起诉，异议登记失效。**异议登记不当，造成权利人损害的，权利人可以向申请人请求损害赔偿**。"

根据《上海高院解答》，对于确不能继续履行的，违约方应当赔偿因违约而给对方造成的损失，包括直接损失和预期可得利益损失。在双方不能协商确定房屋涨跌损失的情况下，笔者认为：**应按以下顺序确定房屋涨跌确定损失**，即：比照同幢相同楼层及房型市场成交价；比照相邻幢同楼层及房型市场成交价；比照相同区域内房屋市场成交价。如果没有最相类似房屋比照的，可通过专业机构评估确定房屋涨跌损失。

笔者认为：认定损失的时间点应从**保护守约方的利益**出发，**以守约方的请求为基础**，结合合同约定的履行期限届满之日、违约方的违约行为确定之日以及审理中房屋的涨跌情况等，合理确定。另外，笔者认为：守约方损失的认定还应综合考虑守约方的履约情况、违约方能预见的因房屋价值涨跌而产生的损失以及双方是否已采取必要措施防止损失扩大等因素。

四、结语

民法契约精神是需要通过诚信原则来体现的，诚信原则于贯穿合意之前、合意之后和履约完毕。人们往往会关注合意之后的履约诚信，而对合意之前的诚信（缔约过失责任的承担）和履约完毕的诚信（后合同义务）重视不够。

而公平原则则要求在合意这一时点时不可显失公平。因此，切忌以履行中的时点状态与合意时的状态比较从而达出所谓的不"公平"。只要合意时是公平的，就应当"愿服输"地履行完毕，这才是契约精神的精髓。

最后，衷心地希望本文能够帮助已经购房、即将购房的小伙伴们提高必要的法律风险防范意识，期待通过大家的努力在一定程度上避免因"房东""跳价"引发"血案"（指房去钱亏、血本无归的败诉结果），还大家一个相对健康理性的二手房交易市场。

对工程造价咨询行业发展的八个建议

【摘　要】 本文从公司制度、示范文本、收费标准、教育培训、协会管理、业务开拓、资质设定、三方签章、职业保险等诸方面对工程造价咨询业的发展提出了八个方面的建议，供大家参考，以期起到抛砖引玉的作用，从而使工程造价咨询行业的发展更健康、更稳健。

【关键词】 工程造价；持续发展

Eight Pieces of Advice on the Development of Construction Cost Consultancy Industry

【Abstract】 This paper puts forward eight suggestions for the development of the project cost consulting industry, such as company system, model text, fee standard, education and training, Association management, business development, qualification setting, third party signature and chopping, occupational insurance as references in order to initiate and induce other comments, so that to promote the robust and sustainable development of engineering cost consulting industry.

【Keywords】 Project Cost；Sustainable Development

【前言】

我国的工程造价咨询业近年来发展迅猛。目前，全国范围内有近十万的注册造价工程师，九十万造价员，七千多家工程造价咨询单位，五十多家高等院校设立了工程造价学科，每年近几十万人报考造价工程师资格的考试，每年工程造价咨询业的营业收入超过陆百亿元，当今的中国工程造价咨询业已进入了规模化发展阶段，并显露出蓬勃强劲的发展势头。

为了使得本行业这种"稳中求进"的发展势头能"可持续"地延续，"同志们仍需努力"，并且应充分地认识到市场需求和行业能力的匹配是该行业发展的根本前提，而笔者认为：正确的行业理念和准确的行业规划对市场需求和行业能力产生相当的影响，而且会决定二者的契合程度。鉴于此，笔者根据十几年的从业经历，对本行业提出如下十点浮浅建议。

一、建议修改《建设工程造价咨询合同（示范文本）》

（一）原因

国家工商行政管总局和建设部联合颁布的《建设工程造价咨询合同（示范文本）》（GJ-2002-0212），自 2002 年 10 月 1 日开始执行至今已有十年之久。

（二）问题

2002 年版《建设工程造价咨询合同（示范文本）》（GJ-2002-0212）的诸多内容已与本行业的现状和现行法律规定不相适应。

（三）建议

修改《建设工程造价咨询合同（示范文本）》，使之与本行业的发展相适应，并与当今相关法律规定相匹配。

（四）理由

首先，就定性角度而言，应明确《建设工程造价咨询合同》合同性质，因为不同的合同，双方的法定权利和法定义务规定是不同的，例如：若是委托合同，则双方均享有任意单方解除权[1]；若是承揽合同，则法律允许一方行使任意解除权[2]；若是技术咨询合同，则不存在任意解除权的问题，因此，确定《建设工程造价咨询合同》性质是制定示范文本首先必须解决的问题。

其次，关于结构性问题，示范文本中的通用条件所占比例过高，由于本行业的业务类别更加多样性，通用条件所占的比例过高则明显阻碍了当事人意思正确合理的表达，不利于双方权利和义务的合理分配。而专用条件中的条款**设定仿佛未对应**的通过条件中条款不得重新约定，显然不利意思自治原则的充分体现。

再次，关于实体性问题，示范文本也存在某些不合法或不合理的情况，例如：示范文本标准条款中咨询人责任的第十四条规定显然违背公平原则，并且，该条款也会因提供格式合同的咨询人排除对方主要权利而在法律上定无效。

更为重要的是，该示范文本自 2002 年 10 月 1 日开始执行至今已近十年之久，而这十年是我国工程造价咨询业发展最迅猛的十年，并且在这期间，我国颁布了大量针对工程造价或影响工程造价的具体法律规定，因此，2002 年版的《建设工程造价咨询合同（示范文本）》（GJ-2002-0212）的诸多内容亟待修改[3]。

---

[1]《中华人民共和合同法》第四百一十条规定：
"**委托人或者受托人可以随时解除委托合同**。因解除合同给对方造成损失的，除不可归责于该当事人的事由以外，应当赔偿损失。"

[2]《中华人民共和合同法》第二百六十八条规定："**定作人可以随时解除承揽合同**，造成承揽人损失的，应当赔偿损失。"

[3] 张正勤著. 建设工程合同（示范文本）解读大全. 北京：中国建筑工业出版社，2012 年版，第 351 页.

二、建议制定全国性的工程造价咨询行业统一收费标准

(一) 原因

虽然我国部分省市已制定工程造价咨询业的收费标准，但是，现阶段尚无全国性的行业统一收费标准。

(二) 问题

不利于规范行业内的公平竞争，不利于本行业全国范围内的平衡发展，也不利于树立市场信誉度，与现阶段本行业的发展状态不匹配。

(三) 建议

尽快制定全国性的统一行业收费标准，若在操作上需要一定时间，则可由中国建设工程造价管理协会先行制定一个指导性的全国统一行业收费标准。

(四) 理由

首先，无论从业人员，还是从行业影响，也无论从单位数量，还是从整个的行业收入来看，在造价咨询业中，尤其在建筑市场上已具有相应的影响，因此，应当有一个全国统一的收费标准，只有这样才能与本行业市场地位相匹配。

其次，由于本合同已发展到全国一盘棋的局面，尤其在本行业发展相对较好的省市的部分著名工程造价咨询单位已在全国范围设立分所或与当地的造价咨询单位进行业务合作，需要有一部统一的行业收费标准，这不仅有利于本行业的公平合理的竞争，而且也有利于带动全国工程造价咨询业共同壮大，同时有利于咨询单位统一管理，最终势必形成全国范围内本行业的均衡发展。

再次，执行统一收费标准有利于国有投资项目的造价控制，虽然法律要求监理必须对建设工程的"工期、质量和价款"进行监督[1]，但是，事实上，对价款的监督往往由工程造价咨询单位的"全过程工程造价控制"或"投资监理"来完成。并且，工程造价咨询单位对造价的控制具有显著的专业性，因此，虽然对国有投资实施控制可以采取不同的手段，但是，工程造价咨询单位对造价进行专业的控制作用具有不可替代性[2]，因此，将针对国有投资的建设工程项目签订的《工程造价咨询委托合同》的收费定性为政府指导价无疑对我国国有资产的保值增值有着积极的促进作用。

---

[1] 《中华人民共和国建筑法》第三十二条第一款规定：
"建筑工程监理应当依照法律、行政法规及有关的技术标准、设计文件和建筑工程承包合同，对承包单位在**施工质量、建设工期和建设资金使用等方面，代表建设单位实施监督。**"

[2] 《最高人民法院关于建设工程承包合同案件中双方当事人已确认的工程决算价与审计部门审计的工程决算价款不一致如何适用法律问题的电话答复意见》
"**审计是国家对建设单位的一种行政监督，不影响建设单位与承建单位的合同效力。**建设工程承包合同案件应以当事人的约定作为法院判决的依据。只有在合同明确约定以审计结论作为结算依据或者合同约定不明确、合同约定无效的情况下，才能将审计结论作为判决的依据。"

最后，制定全国统一的收费标准有助于树立和提升工程造价咨询业的市场信誉度和公信力。

三、建议在造价师考试及后继教育的教材中增加法律内容的比例

（一）原因

本行业所指的工程造价绝大多数属于市场价，即：具有明显的契约性，而绝大多数造价工程师或造价员为工科类学历教育背景，并且，全社会法律意识在普遍提高。

（二）问题

由于造价工程师或造价员总体缺乏对法律的系统教育，在处理工作中碰到的法律问题处理不当的，可能会影响到工作质量，并且可能承担民事赔偿责任，甚至可能承担刑事责任。

（三）建议

建议在从造价师考试到后继教育的一系列培训教材中加强法律内容比例，并可以考虑组织一次全国范围的工程造价人员法律培训，中国建设工程造价管理协会可以考虑设立从事司法鉴定工作的上岗证制度，从而提高整体造价工程师的法律素养。

（四）理由

首先，工程造价咨询单位的造价工程师其主要工作所针对的客体是施工承包合同中涉及的工程价款，而施工承包合同中的工程价款属于市场价的范畴，具有明显的契约性，定量准确的前提是定性正确，造价工程师应当遵循的工作流程是"前定性，后定量"，因此，掌握相关法律知识是进行造价咨询工作的前提。

其次，为了适应市场经济的发展，立法机构和最高院往往会颁布一些与工程造价相关的法律法规和司法解释，因此，造价工程师除了有较扎实的法律功底外，还应及时学习新出台的法律法规和最新的司法解释，以适应不断变化的法律环境。

再次，从事司法鉴定的造价工程师，不仅要对原被告提供的证据进行取舍，并且需要就出具的鉴定结论接受当事人及其代理人的法庭质证，因此，造价工程师除需要具备相应的实体法律知识外，还需要对《民诉法》和《证据规则》规定的程序性法律内容有所了解。

最后，由于整个社会法律意识的提高，为了降低工程造价咨询企业和造价工程师自身的法律风险也有必要对其进行专项的法律知识培训。

四、建议提高工程造价咨询单位资质等级并新设专项资质

（一）原因

2006年7月1日起施行《工程造价咨询企业管理办法》明显带有"脱钩改制"时期的

政策痕迹，资质要求过低且不合理。

（二）问题

注册资质要求的标准过低不利于保护委托人的权益和企业规模化发展；资质仅分甲、乙两级不利于本行业专业化的发展以及业务水平的提高；会员单位的股东构成的非专业化造成其与专业中介企业的本质属性相违背，从而不利于本行业专业能力提高和社会信誉树立。

（三）建议

提高工程造价咨询单位资质等级要求，并可以考虑新设专项资质，同时，对股东非专业化程度进行必要的限制。

（四）理由

首先，工程造价咨询机构从性质上应定位于"接受委托而提供工程造价专业服务的中介组织"，从理论的角度出发，本行业中的公司性质应提倡人合公司，而不是资合公司，这样才能有助于保证客户的合法权益保障，也有利于其自身对工作质量的注重。因此，笔者曾在几年前提倡：工程造价咨询企业应适时推行合伙制事务所，这样既可以改变"捆绑式改制"带来的某些瑕疵，又可以从制度上吻合这一行业的特点，同时也顺应"依法行政"和"WTO"规则的要求。通过从有限责任到无限连带责任的改变，从人合兼资合到完全人合的改变，使得行业主体从公司结构入手，提高经营者防范风险的意识[①]。

其次，工程造价咨询机构的性质决定了其合伙人（或股东）应当具有相应的注册资格，并且对工作质量的保证应当强调从业者资格而非倚重经营者资质，因此，现行的保证体系与本行业的特点是不完全吻合的，以现有状态，工程造价咨询单位很难做出对工作质量的充分的"保证"。

最后，即使现阶段推行合伙制事务所时机尚未成熟，行业也完全有必要对原有资质门槛进行调整，在符合注册资金标准的同时，可以考虑设立专业资质，由此在倡导规模化的同时鼓励会员单位的专业化发展，从而满足不同层面的市场要求。

五、建议工程造价咨询业建立"全方位工程价款服务"的理念

（一）原因

虽然本行业的服务范围已从最初的"事后竣工结算"延伸至"全过程工程造价咨询服务"整体性服务，但是，就总体而言，均未脱离受发包人委托对契约性工程造价提供专业咨询服务的框架这一事实。

---

① 张正勤著. 建设工程造价相关法律条款解释. 北京：中国建筑工业出版社，2009年9月版，第269页。

（二）问题

若经营理念仅停留在原有框架内，往往忽视了受承包人委托对契约性工程造价提供专业咨询服务的类型，更很难涉及对成本性工程造价提供专业咨询服务类型。

（三）建议

建议倡导本行业的经营者将接受委托的主体从发包人拓展到承包人，将提供服务的客体从主要针对契约性造价提供专业咨询拓展到对成本性造价提供专业咨询，将提供服务的阶段从主要仅针对工程价款提供专业咨询拓展到对工程合同价款提供专业咨询服务。从而建立"全方位工程合同价款服务"的理念。

（四）理由

首先，工程造价咨询服务是指专业人员根据委托人提供的资料，以其专业知识独立出具合法的咨询意见，因此，只要不存在利益回避的问题，其委托方理所当然包括承包人。

其次，承包人涉及的工程价款，不仅包括与发包人签订的施工承包合同中涉及的工程价款，即契约性工程造价，而且还涉及为取得契约性工程造价而必须承担相应的成本，即成本性工程造价。因此，若能受承包人的委托，工程造价咨询单位服务内容理所当然可以对包括承包人关于成本性工程造价的构成、费用、耗量等内容提供咨询意见，这不仅有利于承包人利益的最大化，而且对社会财富的合理使用也具有相当的积极意义。

最后，通常情况下，施工合同价款包括工程价款加上违约赔偿再加上工程索赔款[①]，而施工合同价款中的违约赔偿和工程索赔则往往涉及专业知识，同时与工程价款有相当的联系，因此，由造价工程师对其计量是比较合适的。

从委托主体上进行拓展，从服务内容上进行延深，从而建立"全方位工程价款服务"的理念，无论是对工程造价咨询可持续发展，还是对社会财富最大化利用均有积极的意义。

六、建议设立造价工程师执业保险制度并鼓励会员单位参加商业保险

（一）原因

虽然在脱钩改制时，本行业要求脱钩改制的工程造价咨询单位或投保或提取相应风险基金，但是，事实上，相当多的工程造价咨询单位既不投保也不提取所谓的风险基金，而主动参加商业保险情形更是少之甚少。

（二）问题

由于绝大多数脱钩改制的工程造价咨询单位的组织形式是有限责任公司，因此，若不

---

① 《最高人民法院关于建设工程价款优先受偿权问题的批复》第三条规定：
"建设工程价款包括承包人为建设工程应当支付的工作人员报酬、材料款等实际支出的费用，<u>不包括承包因发包人违约所造成的损失</u>。"

进行执业保险,当出现赔偿时,工程造价咨询单位仅其净资产为限承担责任,委托方存在极大的风险,对树立本行业的公信力很不利。

(三)建议

工程造价管理部门应当要求所有注册造价工程师投执业险,在此基础上,鼓励工程造价咨询单位投商业险,不仅有利于化解本行业的风险,也是对委托人一个公平的交代。

(四)理由

首先,无论从立法上,还是示范文本中,均已明确了作为注册造价工程师执业责任的赔偿制度。因此,就阶段的工程造价咨询的公司形式,只有尽快建立造价工程师执业保险制度,才能对工程造价咨询单位避免风险起到积极的作用,同时,也是对委托人的尊重和公平。

其次,基于树立行业信誉的需要。所谓的注册造价工程师执业保险制度指的是由保险公司承保注册造价工程师在执业过程的疏忽或过失造成委托方的赔偿责任的保险。在国内有注册会计师执业保险制度、律师执业保险制度等,但尚未制定造价工程师执业保险制度,由于造价工程师在执业过程中造成的委托人的损失可能远远大于造价工程师公司的注册资金或个人的所有财产,因此,只有主动并积极地投保,才能体现勇于承诺、落实责任,本行业的信誉和公信力才能真正建立。

再次,尽快建立造价工程师职业责任保险制度也是我国工程造价咨询业进入国际市场的需要,也是我国加入WTO后,建筑业发展与国际接轨的需要。

最后,该制度的建立有助于保护业主和工程造价咨询单位的利益,促进建筑市场、保险市场的繁荣,推动工程造价咨询业整体执业水平的提高。

七、建议协会加强对会员权益保护的同时规范行业风气的建设

(一)原因

行业协会的功能与政府机构的职能界线不清晰,与保护会员权益和规范行业风气建设相比,行业协会往往更注重技术规范和业务培训等工作。

(二)问题

工程造价咨询单位,尤其是经脱钩改制的工程造价单位在激烈的市场竞争中,在受到委屈或困惑时,"家"(行业协会在本质上属于会员单位的家)的支持和关爱是很需要的,同时,"家规"的形成与"家长"及时整肃有相当的关系。

(三)建议

行业协会在继续将行业规程制定得更加系统化和科学性的同时,加强对会员权益的保护工作,将协会的本质特性更加凸显出来。在协会这一大家庭里,对行业发展作出贡献的会员及时明确地予以肯定,并且对不利行业发展的行为应旗帜鲜明地予以否定。

(四) 理由

首先，当前的工程造价咨询单位绝大多数是由注册的造价工程师为股东的有限责任公司，其性质属于私营的中介机构，因此，会员单位之所以自愿参加协会的动机是一种"找家的感觉"需要，当在外面受委屈了，有倾诉的地方，当受到不公时，家里人会给予支持。因此，协会的第一要务是保护会员的利益，利用协会的力量尽可能保护会员的利益。

其次，协会应当加强行业的自律管理。所谓"自律"，就是市场参与人的自我约束、遵守诺言、实践成约、自觉克服机会主义行为的倾向。协会应加强建立预期利益的价值体系。要使各单位意识到，只有整个行业的健康可持续发展才是各个工程造价咨询单位立足之本，与行业长期的整体发展而言，各个工程造价咨询单位的短期个体的利益是微不足道的，从而产生合作与自律的积极性。

最后，建立客观公正的信誉信息约束机制。不仅对行业中的优秀品质予以正面褒奖，而对不良行为给予客观的评价，从而建立起重视声誉、恪守道德、遵守法律的良好竞争环境。

八、建议取消部分省市关于竣工结算"三方签章"的规定

(一) 原因

部分省市的工程造价管理部门仍有要求在工程造价咨询单位出具《工程竣工结算审价报告》之前建设单位、施工单位和工程造价咨询单位在《工程审价审定单》上签章的规定。

(二) 问题

有三方签章的规定，不利于工程造价咨询单位独立出具审价报告，而且，使得造价工程师可能误认该三方签章的行为可以免责，从而有可能放松对工作质量的要求。

(三) 建议

取消工程竣工结算由"三方签章"的规定，工程造价咨询单位独立出具《工程竣工结算审价报告》，在一定的误差范围内对其正确性负责。

(四) 理由

从结果看，若认可以上目的成立，则就势必得出：工程造价咨询单位永远不会对其出具的《工程竣工结算审价报告》中的瑕疵承担责任（若有一方在《工程审价审定单》盖章，原则上，不会出现《工程竣工结算审价报告》），这一结果显然违背民法的公平原则，而且也与相关规定直接抵触[①]；

---

① 《工程造价咨询单位管理办法》第三十三条规定：
"因工程造价咨询单位的过失，<u>给委托人造成经济损失，应当依法赔偿</u>。"

从原则看，咨询业应当遵循"以独立为形式、以科学为手段、以公正为目的"的宗旨，若认可以上目的成立，首先直接与咨询业的"独立性原则"相违背，同时，也与"科学性"和"公正性"原则相抵触的。

从主体资质和资格看，若认可以上述目的成立，势必得出：由专业资格的造价工程师具体编制，由相应资质的工程造价咨询单位审核出具的报告瑕疵由支付报酬的委托方"买单"显然不合法、不合理、不合情。

从表现形式看，三方签章是因工程造价咨询单位的要求而签署的，因此，三方签章的《工程审价审定单》具有格式条款的性质，所以，免责的抗辩理由在法律上因排除对方主要权利而不成立①。从实际案例中看，以上目的也是不能实现的，法院通常对咨询单位据此提出的免责主张不予支持。

德国历史学家卡尔·冯·萨维尼曾经说过"对自己的过错不付代价的规范，是不合理的规范"。因此，无论从法律原则、法律规定，还是从咨询业应遵循的原则的角度出发，三方签章均不能免除工程造价咨询单位对自身工作瑕疵所应当承担的责任的。

---

① 《中华人民共和国合同法》第四十条规定：
"格式条款具有本法第五十二条和第五十三条规定情形的，或者**提供格式条款一方免除其责任、加重对方责任、排除对方主要权利的，该条款无效**。"

全过程全方位工程项目咨询服务简介

【摘　要】　随着当前建筑市场的一系列深化改革，发包人对于高质量的工程咨询服务的需求势必更为强烈。笔者为适应发包人的上述需求，根据建筑业深化改革的新形势，提出了全过程全方位工程项目服务模式，并从其必要性、可行性、合理性为切入点阐述了其价值及高度集成化、统一化的特质。同时，客观分析了其可能存在的问题，对这种新型项目管理模式未来的发展前景予以肯定。

【关键词】　法律服务；全过程；全方位

A Brief Introduction of Comprehensive Construction Projects Consulting Services

【Abstract】 With the deepening reforms of the current construction market, the demand for high-quality engineering consultancy services is growing even stronger. In order to meet the above needs of the employer, the author puts forward the whole process and holistic service model according to the new situation of the deepening reform in the construction industry and expounds its value and highly integrated features from the angles of necessity, feasibility and rationality. At the same time, analyzes the possible problems which may exist, and proposes very positive comments on the future development prospect of the new model.

【Keywords】 Legal Service; Whole Process; Holistic

【前言】

2014年7月1日，住房城乡建设部颁布了《关于推进建筑业发展和改革的若干意见》，为我国今后一个时期建筑市场的发展指明了方向，对于建设工程咨询服务的发展更是提出了新的要求。因此，无论从发包人角度而言还是各工程咨询主体而言，如何更好地理解改革动向，调整自身相应管理服务模式，以适应新挑战、把握新机遇显得尤为重要。

一、建设工程施工阶段工程咨询主体的分析

从理论上而言，发包人仅就其商业风险承担责任，不对其技术风险承担责任。但是，基于法律风险的存在，发包人可能会因其管理上的缺陷或缺位而导致技术风险转移到其自

身。根据发包人是否是房地产开发企业，可将其分为专业发包人和非专业发包人。现实生活中，绝大多数的发包人属于非专业发包人。而非专业发包人对涉及专业或契约等方面的管理较为陌生，因此，委托项目专项法律服务、工程项目管理和工程咨询应运而生。

项目专项法律服务的主要工作是审核工程施工阶段的各类合同。在发包阶段，审核招标文件、施工合同等；在履约阶段，审核各类工程签证、起草各类变更或补充合同等；在结算阶段，就工程造价条款提出律师建议、调解各类造价纠纷等。但是，律师具有工程建设专业背景的不多，通常情况下，其提供的法律服务主要还是囿于纯法律层面，在内容上往往会产生与专业内容相脱节的情况，而难以提供"专业问题法律化，法律问题专业化"的高质量服务。

工程项目管理主要是施工过程中的工程项目管理工作。在发包阶段，对招标文件和合同提出专业意见；在履约阶段，对发包人代表签署的各类文件提出专业意见，就施工中产生的问题向发包人提出建议等；在结算阶段，参与工程结算等。但是，项目管理人员往往仅具有一定的工程建设专业背景而欠缺法律背景，通常情况下，其所提供的项目管理服务往往局限于专业层面，而欠缺一定的法律思维。

工程建设咨询主要包括：工程招标代理、工程建设监理和工程造价咨询。其中，工程招标代理在服务内容上，通常存在专业与法律的双重脱节；在服务时间上，通常不参与履约阶段和结算阶段。工程建设监理在服务内容上，通常与法律联系不强，从专业层面而言，往往无法提供涉工程造价的专业服务；在服务时间上，通常很少提供涉及发包阶段和结算阶段的专业服务。而工程造价咨询在服务内容上，同样存在专业与法律脱节的问题；在服务时间上，若是仅提供竣工结算服务，则不涉及发包阶段和履约阶段，若是提供全过程造价咨询服务，亦与发包阶段相脱节。图1概括了以上各项服务的内容和时间节点。

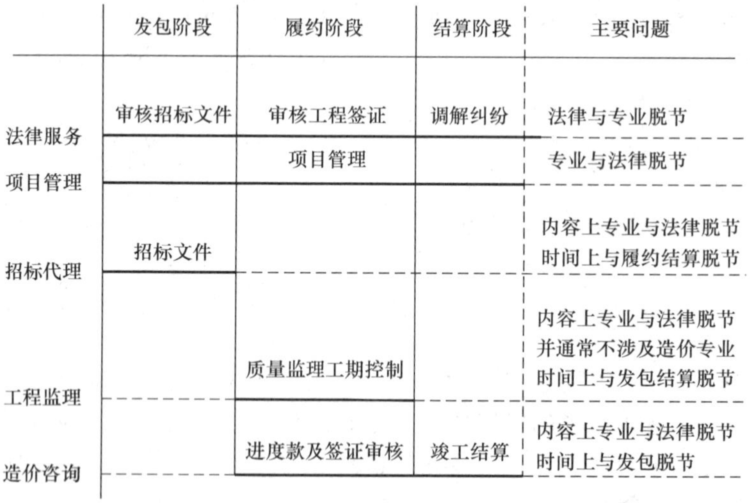

	发包阶段	履约阶段	结算阶段	主要问题
法律服务	审核招标文件	审核工程签证	调解纠纷	法律与专业脱节
项目管理		项目管理		专业与法律脱节
招标代理	招标文件			内容上专业与法律脱节 时间上与履约结算脱节
工程监理		质量监理工期控制		内容上专业与法律脱节 并通常不涉及造价专业 时间上与发包结算脱节
造价咨询		进度款及签证审核	竣工结算	内容上专业与法律脱节 时间上与发包脱节

图1 法律服务项目管理和工程咨询服务内容的主要问题归纳图

二、涉及工程施工阶段工程咨询的改革要点

为了落实党中央"至2020年在重要领域和关键环节改革上取得决定性成果，完成十

八届三中会提出的改革任务,形成系统完备、科学规范、运行有效的制度体系,使各方面制度更加成熟更加定型"的要求,针对当前建筑市场和工程建设管理中存在的突出问题,2013年7月1日,住房城乡建设部出台具有深化改革"顶层设计"意义的《关于推进建筑业发展和改革的若干意见》(建市[2014]92号),规划了建筑业深化改革的"路线图",其中涉及施工过程中的内容主要有以下几个方面:

(一)强化对发包人行为监管

强化发包人对其主动参与承包人某种承包行为的错误而造成的质量问题承担责任,同时,对发包人违反基本建设程序和法律规定而造成的质量问题加强监管和处罚,将发包人只承担商业风险思路逐渐转变到有可能承担技术风险的思路上来。

因此,除了发包人自身能力和责任性的提高外,高质量的工程咨询服务亦属必不可缺。

(二)缩小强制招标范围并加强管理

试行非国有资金投资项目由发包人自主决定是否进行招标发包,由发包人决定是否进入有形市场开展工程交易活动,可以由发包人对选择的设计、施工等单位承担相应的责任。若进行招标,则加快推进电子招标投标,完善专家评标制度,加大社会监督力度,提高招标投标活动的公开透明。

缩小强制招标范围,势必使得发包人在招标发包和直接发包中进行选择,并对选择的结果承担责任,因此,发包人对于高质量的工程咨询服务的需求势必更为强烈,而缩小强制招标范围和提高招标质量对工程招标代理机构而言亦是提出了高要求。

(三)缩小强制监理的范围

调整强制监理工程范围,选择部分地区开展试点,研究制定有能力的建设单位自主决策选择监理或其他管理模式的政策措施。具有监理资质的工程咨询服务机构开展项目管理的工程项目,可不再委托监理。

第一,由于现有的工程建设监理,在服务内容上和时间上均存在一定缺陷,因此,当监理并非强制时,发包人势必会对委托监理的必要性加以考量,况且,强制监理的收费是按政府指导价执行,这些对监理机构都将会是一个很大的考验。第二,若发包人不选择监理,则必须配备较强的工程咨询队伍,因此,这一改革也对工程咨询业既是挑战亦是机遇。

(四)建立有效保证市场决定造价体系

逐步统一各行业、各地区的工程计价规则,服务建筑市场。满足建设工程全过程不同设计深度、不同复杂程度、多种承包方式的计价需要。构建多元化的工程造价信息服务方式,清理调整与市场不符的各类计价依据,充分发挥造价咨询企业等第三方专业服务作用,为市场决定工程造价提供保障。

从造价方面的改革中我们可以看到一个明显的信号:明确工程造价就是市场价的理念,因此,造价咨询服务中将专业与法律脱节是不能适应这一理念的,而要求造价咨询单位满足建设工程全过程不同设计深度、不同复杂程度、多种承包方式的计价需要对工程造价来说也是挑战与机遇并存。

三、提供全过程全方位工程项目服务"三性"分析

通过上述分析可以得出,发包人存在对"能参与施工全过程并能提供全方位服务"的需求的必要性、可行性和合理性,具体如下。

(一)必要性

现有的项目专项法律服务、工程项目管理和建设工程咨询,存在以下几个问题:

(1)不具备贯穿整个施工过程各阶段的全过程服务(例如:工程招标代理仅停留在发包阶段、工程造价咨询通常不参与发包,而工程建设监理通常不参与工程造价结算),即便贯穿也彼此平行而独立(例如:专项法律服务与工程项目管理)。

(2)不具备提供融专业、管理和法律于一体的全方位咨询意见。

(3)鉴于以上(1)、(2)情形,发包人往往不得不委托多家工程咨询单位,则存在各单位权责交叉的管理监督问题。

(4)强化对发包人行为监管,逐渐将发包人只承担商业风险思路转变到有可能承担技术风险的思路上来。

鉴于此,发包人对全过程、全方位工程咨询服务的需求存在必要性。

(二)可行性

具有规划建筑业深化改革"顶层设计"意义的《关于推进建筑业发展和改革的若干意见》为发包人这种必要性提供了可行性:

(1)政府将简政放权,切实转变政府职能,从而充分发挥市场在资源配置中的决定性作用,从而使行政的框框变少。

(2)淡化单位资质强调个人资格,合并或取消部分资质、简化或下放审批权制,从而使资质上的限制变少。

(3)缩小强制招标范围,从而使发包人自由选择工程咨询单位的空间变大,并且使得必须按政府指导价支付监理费负担不存在。

(4)缩小强制招标范围,从而使发包人能自主决定是否进行招标发包,并且使得必须按实质性内容按招标合意履行的束缚不存在。

(5)明确工程造价属于市场价,从而使发包人能根据供求关系确定价格,并且使得双方对工程造价的合意得到尊重,少受行政干涉。

(三)合理性

在具备上述必要性、可行性的基础上,发包人委托一家能提供全过程、全方位、高质量咨询意见的工程咨询单位,无论从费用的绝对数来看,还是从性价比的相对数来看,应当均是合理的。

四、全过程全方位工程项目服务模式和特点

(一) 模式简介

笔者在创立"四合一"(即:"建筑专业+法律服务+商务模式+内容管理"一体化)建设工程项目专项法律服务的基础上,根据建筑业深化改革的新形势,提出全过程全方位工程项目服务模式。该模式所提倡的委托一家单位进行全过程全方位的工程咨询服务,一改过去发包人重复委托,而服务时间不具备"全过程",咨询成果不具备"全方位"等缺陷。具体归纳见图2。

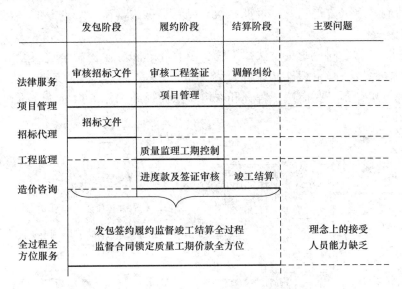

图2 全过程全方位工程咨询服务模式归纳图

1. 从招标签约到竣工结算全过程

招标阶段主要节点工作是定夺招标策略、划分招标标段、选取发包模式、确定合同形式、选定计价模式等;履约阶段主要节点工作是工程进度款的确定、工程变更价款的确定、工程索赔文件的证据搜集;结算阶段主要节点工作是工程结算审价、工程索赔、保修费用。

2. 从合同约定到专业锁定全方位

招标文件中以定性的法律条款来锁定双方的权利和义务,并以定量的专业标准来具体体现定性权利和义务,使之"法律问题专业化,专业问题法律化",在实施过程中以内部管理文件来细化自己的责任,以合同文件来监督对方义务,及时分配设定参数与实际数据,以动态方式全方位管理,从而达到商务模式所希望的结果。

现阶段这一模式在实施过程中可能存在以下几个问题:(1)包括发包人在内对这一模式还认识不深,这种理念还需一个逐渐被接受的过程;(2)操作这一模式的专业人员所需具备的素质较高,即既要懂法律,也要懂专业,同时还需一定的管理能力;(3)另外,现阶段的行政规定尚未配套等问题可能导致存在行政管理上的障碍。

(二) 主要特点

本质上说，项目专业法律服务、工程项目管理、工程建设咨询（主要包括：工程招标代理、工程建设监理和工程造价咨询）的目的主要是保证发包人在支付合理价款的前提下按时保质地完成建设工程。但是，相互之间是独立平行的，而全过程全方位的工程咨询服务希望能够将法律管理和专业在合同的框架下作为一个整体进行集成化、统一化管理，做到"统揽全局、统筹安排、统一管理"，主要有以下两个特点：

1. 高度集成化

以与各方签订的合同为龙头将发包阶段、履行阶段和结算阶段全过程，以及工程质量、建设工期以及工程价款作为一个整体进行集成化。避免在时间上、内容上出现重叠、真空，从而达到"多（方得利）、（工期）快、（质量）好、（造价）省"的最终目的。

2. 高度统一化

以与各方签订的合同为龙头将法律责任、内容管理和专业控制全过程全方位地高度统一，即：目标体系统一、组织架构统一、管理思想统一、管理规则统一、信息体统统一、语言体系统一。避免不必要传达、解释和误解，从而提高工作效力和工作准确度。具体特点归纳详见图3。

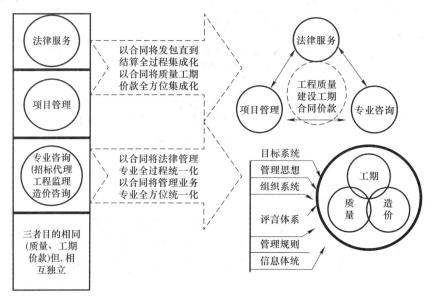

图 3　全过程全方位工程咨询服务特点归纳图

五、结语

笔者认为：全过程全方位工程咨询服务是符合当前建筑业发展规律的，也是与当前建筑业深化改革的"路线图"吻合的。

当然，存在的问题也是明显和明确的，即：这种服务模式还需有一个逐渐被大家认可的过程；而有能力操作这一模式的专业人员现存还比较少。但是，应当坚信，这一服务模式势必会受到广大发包人的欢迎，一定是具备市场的。

五张图介绍《民法总则》

【摘　要】　《民法总则》旨在调整平等主体的自然人、法人和非法人组织之间的人身关系和财产关系,可以说是所有法律中最贴近人民生活的法律。

本文以《民法总则》章节框架图、民事主体组成图、民事权利组成图、民事行为组成图和民事救济组成图五张图的形式配以文字对《民法总则》的基础要点进行解读。

【关键词】　民法总则；民事权利

Five Charts to Elaborate on General Principles of the Civil Law

【Abstract】 The *General Principles of Civil Law* aims to adjust the physical and property relationship between natural person, juridical person and non-juridical organizations, which can be regarded as the most closely-linked in all laws.
In this article, the author elaborates the key points of the *General Principles of Civil Law* in the way of combining five charts: "Principles of Civil Law Chapter Composition Map", "Civil Subjects Composition Map", "Civil Rights Composition Map", "Civil Behavior Composition Map" and "Civil Relief Composition Map" with the text of the '*General Principles of Civil Law*'.

【Keywords】　General Principles of Civil Law; Civil Rights

【前言】

2017年3月15日,十二届全国人大五次会议通过了《中华人民共和国民法总则》(以下简称《民法总则》,定于2017年10月1日起实施。

遵循"新法优于旧法[①]"的原则,从2017年10月1日开始,关于民事活动的法律问题不再完全适用1987年实施的《中华人民共和国民法通则》(以下简称《民法通则》)和《最高人民法院关于贯彻执行〈民法通则〉若干问题的意见(试行)》(以下简称《民法通则司法解释》)。

《民法总则》旨在调整平等主体的自然人、法人和非法人组织之间的人身关系和财产

---

① 《中华人民共和国立法法》第八十三条规定:
"同一机关制定的法律、行政法规、地方性法规、自治条例和单行条例、规章,特别规定与一般规定不一致的,适用特别规定；新的规定与旧的规定不一致的,适用新的规定。"

关系①，可以说是所有法律中最贴近人民生活的法律。故，笔者以图示的形式表达配以文字的解读，希望能够通俗易懂地诠释《民法总则》的基础要点，以供大家便于适用。

一、第一张图：《民法总则》章节框架图

《民法总则》，从实质内容而言，其框架主要由四部分组成。

首先是民事主体。民事主体是民事权利的享有者，《民法总则》将之分为三类：第二章所述的自然人、第三章所述的法人以及第四章所述的非法人组织。

其次是民事权利，即民事主体对实施还是不实施一定行为的选择权。其主要包括：物权、债权、知识产权和人身权，在《民法总则》中的第五章予以规定。

再次是民事活动，即民事主体对于民事权利的设立、使用等方式。具体由《民法总则》的第六章民事法律行为和第七章代理予以规定。

最后是民事救济，即对民事行为的保障及其方式，在《民法总则》第八章规定的民事责任和第九章的诉讼时效。

当然，作为一部法，必然还包括基本原则和附则。

《民法总则》的基本原则在第一章中予以规定，是其必须遵循的基本准则，除原有的"平等原则""自愿原则""公平原则""诚实信用原则"和"禁止权利滥用原则"外，还新添加了"利于节约资源、保护生态环境原则②"。

《民法总则》的附则规定于十一章，主要规定法律何时适用等其他问题。

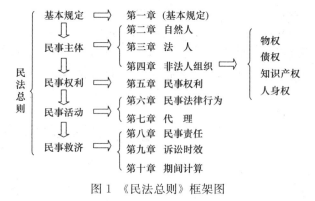

图 1 《民法总则》框架图

二、第二张图：民事主体组成图

民事主体是民事权利和民事义务的享有者，其由《民法总则》第二章的自然人、第三章的法人和第四章新增的非法人组织构成。

其中，从《民法总则》中第二章第四节规定的"个体工商户和农村承包经营户"看出，个体工商户和承包户被其归为自然人。所谓"个体工商户"即是自然人从事工商业经

---

① 《中华人民共和国民法总则》第二条规定：
"民法调整平等主体的自然人、法人和非法人组织之间的人身关系和财产关系。"
② 《中华人民共和国民法总则》第九条规定：
"民事主体从事民事活动，应当有利于节约资源、保护生态环境。"

营并依法登记所得。而农村集体经济组织的成员，依法取得农村土地承包经营权，从事家庭承包经营的，则为"农村承包经营户"。

而对于法人，《民法总则》将之分为营利法人、非营利法人和特别法人。其中，以取得利润并分配给股东等出资人为目的成立的是营利法人，包括有限责任公司、股份有限公司和其他企业法人等。而为公益目的或者其他非营利目的成立，不向出资人、设立人或者会员分配所取得利润的法人的则为非营利法人，包括事业单位、社会团体、基金会、社会服务机构等。至于特别法人，《民法通则》无规定，是《民法总则》新近予以规定的，即机关法人、农村集体经济组织法人、城镇农村的合作经济组织法人、基层群众性自治组织法人。

此外，民事权利能力和民事行为能力是民事主体从事民事法律行为的关键所在。

民事权利能力，通常认为是民事主体享有民事权利和承担民事义务的资格。而民事行为能力是民事主体能以自己的行为取得民事权利和承担民事义务的能力。前者取得相对比较简单，"始于出生终于死亡"。仅需要特别注意，对胎儿预先保留继承或受赠的民事权利[①]。而后者则相对复杂，尤以自然人为甚。

根据是否能辨认自己行为，可将自然人的民事行为能力分为三类，即无民事行为能力、限制民事行为能力和完全民事行为能力。

对此，《民法总则》将零岁到八周岁定义为无民事行为能力（《民法通则》是将零岁到10周岁定义为无民事行为），八岁到十八岁之间为限制民事行为能力；十八岁以上，或以自己的劳动收入为主要生活来源的十六周岁以上，为完全民事行为能力人。无民事行为能力由其法定代理人代理实施民事法律行为。限制民事行为能力人，实施民事法律行为由其法定代理人代理或者经其法定代理人同意、追认，但可以独立实施纯获利益的民事法律行为或者与其年龄、智力相适应的民事法律行为。

具体如图2所示。

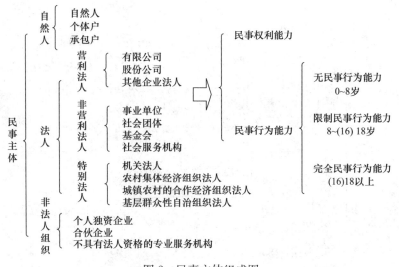

图2 民事主体组成图

---

① 《中华人民共和国民法总则》第十六条规定：
"涉及**遗产继承、接受赠与等胎儿利益保护的，胎儿视为具有民事权利能力**。但是胎儿娩出时为死体的，其民事权利能力自始不存在。"

三、第三张图：民事权利组成图

民事权利是民法的核心，《民法通则》曾分四节予以分别规定，而现今《民法总则》却在一章节中统一规定，但基本仍是以下几类。

物权，权利人依法对特定的物享有直接支配和排他的权利，包括同时具有占有、使用、处分、收益四项权利的所有权，以及不完全同时具有占有、使用、处分和收益四项权利的限制物权。其中，限制物可分为用益物权和担保物权。同时，由于物可分为不动产和动产，因此，物权也可分为不动产物权和动产物权。《民法总则》除了增加了"征收或征用"的条款外[①]，并无更详细的新规定，可能会在后续出台的《物权分编》中予以更详尽的规定。

债权，是因合同、侵权行为、无因管理、不当得利以及法律的其他规定，权利人请求特定义务人为或者不为一定行为的权利。其中，基于生效合同而取得的约定之债应会在后续编撰的《合同编》中予以详细规定，而因民事权益受到侵害而取得的侵权之债则应在相应的《侵权责任编》中予以详细规定。

知识财权，包括工业产权、著作权和其他科技权。其中工业产权也包括专利、实用新型和外观设计，现在，其主要由《中华人民共和国专利法》作出详细的规定，而著作权则主要由《中华人民共和国著作权法》作出详细规定。

人身权，包括人格权和身份权。前者主要由生命权、健康权、姓名权、名称权、肖像权、名誉权和隐私权等组成，而后者主要由荣誉权和婚姻家庭关系中的身份权等组成，现在其主要由《中华人民共和国婚姻法》等相关法律作出详细规定。后续可能会出台《婚姻家庭编》等相应分编予以规定。

具体见图3。

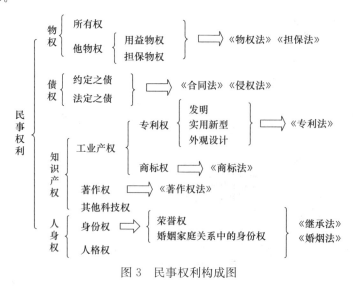

图3 民事权利构成图

---

① 《中华人民共和国民法总则》第一百一十七条规定：
"为了公共利益的需要，依照法律规定的权限和程序征收、征用不动产或者动产的，应当给予公平、合理的补偿。"

四、第四张图：民事行为组成图

民事法律行为是民事主体通过意思表示设立、变更、终止民事法律关系的行为，是民事主体取得民事权利和履行民事义务的方式。《民法总则》的第五章和第六章规定了民事法律行为以及由第三人代替行为的代理。

民事行为存在三种表达方式，即：行为、口头和书面。其中，行为也可分为积极的明示方式和消极的沉默方式。但对于后者，必须有法律规定、当事人约定或者符合当事人之间的交易习惯，才可以视为意思表示。

合法有效的民事法律行为应当同时具备以下要件：
（1）行为人具有相应的民事行为能力；
（2）意思表示真实；
（3）不违反法律、行政法规的强制性规定，不违背公序良俗。

若违反法律、行政法规的强制性规定，违背公序良俗第三个要件的，该行为通常是无效的；若由于一方欺诈或胁迫或乘人之危而使一方不满足第二要件的，则即便意思表示真实，仍可撤销；若不满足第一要件的，该行为通常效力待定。在一定条件和期限内，经过法定代理人追认方为有效。

此外，若民事行为由第三人代替行使，则存在代理的问题，即《民法总则》第六章予以规定的情形。

但并非所有的民事行为均可代理。可代理的民事行为可分为：委托代理和法定代理。前者基于被代理人的委托而产生；后者是基于法律规定而产生。而无论委托代理还是法定代理均应在一定代理权限内行使，且应以被代理人名义实施的民事法律行为，对被代理人发生效力。代理人原则上不得以被代理人的名义与自己实施民事法律行为、不得擅自转代理。若行为人没有代理权、超越代理权或者代理权终止后，仍然实施代理行为的，原则上对被代理人不发生效力。

特别注意的是职务代理，即若执行法人或者非法人组织工作任务的人员，就其职权范围内的事项，以法人或者非法人组织的名义实施民事法律行为，对法人或者非法人组织发生效力。而法人或者非法人组织对执行其工作任务的人员职权范围的限制，不得对抗善意相对人。

具体如图 4 所示。

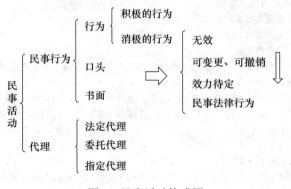

图 4　民事活动构成图

五、第五张图：民事救济组成图

民事主体行使民事权利若受到阻碍或侵害时，必有相应的法律救济，《民法总则》的第八章和第九章就对其作出相应规定。

若民事主体的物权、知识财权和人身权受到侵害，可以要求侵害人承担停止侵害、排除妨碍、消除危险、返还财产、恢复原状、消除影响、恢复名誉、赔礼道歉等一项或多项民事责任。

若民事主体的债权受到侵害，可要求侵害人承担修理、重作或更换、继续履行、赔偿损失或支付违约金等一项或多项民事责任。但若因不可抗力①、正当防卫②、紧急避险造成损害的③，原则上侵害人不承担民事责任。

特别注意的是，《民法总则》新增了"见义勇为④⑤"和"保护英雄人格权"的相应条款⑥。

此外，行使民事救济权利的同时，民事主体还应注意救济时效问题，即：在诉讼时效期间的最后六个月内，因法定障碍不能行使请求权的，诉讼时效中止。自中止时效的原因消除之日起满六个月，诉讼时效期间届满。权利人提出请求或义务人同意履行或权利人提起诉讼或仲裁等事项，诉讼时效中断，从中断、有关程序终结时起，诉讼时效期间重新计算。

就现今的《民法总则》而言，关于时效还应注意以下几点：

（1）规定的一般时效从二年延长到三年⑦；
（2）特别保护无民事行为人和限制民事行为的规定⑧；

---

① 《中华人民共和国民法总则》第一百八十条第一款规定：
"**因不可抗力不能履行民事义务的，不承担民事责任**。法律另有规定的，依照其规定。"
② 《中华人民共和国民法总则》第一百八十一条第一款规定：
"**因正当防卫造成损害的，不承担民事责任**。"
③ 《中华人民共和国民法总则》第一百八十二条第一、二款规定：
"因紧急避险造成损害的，**由引起险情发生的人承担民事责任**。
危险由自然原因引起的，紧急避险人不承担民事责任，可以给予适当补偿。"
④ 《中华人民共和国民法总则》第一百八十三条规定：
"因保护他人民事权益使自己受到损害的，由侵权人承担民事责任，**受益人可以给予适当补偿**。没有侵权人、侵权人逃逸或者无力承担民事责任，受害人请求补偿的，**受益人应当给予适当补偿**。"
⑤ 《中华人民共和国民法总则》第一百八十四条规定：
"因自愿实施紧急救助行为造成受助人损害的，**救助人不承担民事责**任。"
⑥ 《中华人民共和国民法总则》第一百八十五条规定：
"**侵害英雄烈士**等的姓名、肖像、名誉、荣誉，损害社会公共利益的，**应当承担民事责任**。"
⑦ 《中华人民共和国民法总则》第一百八十八条规定：
"向人民法院请求保护民事权利的**诉讼时效期间为三年**。法律另有规定的，依照其规定。
诉讼时效期间自权利人知道或者应当知道权利受到损害以及义务人之日起计算。法律另有规定的，依照其规定。但是自权利受到**损害之日起超过二十年的**，人民法院不予保护；有特殊情况，人民法院可以根据权利人的申请决定延长。"
⑧ 《中华人民共和国民法总则》第一百九十条规定：
"无民事行为能力人或者限制民事行为能力人对其法定代理人的请求权的诉讼时效期间，自该**法定代理终止之日起计算**。"

（3）强调时效不影响实体权等规定①；
（4）法院不得主动释明时效的规定等②。
具体见图5。

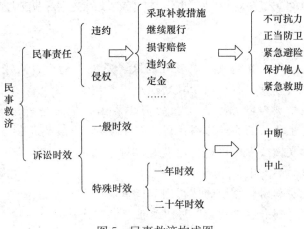

图5　民事救济构成图

六、后记

《民法总则》的公布实施，是我国民法典编纂工作里程碑般的第一步，是我国"民法典时代"到来的序幕，对我国中国特色社会主义法律体系的完善和发展有着积极影响。笔者期待着后续相关司法解释和民法典各分编的实施，也期待着中国第一部民法典的正式出台。

---

① 《中华人民共和国民法总则》第一百九十二条第二款规定：
"诉讼时效期间届满后，义务人同意履行的，不得以诉讼时效期间届满为由抗辩；义务人已自愿履行的，<u>不得请求返还</u>。"
② 《中华人民共和国民法总则》第一百九十三条规定：
"<u>人民法院不得主动适用诉讼时效的规定</u>。"

基于《民法总则》视角谈工程索赔法律本质

【摘 要】 首先,笔者在明确"工程索赔款≠承包人向发包人索要应付的合同价款"这一概念的前提下,对建设工程合同价款的组成进行解析。

其次,对于实践中索赔款与合同价款的同化原因,笔者进行深入浅出地剖析,并提出,索赔款被同化的主要原因在于习惯法源地位不明确。

再次,笔者在对我国法源予以简析的同时,对于《民法总则》明确习惯为法源对于建设工程纠纷中索赔款的影响进行分析。

最后,对于《民法总则》提出的"得利者适当补偿"的法理精神,结合建设工程领域的行业习惯,提出"得利者适当补偿"与"工程索赔"法理精神一致。

【关键词】 民法总则;民事权利

The Legal Essence of Construction Indemnity from the Prospective of the *General Principles of the Civil Law*

【Abstract】 First of all, the author analyzes the composition of construction contract price, under the premise of clarifying the concept "engineering claims ≠ contract price asked by contractor to the employer".

Secondly, for the assimilation reason of claim and contract price in practice, the author makes an in-depth analysis and puts forward the point that the main reason for this is that the status of customary law is not clear.

Thirdly, the author analyzes the influence of the claim in the construction project disputes, which is clearly used as the source of law in the '*General Principles of Civil Law*'.

Finally, for the legal essence of "beneficiaries shall get appropriate compensation", combining with the construction industry practice, the author claims that "beneficiaries shall get appropriate compensation" is fully consistent with the "engineering claims".

【Keywords】 General Principles of Civil Law; Civil Rights

一、工程索赔款≠承包人向发包人索要应付的合同价款

笔者一直坚持这样的观点,即在建设工程合同中,**工程索赔主要指承包人向发包人的索赔,而合同价款与索赔款是两个不同的概念,即前者包括后者**。

但实践中,人们往往会将承包人向发包人索要应付合同价款的行为叫作索赔,从而会顺其自然地将该"索赔"行为得到的款项叫作"索赔款"。这样往往会使得作为合同价款组成的索赔款被人们忽视乃至"同化",从而导致承包人要求工程索赔款的态度无法坚定,反而发包人拒绝要求支付工程索赔款的语气变得果断。**更有甚者,一些带有一定官方性质的文件或文本中也明显反映出这一倾向**。

合同价款应是指承包人保质完成承建工程后,根据建设工程合同要求发包人支付所有款项的总额。可用公式归纳如下(图1):

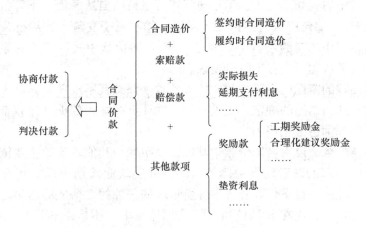

图1 合同价款组成图

合同价款＝合同造价＋索赔款＋赔偿款＋其他款项

其中,合同造价指根据建设工程合同约定的计价方式发包人应支付给承包人完成建设工程物化劳动的对价;索赔偿款则是为了完成建设工程因非承包人的原因而花费的实际费用;赔偿款是指因发包人的违约行为而应支付给承包人的赔偿费用[①],如合同价款未按约定支付而承担的利息、承包人行使根本违约解除权而要求发包人支付的预期利润等。其他款项则包括奖励款、总包配合款和垫资款利息等。

一般的双务有偿合同是没有索赔款的,但基于建设工程的不确定性等特点,为了之后的履行过程中被出现的非属于对方违约行为的不确定性事件,希望对受损进行补偿从而达到一种一定的平衡,故出现了工程索赔。但是,**工程索赔款≠承包人向发包人索要应付的合同价款**。

[①] 《中华人民共和国合同法》第一百零七条:
"当事人一方**不履行合同义务**或者**履行合同义务不符合约定**的,应当承担继续履行、采取补救措施或者赔偿损失等**违约责任**。"

二、索赔款被同化的主要原因在于习惯法源地位不明确

工程索赔是要求补偿的请求权，其与违约赔偿也是不同的两个概念。前者只要不是自己的原因造成的费用增加均可向对方行使，而后者仅能"以对方不履行合同义务或履行合同义务不符合要求"为由行使；前者只是请求补偿权，而后者是损失赔偿权；前者要求补偿的只能是实际损失，而后者还可要求赔偿预期利润。

另外，工程索赔款也不同于合同造价和其他款项。合同造价是依据合同约定的计价方式计算出的承包人物化劳动的对价，而其他款项是依据合同约定要求发包人支付的除合同造价之外的款项。

因此，可以看出，工程索赔款与合同价款中的其他款项至少有以下三个特点：

（1）**工程索赔产生的原因比合同价款中其他款项复杂**，只要非因自身原因造成的费用增加均可提出。其中需要如下三点：**①不包括不可抗力的自然原因（不可抗力法律有单独专门条款予以规定）；②包括政府的第三人原因；③不属于发包人违约行为的原因（发包人的违约行为由合同中的违约条款予以规定）**。而合同价款中其他款项的原因单一，即发包人不履行合同义务或履行义务不符合要求。

（2）**工程索赔款的定量比合同价款中的其他款项繁杂且不成熟**。其既不同于合同造价的计算，也不同于违约赔偿的确定；既没有统一的计算标准，依据又比较繁杂。故若进行司法鉴定，造价工程师想必相当困扰。

（3）**工程索赔的依据没有合同价款中其他款项明确**。其他款项的主要依据在于双方签订的建设工程合同，而工程索赔更主要依据国内外建筑业长期形成的行业惯例。所谓惯例，是指某一行业经过大量案件和各种事件所形成的一种约定俗成的规矩，其一般具有明显的行业性和专业性。无论在FIDIC和JCT合同体系中，还是在ICE和AIA合同中，均有工程索赔的相关规定。

综上所述，**除了工程索赔的原因复杂、计量繁杂、法律从业者对其专业认知不足等原因外，笔者认为：索赔款被同化的主要原因在于习惯法源地位不明确**。

具体见图2。

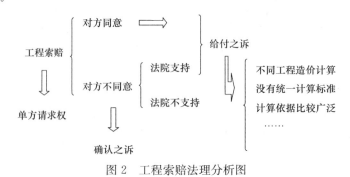

图2 工程索赔法理分析图

三、《民法总则》明确习惯为法源有利于为索赔款正名

法源，亦称法的渊源，其含义是法律的来源或者法律的存在形式。2017年10月1日

执行的《民法总则》中明确规定：当代中国民法法源除了法律之外就是习惯，这是《民法总则》的亮点之一①。

其实《中华人民共和国合同法》已在具体条款中体现习惯作为法源的重要性②，即在双方就具体条款约定不明或未约定的情况下，通过习惯确定双方的权利和义务③。同时，最高院也以司法解释的形式具体定义了习惯及相关的举证责任④。

现今《民法总则》中不再如同上述形式，即通过具体条款体现，而是直接在条款中予以明确规定。按照该条款规定，法庭可以采用习惯作为其裁判依据。

我国最高人民法院制定的司法解释通常被认为具有相当于法律的效力，因此，在法庭裁判中往往直接被援引为裁判依据。近年来，最高人民法院将筛选后的案件从案件事实、关键词、裁判要旨等方面进行概括后作为指导性案例予以发布。该指导性案例类似于国外的判例。故，根据我国裁判实践，最高人民法院司法解释及指导性案例也应当可以理解为法源之一。

另外，国外的民法典中规定的法源除了法律、习惯外，还包括法理，虽然《民法总则》中未明文规定法理为法源，并不代表裁判中不能适用法理。在实务中，现今法庭在具体裁判的案件中，若没有可以适用的法律和习惯，也没有相应的司法解释和指导性案例时，引用相关法理作为裁判依据的情况是存在的。

工程索赔本质来自行业习惯，现今《民法总则》明确习惯是民法法源，这对法庭以习惯支持承包人的工程索赔提供了明确支撑。若该案例被最高院定为指导性案例，则一定会对全国范围内的工程索赔案起到直接的指导和示范作用。不仅如此，在《民法总则》新增的"得利者适当补偿"的法理与"工程索赔"理论完全一致，这一切均有利于对工程索赔款"恢复名誉"。

四、"得利者适当补偿"与"工程索赔"法理精神一致

工程索赔之所以能形成行业习惯，其主要原因在于工程项目的不确定性。但笔者一直认为，工程索赔充分体现了"公平诚信原则"和"物权优于债权"等相关民法原则和法理

---

① 《中华人民共和国民法总则》第十条：
"处理民事纠纷，应当依照法律；法律没有规定的，可以适用习惯，但是不得违背公序良俗。"
② 《中华人民共和国合同法》第六十一条：
"合同生效后，当事人就质量、价款或者报酬、履行地点等内容没有约定或者约定不明确的，可以协议补充；不能达成补充协议的，按照合同有关条款或者交易习惯确定。"
③ 《中华人民共和国合同法》第六十二条：
"当事人就有关合同内容约定不明确，依照本法第六十一条的规定仍不能确定的，适用下列规定：
（一）质量要求不明确的，按照国家标准、行业标准履行；没有国家标准、行业标准的，按照通常标准或者符合合同目的的特定标准履行。
……"
④ 《最高人民法院关于适用〈中华人民共和国合同法〉若干问题的解释（二）》第七条：
"下列情形，不违反法律、行政法规强制性规定的，人民法院可以认定为合同法所称'交易习惯'：
（一）在交易行为当地或者某一领域、某一行业通常采用并为交易对方订立合同时所知道或者应当知道的做法；
（二）当事人双方经常使用的习惯做法。
对于交易习惯，由提出主张的一方当事人承担举证责任。"

精神。

建设工程合同是先由承包人完成工程后由发包人支付合同价款的有履行顺序的特别承揽合同，因此，承发包双方在签订建设工程合同时是知道或应当知道由于建设工程不确定等特点而存在的工程索赔这一行业习惯的。因此，理应遵循诚信原则执行作为行业习惯的工程索赔规则，从而达到合理公平的结果。

工程期限的最小化是承发包双方共同追求的目的。但承包人的合同目的是作为债权性质的合同价款的最大化，而发包人的合同目的是作为物权性质的不动产的质量最优化。因此，承包人为了物权而多支付的费用，由最终长久享有该不动产物权的发包人适当补偿完全符合"物权优先债权"的法理精神。

现《民法总则》新增了关于得利者适当补偿的规定与工程索赔的法理精神是一致的。该条款分为如下两种情形①：

第一种情形，虽然受损者为了得利者而受到损失，但能够向第三方要求赔偿或者能够要求第三方承担民事责任的，应当根据侵权法要求第三方承担责任，受益人**可以**给予受损者适当的补偿。条文使用"可以"一词，表明受益人的**补偿不具有强制性**，应出于受益人的自愿。受益人不自愿的，不得强制其补偿。

第二种情形，没有侵权人或者侵权人无力承担民事责任的，受害人有权请求受益人补偿，受益人应当给予适当补偿。条文使用"**应当**"一词，表明受益人有给予适当补偿的义务。只要受害人请求，受益人就必须给予适当补偿。

从中可以看出，得利者适当补偿的第二种情形与工程索赔定义相当吻合，故《民法总则》在条款中也给予了工程索赔"正名"的依据。

五、后记

实务中，承包人真正取得应得的工程索赔款的比例不高。笔者认为：除工程索赔的原因复杂、计量繁杂、法律从业者对其专业认知不足等原因外，最重要原因还是习惯作为民法法源不够明确。

好在2017年10月1日开始执行的《民法总则》不仅明确了习惯是民法法源之一，且新增的"受益者适当补偿"条款的精神也与工程索赔一致，故为工程索赔"恢复名誉"提供了基本前提。但是，要真正落到实处，还任重而道远。

---

① 《中华人民共和国民法总则》第一百八十三条：
"因保护他人民事权益使自己受到损害的，由侵权人承担民事责任，**受益人可以给予适当补偿**。没有侵权人、侵权人逃逸或者无力承担民事责任，**受害人请求补偿的，受益人应当给予适当补偿**。"

律师通过谈判解决纠纷大有可为

【关键词】 纠纷；谈判；法律责任

Lawyers Can Play an Important Role by Solving Disputes via Negotiation

【Keywords】 Disputes; Negotiation; Legal Responsibility

一、交流主要包括单向倾诉与双向谈判

人类需要交流。根据交流的目的，可粗略将交流的方式分为两种：一是倾诉，目的是寻找共鸣，即精神上的合意；另一种是谈判，目的是寻找共赢，即利益上的合意。

倾诉，主要基于人类对情感生活的需要。精神上的欣慰往往需要通过第三人的情感反射而感受，精神上的痛苦往往需要通过对第三人倾诉而得到释放。

而谈判，主要基于人类对物质生活的需要。为了达到双方合作共赢的利益目的而进行磋商从而达到意思一致①，其主要方式可以粗略概括为：合同谈判和纠纷谈判。合同谈判往往需要经过缔约谈判和条款谈判两个阶段，而纠纷谈判则可以简要概括为直接谈判和一方裁定两种方式。其中，直接谈判是指双方直接（或由第三人组织的和解）就纠纷进行面对面的沟通和交流，各自阐明自己的观点以及解决纠纷的方式，从而达到解决纠纷的一致意见，例如：和解或调解；而一方裁定则是在直接谈判未能达成合意或者没有经过直接谈判的情况下，由一方向请求第三方进行裁决从而解决双方之间的纠纷。例如：诉讼或仲裁。这种由第三方进行裁决以解决纠纷的方法在本质上其实是通过第三方强制的方式让双方达成合意并予以执行。

综上所述，谈判的本质其实就是追求合意，纠纷谈判中的直接谈判与一方裁定的区别是合意由双方做出还是由第三方做出（图1）。

---

① 《中华人民共和国合同法》第十三条规定：
"当事人订立合同，采取要约、承诺方式。"

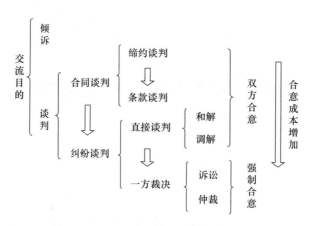

图 1 交流目的归纳图

二、谈判本质是通过不同方式达到合意

谈判就是为了合作共赢而进行的双向意思表示从而达成合意，或者向约定的第三人作出意思表示，由第三方作出双方必须执行的合意。因此，**谈判的本质就是双向交流，目的是达成合意**。

而交流的本质就是意思表示的沟通。人类的意思表示方式有行为表达、口头表达和文字表达三种。其中，行为表达最原始，但也是意思表达的最终体现者；文字表达形式多样且具有可记录的优点；而口头表达则效率最高且最直接。一般情况下，意思表示以口头表达开始。虽然可能同时穿插使用三种方式，但毫无疑问，口头表达是使用频率最高的一种表达方式（图 2）。

双方面对面通过口头表达方式直接交流是谈判最原始的形态，也是最有效率且最能体现谈判能力和技巧的方式。此时，往往也是最容易形成合意的阶段，双方可能会通过文字表达方式予以辅助，例如：招标书、意象图、起诉状等。并且，口头方式的合意结果往往也需要通过文字形式体现或记载，例如：合同书、判决书等，最后还通过行为表达方式予以贯彻。但从上述过程中不难看出，**谈判的关键还是在"谈"字上**。

合同谈判的目的是形成合意，缔约谈判的结果往往需要条款谈判结果通过文字形式予以锁定，缔约谈判结果的质量会影响条款谈判是否顺利以及效率，而条款谈判成功与否直接影响缔约谈判成果的成立与否。但是，目的只有一个，即：将双方形成的合意用文字形式予以记录，并具有法律效力。

纠纷谈判主要是双方就贯彻或落实合同谈判成果中出现的纠纷而进行的谈判，若出现纠纷了，当事人可以直接面对面进行沟通和交流（或由第三人主持）以和解或调解约方式结束，也可以由第三方以判决书或裁定书作出强制合意而结束。**一般情况，从缔约谈判到条款谈判，从直接谈判到一方裁定，谈判的成本和难度会越来越大**。

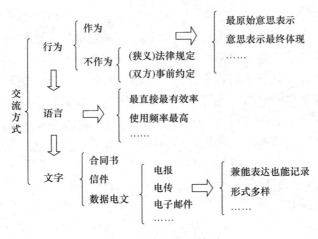

图 2　交流方式归纳图

三、纠纷谈判首选方式应当是直接谈判

有位哲人曾经说过：这个世界除了对立统一的矛盾之外什么都没有了。其实人类社会进步的历史就是一个"与天斗、与地斗、与人斗"的历史。"斗"的过程就是追求真理的过程，是从自由王国进化到必然王国的过程。因此，**有纠纷是必然的，没有纠纷是偶然的。对待纠纷的态度只能是解决，别无他法。**

而纠纷谈判是双方对于履行合同谈判成果过程中出现的纠纷而进行的谈判，其前提是合同谈判已形成合意。合同谈判的双方最终可能在双方形成合意后谈判成功，也可能始终反复在新要约的环节中"讨价还价"从而谈判失败①。但即便谈判失败，双方原则上也没有压力，成本不大，通常无须承担法律责任。

但纠纷谈判则不同，其是在合同谈判成功的前提下出现的问题。为了达到止损的目的，谈判结果不能以失败告终，必须最终形成合意，无论是自行达成合意，还是由第三方作出强制性的合意。因此，纠纷谈判可归纳为以下几点：

（1）纠纷造成的损失随着时间延续或事件进程而不断扩大加深，故**随着纠纷谈判时间的不断延长，损失往往也是不断扩大和加重的。**

（2）为了达到止损的目的，纠纷谈判必须进行，且应**在保证自身利益的前提下尽早形成合意。**

（3）纠纷谈判的三个途径中（①直接谈判；②直接交一方裁定强制合意；③直接谈判未果而交由一方裁定强制合意），若从时间或环节而言，第一种途径最快，而第三种途径最慢。**这两个途径中决定"快与慢"往往是由双方直接谈判的**质量和效率（图 3）。

（4）无论纠纷双方是经选择或因直接谈判未果而进入由一方裁定强制合意的解决方式，都可能存在以下问题：

1）一方裁定是根据双方提供的证据追求法律事实，并根据法律事实以及双方的陈述

---

① 《中华人民共和国合同法》第三十条规定：
"承诺的内容应当与要约的内容一致。受要约人**对要约的内容作出实质性变更的，为新要约**。"

作出结论从而达到法律上的公平。法庭上（或仲裁庭上）只相信法律事实。而法律事实并非等同于客观事实，由于双方证据采集周延的程度和双方律师诉讼技巧的差异，相同的法律事实对法官（或仲裁员）的影响是不同的，从而有可能一方裁决在法律上确是公平且正确的，但距客观事实和客观公平而言仍有相当差距。因此，**一方裁定形成的强制合意，并非一定符合双方真实意思的合意，也可能并不能体现客观事实与客观公正**。

2）纠纷谈判的目的在于止损，而**一方裁定的时间理论上完全由第三方控制，且需符合程序上的要求，故时间节奏比较刻板，从而导致最终裁定往往耗时较长**。同时，若采用诉讼方式进行一方裁定还存在二审终审的问题①，双方的损失有可能会持续增加。

3）**一方裁决生效后还存在执行的问题**，而直接谈判通常不存在该问题。

通常情况下，纠纷双方对于直接谈判形成的合意较一方裁决作出的强制合意更容易接受，且不存在执行的问题。因此，纠纷谈判方式中，通常认为最高效也最有利于当事人的应当属于由双方直接谈判形成合意②。

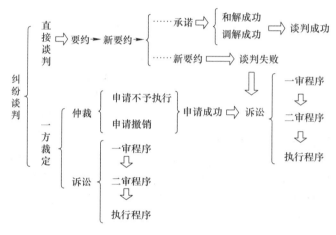

图3　纠纷谈判归纳图

四、律师以直接谈判解决纠纷大有可为

既然纠纷以直接谈判方式予以解决是件利民利国的大好事，为何实践中大量纠纷最终

---

① 《中华人民共和国民事诉讼法》第十条规定：
"人民法院审理民事案件，依照法律规定**实行合议、回避、公开审判和两审终审制度**。"
② 《中华人民共和国仲裁法》第五十八条规定
"当事人提出证据证明裁决有下列情形之一的，可以向仲裁委员会所在地的中级人民法院**申请撤销裁决**：
（一）**没有仲裁协议的**；
（二）裁决的事项**不属于仲裁协议的范围**或者仲裁委员会无权仲裁的；
（三）仲裁庭的组成或者仲裁的程序**违反法定程序的**；
（四）裁决所根据的**证据是伪造的**；
（五）对方当事人**隐瞒了足以影响公正裁决的证据的**；
（六）仲裁员在仲裁该案时**有索贿受贿，徇私舞弊，枉法裁决行为的**。
人民法院经组成合议庭审查核实裁决有前款规定情形之一的，**应当裁定撤销**。
人民法院认定该裁决违背社会公共利益的，应当裁定撤销。"

仍以一方裁定方式解决纠纷呢？笔者认为，产生这种情况可能存在以下几个原因：

首先，具体负责人行事可能过于保守。除非公司一号首长，否则负责人往往很难超越自身职权要求通过直接谈判解决纠纷。尤其是体制内的单位，**交由法院裁判（或仲裁庭裁决）既省力且通常经办人不会承担不利的风险**。

其次，**无法确定合适的谈判人员**。了解纠纷详情的不具有控局能力，而具有控局能力的负责人并非一定真正了解纠纷的真实全貌以及关键细节。故，无法选出既能直接参与谈判又能把控和决定谈判结果的谈判人员。若谈判人员不具备足够的谈判技巧和谈判耐心，则很容易弄巧成拙。

最后，即便寄希望于律师也会存在问题，例如，**并非所有律师均擅长由技术问题带来的法律纠纷或兼有技术问题和法律问题的复合纠纷**；并且还存在该非诉服务如何收费的问题。但若交由一方裁定，技术问题可以通过司法鉴定解决，收费问题则可以通过收费标准来解决。

因此，基于笔者涉及的大量直接谈判的非诉案件，律师若希望做好上述非诉法律服务，本身**至少应当具备以下素质和能力**：

（1）**能迅速归纳出纠纷产生的原因**。

纠纷的产生可能与技术、商务和法律等各种问题都息息相关，且其已产生一段时间。因此，律师应具有迅速归纳出纠纷产生的真正原因的能力。

（2）**能迅速判断出双方各自优势和劣势**。

在归纳出产生纠纷的真正原因之后，律师应有能力根据双方之前形成的法律文书、双方现有状况和心理需求等情况，迅速判断出双方各自优势和劣势。

（3）**能迅速评估出若一方裁决的大体走势**。

在上述行为完成后，律师应有能力根据双方的有效法律文件以及各自提交的证据，迅速评估出若一方裁决情况下可能出现的大体走势，以及双方可能承担的不利后果。

（4）**能迅速估算出对方的接受底线**。

在归纳出纠纷产生原因、判断双方各自优劣势的前提下，基于一方裁决可能出现的大体走势，律师应结合已进行的谈判情况，估算出对方可能接受底线。

（5）**能迅速制定出我方止损的最佳方案**。

在判断双方各自优劣势及对方接受底线的情况下，律师应迅速制定出我方止损的各种方案，并理性地选一种最佳方案予以操作。

（6）**能迅速调整以上（1）～（5）条的具体内容**。

在与对方进行直接谈判过程中，对于谈判中发现的新情况，以及发现的与之前判断有误差的部分，律师应及时理性地调整之前的谈判计划和谈判策略。

（7）**能有效把控整个谈判的过程和节奏**。

在进行直接谈判时，律师应当有效把控整个谈判过程节奏和气氛，做到张弛有度，从容淡定。

（8）**尽量用鼓动性语言阐述我方观点**。

在进行直接谈判时，律师应在把控整个谈判过程节奏和气氛的前提下，充分发挥自身的说服能力，将我方富有逻辑的陈述通过简洁明了的方式予以表达。

综上所述，**直接谈判解决纠纷"利民利国"，且有很大操作空间。但其对于律师的综合素质提出不小的要求。若律师在综合素质达到一定程度，通过直接谈判解决纠纷大有可为**。